Kohlhammer | Deutscher Gemeindeverlag

SCHRIFTENREIHE
DES FREIHERR-VOM-STEIN-INSTITUTES
WISSENSCHAFTLICHE FORSCHUNGSSTELLE
DES LANDKREISTAGES NORDRHEIN-WESTFALEN
AN DER UNIVERSITÄT MÜNSTER

BAND 57

Inken Pehla

Der Haftungsverbund der Sparkassen-Finanzgruppe

Eine Untersuchung der Institutssicherung der Sparkassen und Landesbanken unter besonderer Berücksichtigung des Einlagensicherungs- und Anlegerentschädigungsgesetzes

Verlag W. Kohlhammer
Deutscher Gemeindeverlag

Die Rechtswissenschaftliche Fakultät der Westfälischen Wilhelms-Universität Münster hat diese Arbeit als Dissertation angenommen.

D 6

2006
Deutscher Gemeindeverlag GmbH
Verlagsort: 70565 Stuttgart
Gesamtherstellung Deutscher Gemeindeverlag GmbH/Verlag W. Kohlhammer GmbH, Stuttgart

ISBN 3-555-01372-6

Vorwort

Die »Verständigung über Anstaltslast und Gewährträgerhaftung betreffend Sparkassen und Landesbanken« zwischen der Europäischen Kommission und der Bundesrepublik Deutschland hat eine lang währende Rechtstradition im deutschen Bankenwesen beendet. Insbesondere die Anstaltslast galt gemeinhin als unumstößlich mit den öffentlich-rechtlichen Kreditinstituten verbunden. Die Abkehr von der staatlichen Haftung der Kommunen bzw. Länder für ihre Sparkassen bzw. Landesbanken hat die Sparkassen-Finanzgruppe einem hohen Handlungsdruck ausgesetzt. Dies zeigt sich nicht nur an den bereits vorgenommenen und noch zu erwartenden Umstrukturierungen innerhalb und zwischen den Landesbanken, sondern auch beim Sicherungssystem, dem so genannten Haftungsverbund, der den neuen Gegebenheiten angepasst werden musste. Hier waren die Vorgaben des ebenfalls europäisch geprägten Einlagensicherungs- und Anlegerentschädigungsgesetzes und – den Marktgegebenheiten entsprechend – die Anforderungen der Ratingagenturen zu beachten.

Die vorliegende Arbeit soll einen Beitrag zur Diskussion über die Fortentwicklung der Strukturen innerhalb der Sparkassen-Finanzgruppe leisten. Sie vergleicht die bisherigen Satzungen des Sicherungssystems der Sparkassen-Finanzgruppe mit den in ihrer wesentlichen Form Ende 2003, d. h. rund zweieinhalb Jahre nach der Verständigung über Anstaltslast und Gewährträgerhaftung, neu gefassten Satzungen. Vormalige und gegenwärtige Satzungslage werden in rechtlicher wie wirtschaftlicher Hinsicht analysiert und bewertet. Ein Vergleich mit dem Sicherungssystem der privaten Banken bzw. der genossenschaftlichen Institute sowie die Darstellung der alternativ zu erwägenden Einlagensicherung und einer anderweitig ausgestalteten Institutssicherung bieten Anknüpfungspunkte für weitergehende Diskussionen. Schließlich werden mögliche Interessenkollisionen innerhalb des Sicherungssystems herausgearbeitet und Lösungsmöglichkeiten aufgezeigt.

Die Arbeit berücksichtigt Schrifttum und rechtstatsächliche Entwicklungen bis zum 1. Januar 2006, dem Zeitpunkt des In-Kraft-Tretens der modifizierten Satzungen des Haftungsverbunds. Für die frühzeitige Einbindung in den Entstehungsprozess ist dem Westfälisch-Lippischen Sparkassen- und Giroverband ebenso zu danken wie für die gewährten Einblicke in die Praxis der Sparkassenorganisation.

Münster, im April 2006

Professor Dr. Janbernd Oebbecke

Geschäftsführender Direktor
des Freiherr-vom-Stein-Instituts

Vorwort der Verfasserin

Die vorliegende Arbeit ist während meiner zweijährigen Tätigkeit als wissenschaftliche Referentin am Freiherr-vom-Stein-Institut entstanden. Mein besonderer Dank gilt dessen Geschäftsführendem Direktor, Herrn Professor Dr. Janbernd Oebbecke, für das entgegengebrachte Vertrauen und die intensive Betreuung der Arbeit. Dank gebührt auch Herrn Professor Dr. Matthias Casper für die zügige Erstellung des Zweitgutachtens.

Der Landkreistag Nordrhein-Westfalen, vertreten durch seinen Hauptgeschäftsführer Herrn Dr. Martin Klein bzw. dessen Vorgänger, Herrn Dr. Alexander Schink, nunmehr Staatssekretär im Ministerium für Umwelt und Naturschutz, Landwirtschaft und Verbraucherschutz des Landes Nordrhein-Westfalen, hat es mir ermöglicht, unter hervorragenden Bedingungen wissenschaftlich tätig zu sein. Herr Dr. Rolf Gerlach, Präsident des Westfälisch-Lippischen Sparkassen- und Giroverbandes, und Herr Henning Richerzhagen, stellvertretender Geschäftsführer des Westfälisch-Lippischen Sparkassen- und Giroverbandes, haben mir durch ihre Gesprächsbereitschaft und wertvollen Anregungen den Zugang zum Forschungsthema erleichtert und wichtige Hintergrundinformationen bereitgestellt. Beiden Institutionen sowie ihren namentlich und nicht namentlich genannten Vertreterinnen und Vertretern möchte ich herzlich danken.

Als stetige und geschätzte Ansprechpartnerinnen möchte ich insbesondere die Leiterin des Freiherr-vom-Stein-Instituts, Frau Dr. Dörte Diemert, sowie meine Kolleginnen Frau Dr. Andrea Becker und Frau Simone Schütte-Leifels nennen. Verlässliche Hilfe bei der Literaturbeschaffung waren mir Herr stud. iur. Jan Lüdde und Frau stud. iur. Julia Thöle. Frau Hiltrud Martellock entlastete mich bei vielfältigen organisatorischen Aufgaben und Herr Diplom-Verwaltungswirt Hans-Jürgen Richard garantierte eine sorgfältige Drucklegung.

Herrn Michael Buchmann danke ich für seine Unterstützung nicht nur während der Erstellung der vorliegenden Arbeit. Frau Maike Pehla sei für das sorgfältige Redigieren der Arbeit gedankt. Meinen Eltern, Frau Gunhild und Herrn Dr. Hans-Klaus Pehla, möchte ich diese Arbeit in liebevoller Dankbarkeit widmen.

Münster, im April 2006

Inken Pehla

Inhaltsübersicht

Inhaltsverzeichnis

Abkürzungsverzeichnis

BaFin	Bundesanstalt für Finanzdienstleistungsaufsicht
BdB	Bundesverband deutscher Banken e. V.
BMF	Bundesministerium der Finanzen
BVR	Bundesverband der Deutschen Volksbanken und Raiffeisenbanken e. V.
BW	Baden-Württemberg
DSGV	Deutscher Sparkassen- und Giroverband e. V.
EAG	Einlagensicherungs- und Anlegerentschädigungsgesetz
FAZ	Frankfurter Allgemeine Zeitung
HB	Handelsblatt
KWG	Gesetz über das Kreditwesen
LSA	Land Sachsen-Anhalt
MV	Mecklenburg-Vorpommern
NRW	Nordrhein-Westfalen
OSGV	Ostdeutscher Sparkassen- und Giroverband
RechKredV	Kreditinstituts-Rechnungslegungsverordnung
RP	Rheinland-Pfalz
RSGV	Rheinischer Sparkassen- und Giroverband
SGV	Sparkassen- und Giroverband
SH	Schleswig-Holstein
SpkG	Sparkassengesetz
SV	Sparkassenverband
SZ	Süddeutsche Zeitung
VerstG	Versicherungssteuergesetz
VÖB	Bundesverband Öffentlicher Banken e. V.
WLSGV	Westfälisch-Lippischer Sparkassen- und Giroverband

Die sonst in der Arbeit verwendeten Abkürzungen richten sich, sofern sie nicht allgemein gebräuchlich oder im Text definiert sind, nach:

Kirchner/Butz, Abkürzungsverzeichnis der Rechtssprache, 5. Auflage, bearbeitet von Cornelie Butz, Berlin 2003.

1. Teil: Einleitung

A. Einführung in die Thematik

Die Institute der Anstaltslast und der Gewährträgerhaftung bildeten bislang – neben dem Sicherungssystem der Sparkassen-Finanzgruppe – die Grundlage für die Sicherung von Sparkassen und Landesbanken/Girozentralen. Beide Institute beinhalteten im Fall wirtschaftlicher Schwierigkeiten einer Sparkasse bzw. Landesbank/Girozentrale verbindliche Leistungspflichten ihrer öffentlich-rechtlichen Träger. Unmittelbare Folge dieser Instandhaltungs- und Einstandspflichten der Kommunen bzw. Länder waren positive Bonitätseinstufungen insbesondere der Landesbanken/Girozentralen, die ihnen eine vergleichsweise günstige Refinanzierung am Kapitalmarkt ermöglichten.

Hiergegen erhob die Bankenvereinigung der Europäischen Union am 21.12.1999 bei der Europäischen Kommission Beschwerde wegen Verstoßes gegen die Beihilfevorschriften des EG-Vertrags. Daraus resultierte am 17.07.2001 die »Verständigung über Anstaltslast und Gewährträgerhaftung betreffend Landesbanken und Sparkassen« zwischen der Europäischen Kommission, vertreten durch Kommissar Mario Monti, und Vertretern der Bundesrepublik Deutschland. Wesentliches Ergebnis dieser Verständigung war, zum 18.07.2005 die Anstaltslast durch eine normale wirtschaftliche Eigentümerbeziehung nach marktwirtschaftlichen Grundsätzen zu ersetzen und die Gewährträgerhaftung abzuschaffen. Für zum Zeitpunkt der Annahme der Verständigung bereits bestehende sowie bis zum 18.07.2005 entstandene Verbindlichkeiten wurde eine Ausnahme- bzw. Übergangsregelung vereinbart.

Mit Ersetzung bzw. Wegfall von Anstaltslast und Gewährträgerhaftung müssen die Sparkassen und Landesbanken/Girozentralen sich selbst bzw. die Einlagen und Verbindlichkeiten aus Wertpapiergeschäften ihrer Kunden grundsätzlich ohne staatliche Unterstützung schützen. Dabei müssen insbesondere die Anforderungen des Einlagensicherungs- und Anlegerentschädigungsgesetzes (EAG) beachtet werden. Aus ökonomischer Sicht sind die Auswirkungen des Wegfalls staatlicher Garantien auf das Rating und die damit verbundenen Refinanzierungskosten der Institute zu kompensieren.

Die Sparkassen-Finanzgruppe hat auf die europarechtlichen Vorgaben bereits reagiert und ihr schon in der Vergangenheit wesentliche Sanierungsanteile tragendes Sicherungssystem modifiziert. Auf der Mitgliederversammlung des Deutschen Sparkassen- und Giroverbandes e. V. (DSGV) am 18.12.2003 wurden die zu Grunde liegenden Satzungen mit Wirkung zum 01.01.2006 neu gefasst sowie die Geltung weiterer Grundsätze beschlossen. Das auf diesen Satzungen nebst Grundsatzvereinbarungen beruhende modifizierte Sicherungssystem der Sparkassen-Finanzgruppe ist Anlass und Hauptgegenstand dieser Arbeit.

B. Begriffsbestimmungen

I. Haftungsverbund

Als »Haftungsverbund« wird das aus untereinander verbundenen Sicherungseinrichtungen bestehende Sicherungssystem der Sparkassen-Finanzgruppe bezeichnet.[1] Sicherungseinrichtungen der Sparkassen-Finanzgruppe sind die gesondert untereinander verbundenen 11 regionalen Sparkassenstützungsfonds, die Sicherungsreserve der Landesbanken und Girozentralen sowie der Sicherungsfonds der Landesbausparkassen.[2] Die Sicherungseinrichtungen sind in der Form miteinander verknüpft, dass die in den einzelnen Sicherungseinrichtungen vorhandenen Mittel unter bestimmten Voraussetzungen gegenseitig für Stützungsmaßnahmen eingesetzt werden können. Der eigentliche Haftungsverbund ist in der Satzung für den Haftungsverbund zwischen den Sparkassenstützungsfonds und der Sicherungsreserve der Landesbanken und Girozentralen sowie dem Sicherungsfonds der Landesbausparkassen geregelt.[3] Daneben bestehen Satzungen für die Sparkassenstützungsfonds der Regionalverbände, den Überregionalen Ausgleich der Sparkassenstützungsfonds, die Sicherungsreserve der Landesbanken und Girozentralen sowie den Sicherungsfonds der Landesbausparkassen.[4] Zusätzlich wurden im Rahmen des neuen Sicherungssystems der Sparkassen-Finanzgruppe Grundsätze für eine risikoorientierte Beitragsbemessung und Grundsätze für das Risikomonitoring beschlossen.[5]

---

1) *Berndt,* Sparkasse 2004, 74 (74 f.).
2) *Berndt,* Sparkasse 2004, 74 (75).
3) Siehe dazu 2. Teil A. II. 1. e) sowie 3. Teil A. V.
4) Siehe dazu 2. Teil A. II. 1. a)-d) sowie 3. Teil A. I-IV.
5) Siehe dazu 3. Teil A. VI, VII.

II. Sparkassen-Finanzgruppe

Die Sparkassen-Finanzgruppe besteht neben den Sparkassen, den Landesbanken/Girozentralen und den Landesbausparkassen aus öffentlich-rechtlichen Versicherern, der DekaBank Deutsche Girozentrale, der Unternehmensgruppe Deutsche Leasing, betriebswirtschaftlichen Serviceeinheiten sowie den regionalen Sparkassen- und Giroverbänden und dem Deutschen Sparkassen- und Giroverband.[6] Dem Begriff der Sparkassen-Finanzgruppe sind die Begriffe »Sparkassenverbund« und »Sparkassenorganisation« gleichgestellt.[7] Die Bezeichnung der untereinander verbundenen Sicherungseinrichtungen der Sparkassen, Landesbanken und Girozentralen sowie Landesbausparkassen als »Sicherungssystem der Sparkassen-Finanzgruppe« ist vor dem Hintergrund zu sehen, dass die Gewährleistung von Liquidität und Solvenz dieser Institute im Interesse der gesamten Sparkassen-Finanzgruppe steht. Der Zusammenschluss zur Sparkassen-Finanzgruppe bezweckt, die Sparkassen bei der Erfüllung ihres öffentlichen Auftrags[8] zu unterstützen und die Wirtschaftlichkeit der Verbundpartner durch Größen- und Verbundvorteile sowie einen einheitlichen Marktauftritt zu steigern.[9] Gegenstand dieser Arbeit ist vornehmlich die Sicherung von Sparkassen und Landesbanken/Girozentralen. Die Sicherung der Landesbausparkassen wird in die Bearbeitung nur miteinbezogen, soweit diese für Sparkassen und Landesbanken/Girozentralen von Bedeutung ist.

III. Sicherungseinrichtungen

Unter Sicherungseinrichtungen werden im Allgemeinen einerseits Einrichtungen zum unmittelbaren Schutz der Einleger eines Kreditinstituts sowie andererseits Einrichtungen zum Schutz des Kreditinstituts selbst angesehen.[10] Während erstere im Fall der Insolvenz eines angeschlossenen Instituts deren Einleger entschädigen (so genannte direkte Einlagensicherung), zielen letztere auf die Aufrechterhaltung der Zahlungsfähigkeit eines in

---

6) www.dsgv.de (Sparkassen-Finanzgruppe/Organisation/Landesbanken (Stand: 1. Januar 06)) sowie ausführlich: *Wittmann,* Der Sparkassenverbund, S. 7 ff.

7) *Wittmann,* Der Sparkassenverbund, S. 3 f.

8) Siehe dazu 2. Teil A. I. 1.

9) *DSGV,* Strategie der Sparkassen-Finanzgruppe, S. 8 ff. sowie ausführlich: *Wittmann,* Der Sparkassenverbund, S. 85 ff.

10) *Schöner,* Einlagensicherung und Wettbewerb, S. 27; *Niklisch,* Einlagensicherung im Kreditgewerbe, S. 17 ff.; *Dreher,* ZIP 1992, 1597 ff.; *Burghof/Rudolf,* Bankenaufsicht, S. 73 ff.

finanziellen Schwierigkeiten befindlichen Instituts ab.[11] Hierdurch werden mittelbar auch die Einlagen der Kunden geschützt (so genannte indirekte Einlagensicherung).[12] Zu den institutssichernden Einrichtungen zählen – wie noch ausführlich dargestellt werden wird – die der Sparkassen-Finanzgruppe. Dadurch, dass durch beide Formen der Sicherungseinrichtungen die Einlagen der Kunden geschützt werden, wird auch übergreifend von Einlagensicherung bzw. Einlagensicherungssystemen gesprochen.[13] Dabei wird im ersteren Fall weiterhin zwischen Einlagensicherung im engeren und weiteren Sinne differenziert. Während die Einlagensicherung im weiteren Sinne auch vorbeugende Maßnahmen zur Sicherung der Bankgläubiger erfasst, setzt die Einlagensicherung im engeren Sinne ein, wenn trotz der Prävention der Eintritt der Zahlungsunfähigkeit eines Kreditinstituts droht.[14] Da nach der EG-Einlagensicherungsrichtlinie als Einlagensicherungssysteme nur solche mit dem Inhalt der direkten Einlagensicherung bezeichnet werden,[15] wird im Folgenden übergreifend der Begriff der Sicherungseinrichtung bzw. des Sicherungssystems verwandt und im Übrigen zwischen der (direkten) Einlagensicherung (im engeren Sinne) und der Institutssicherung unterschieden.

Auch der Begriff der Einlagen wird nicht einheitlich benutzt.[16] Vorliegend ist der Einlagenbegriff im Sinne des Einlagensicherungs- und Anlegerentschädigungsgesetzes (EAG) maßgebend. Dabei ist zu beachten, dass im Rahmen des EAG neben Einlagen auch Verbindlichkeiten aus Wertpapiergeschäften durch so genannte Entschädigungseinrichtungen geschützt werden.[17] Insofern sind nicht nur Ein- sondern auch Anleger in den Schutzbereich miteinbezogen.

---

11) *Vogelsang,* Einlagensicherungsfonds des BdB, S. 8 f.; *Hoeren,* Selbstregulierung im Banken- u. Versicherungsrecht, S. 60 ff.; *Schöner,* Einlagensicherung und Wettbewerb, S. 27; *Kümpel,* Bank- und Kapitalmarktrecht, Rn. 19.184 f.

12) *Dreher,* ZIP 1992, 1597 (1599); *Hoeren,* Selbstregulierung im Banken- u. Versicherungsrecht, S. 61; *Schöner,* Einlagensicherung und Wettbewerb, S. 27; *Kümpel,* Bank- und Kapitalmarktrecht, Rn. 19.184.

13) *Vogelsang,* Einlagensicherungsfonds des BdB, S. 8 f.; *Schöner,* Einlagensicherung und Wettbewerb, S. 27; *Wagner,* Einlagensicherung bei Banken und Sparkassen, S. 5 ff., 38 ff.

14) *Schwark,* NJW 1974, 1849 (1849); *Kronester,* Einlagensicherung, S. 10 ff.; *Vogelsang,* Einlagensicherungsfonds des BdB, S. 7 ff.; *Wagner,* Einlagensicherung bei Banken und Sparkassen, S. 6 f.

15) § 3 Abs. 1 EG-Einlagensicherungsrichtlinie.

16) *Schöner,* Einlagensicherung und Wettbewerb, S. 25; *Wagner,* Einlagensicherung bei Banken und Sparkassen, S. 4 f.

17) § 2 i. v. m. § 1 Abs. 4 EAG.

Das Sicherungssystem der Sparkassen-Finanzgruppe ist vom »allgemeinen« Sicherungssystem abzugrenzen, das sowohl das gesetzliche Sicherungssystem,[18] also Anstaltslast und Gewährträgerhaftung, als auch das Sicherungssystem der Sparkassen-Finanzgruppe[19] umfasst. Soweit spezifizierend vom »Institutssicherungssystem« gesprochen wird, ist damit bereits die konkrete Ausgestaltung im obigen Sinne bezeichnet.

C. Gang der Darstellung

Die Arbeit ist in vier Teile gegliedert. In dem auf die Einleitung folgenden zweiten Teil wird das bisherige Sicherungssystem in Hinblick auf Aufbau und Inhalt, Anwendungspraxis und europarechtliche Einwirkungen untersucht. Das Zusammenwirken gesetzlicher und sparkasseninterner Regelungen zur Sicherung von Sparkassen und Landesbanken/Girozentralen wird sowohl in theoretischer als auch in praktischer Hinsicht näher betrachtet. Nach Darstellung der zwischen Vertretern der Europäischen Kommission und der Bundesrepublik Deutschland in Bezug auf Sparkassen und Landesbanken/Girozentralen getroffenen Vereinbarungen wird das bisherige Sicherungssystem in Hinblick auf die konkretisierten europarechtlichen Vorgaben analysiert. Dabei werden die vom Gesetzgeber bereits vorgenommenen Gesetzesänderungen und die dem Träger einer Sparkasse bzw. einer Landesbank/Girozentrale verbleibenden Möglichkeiten der Stützung seines Instituts aufgezeigt. Die Frage nach der Notwendigkeit der Änderung des bisherigen Sicherungssystems der Sparkassen-Finanzgruppe ist Hauptanliegen dieses Bearbeitungsteils. Bewertungsmaßstab sind neben dem Einlagensicherungs- und Anlegerentschädigungsgesetz Ratingaspekte und Refinanzierungskosten.

Im dritten Teil der Arbeit werden zunächst die Grundlagen des neuen Sicherungssystems, bestehend aus fünf Satzungen und zwei Grundsatzvereinbarungen, dargestellt und systematisiert. Im Anschluss wird das neue Sicherungssystem der Sparkassen-Finanzgruppe hinsichtlich seiner Gesetzeskonformität, seiner Wirtschaftlichkeit, unter vergleichenden Gesichtspunkten und unter Einbeziehung möglicher Alternativen analysiert und bewertet. Dabei kann im Rahmen der ersten beiden Untersuchungsgegenstände auf den Ergebnissen des zweiten Teils der Arbeit aufgebaut werden.

18) Siehe dazu 2. Teil A. I.
19) Siehe dazu 2. Teil A. II.

Zum Vergleich werden das Sicherungssystem des Bundesverbandes deutscher Banken e. V. (BdB), des Bundesverbandes Öffentlicher Banken e. V. (VÖB) und des Bundesverbandes der Deutschen Volksbanken und Raiffeisenbanken e. V. (BVR) herangezogen. Als mögliche Alternativen werden die Einlagensicherung sowie eine alternative Ausgestaltung der beibehaltenen Institutssicherung erwogen. Nachfolgend werden Einzelfragen des neuen Sicherungssystems der Sparkassen-Finanzgruppe untersucht. Ziel dieser Untersuchung ist es, neben dem Sicherungssystem in seiner Gesamtheit, auch grundlegende Einzelregelungen einer Bewertung zuzuführen.

Den vierten und letzten Teil der Arbeit bildet eine Zusammenfassung der wesentlichen Ergebnisse in Leitsätzen.

2. Teil: Das bisherige Institutssicherungssystem

Im Folgenden werden die rechtlichen Grundlagen des Institutssicherungssystems der Sparkassen und Landesbanken/Girozentralen in seiner Ausgestaltung bis zum 18.07.2005 sowie dessen Anwendung in der Praxis dargestellt. Im Anschluss werden die aus dem Beschwerdeverfahren vor der Europäischen Kommission resultierenden Vorgaben für Sparkassen und Landesbanken/Girozentralen nebst ihren Auswirkungen auf das Verhältnis der öffentlich-rechtlichen Kreditinstitute zu ihren Trägern und das Sicherungssystem der Sparkassen-Finanzgruppe aufgezeigt.

A. Aufbau und Inhalt des bisherigen Institutssicherungssystems

Das bisherige Sicherungssystem der Sparkassen und Landesbanken/Girozentralen basierte auf zwei Säulen. Die eine Säule bestand aus den Rechtsinstituten der Anstaltslast und der Gewährträgerhaftung, die andere aus auf intern erlassenen Satzungen beruhenden Sicherungseinrichtungen der Sparkassen-Finanzgruppe.

I. Anstaltslast und Gewährträgerhaftung

Anstaltslast und Gewährträgerhaftung bildeten rechtlich unabhängig voneinander bestehende Institute staatlicher Haftung. Bezogen auf den Bereich der Sparkassen und Landesbanken/Girozentralen beinhalteten beide Haftungsformen die Pflicht der Kommunen bzw. Länder, für die als Anstalten des öffentlichen Rechts organisierten Finanzinstitute in bestimmten Fällen einzustehen.[20]

---

20) BT-Drs. V/3500, S. 47 f.; *Koenig,* WM 1995, 821 (821); *Engelsing,* Zahlungsunfähigkeit von Kommunen, S. 165.

1. Begriffsbestimmungen

Sparkassen[21] sind rechtsfähige Anstalten des öffentlichen Rechts.[22] Anstaltsträger sind nach den Landesgesetzen regelmäßig die – bisher auch als Gewährträger bezeichneten – Gemeinden, Gemeindeverbände und Zweckverbände.[23] Die Errichtung der Sparkassen erfolgt in Wahrnehmung der Daseinsvorsorge für die Einwohner der Gemeinden.[24] Sie dient unter anderem der flächendeckenden kreditwirtschaftlichen Versorgung im jeweiligen Geschäftsgebiet, der Sicherung und Stärkung des Wettbewerbs im Kreditgewerbe und der Förderung der Kapital- und Vermögensbildung in der Bevölkerung (so genannter öffentlicher Auftrag).[25] Sparkassen sind damit Selbstverwaltungseinrichtungen der kommunalen Wirtschaftsverwaltung.[26]

---

21) Die Ausführungen erfassen nicht die sog. freien Sparkassen, für die die Institute der Anstaltslast und Gewährträgerhaftung auf Grund ihrer privatrechtlichen Unternehmensform nicht gelten (vgl. *Schmidt,* Sparkassen-Wissen, S. 50).

22) § 1 SpkG BW; Art. 3 SpkG Bayern; § 1 Abs. 1 S. 2 SpkG Brandenburg; § 1 SpkG Bremen; § 1 Abs. 1 SpkG Hessen; § 1 Abs. 1 S. 2 SpkG MV; § 3 SpkG Niedersachsen; § 2 SpkG NRW; § 1 Abs. 1 SpkG RP; § 1 Abs. 1 SpkG Saarland; § 1 Abs. 1 S. 2 Gesetz öffentl-rechtl. Kreditinstitute Sachsen; § 1 Abs. 1 S. 2 SpkG LSA; § 1 Abs. 1 SpkG SH; § 1 Abs. 1 SpkG Thüringen.

23) § 1 Abs. 1 S. 1, Abs. 2 SpkG Brandenburg; § 1 SpkG Niedersachsen; § 1 Abs. 1 SpkG NRW; § 1 Abs. 1, 2 SpkG RP; § 1 Abs. 1, 2 SpkG Saarland; § 1 Abs. 1 S. 1, Abs. 2 SpkG MV; § 1 Abs. 1 S. 1, Abs. 2 Gesetz öffentl-rechtl. Kreditinstitute Sachsen; § 1 Abs. 1 S. 1, Abs. 2 SpkG LSA; § 1 Abs. 1, 2 SpkG Thüringen. Weitergehende Möglichkeiten der Trägerschaft beinhalten § 2 Abs. 1, § 9 SpkG BW und Art. 1 Abs. 1, Art. 26, 28 SpkG Bayern (Sparkassenverband); §§ 1, 2 Abs. 4 SpkG Bremen (Stiftungen des öffentlichen Rechts und Mitglieder der Sparkassenorganisation); § 1 Abs.1, 2 SpkG Hessen (Stiftungen und rechtsfähige Vereine); § 1 Abs. 1, 2 SpkG SH (Amt) sowie § 1 Abs. 2, § 2 Abs. 1 S. 3 LBG Berlin (Land).

24) BVerfGE, Beschl. v. 14.04.1987 – 1 BvR 775/84 –, 75, 192 (199); BVerfG, Beschl. v. 23.09.1994 – 2 BvR 1547/85 –, NVwZ 1995, 370 (371).

25) § 6 Abs. 1 SpkG BW; Art. 2 Abs. 1 SpkG Bayern; § 3 Abs. 6 S. 1 LBG Berlin; § 2 Abs. 1 SpkG Brandenburg; § 3 Abs. 1, 2 SpkG Bremen; § 2 SpkG Hessen; § 2 Abs. 1 SpkG MV; § 4 Abs. 1 SpkG Niedersachsen; § 3 Abs. 1, 2 SpkG NRW; § 2 Abs. 1, 2 SpkG RP; § 2 Abs. 1, 2 SpkG Saarland; § 2 Abs. 1 Gesetz öffentl.-rechtl. Kreditinstitute Sachsen; § 2 Abs. 1 SpkG LSA; § 2 SpkG SH; § 2 Abs. 1 SpkG Thüringen sowie *Weber,* Die banküblichen Geschäfte, S. 240 ff.; *Schlierbach/Püttner,* Sparkassenrecht, S. 118 f. Kritisch in Bezug auf den öffentlichen Auftrag als Grundlage öffentlicher Trägerschaft: *Karl-Bräuer-Institut,* Privatisierung, S. 12 ff.; *Möschel,* in: FS Fikentscher, S. 575 (578 ff.); *Brümmerhoff/Lehmann,* ZögU 2000, 131 ff.

26) *Schlierbach/Püttner,* Sparkassenrecht, S. 42.

Auch die Landesbanken/Girozentralen sind regelmäßig Anstalten des öffentlichen Rechts.[27] Anstaltsträger sind die Länder und/oder die regionalen Sparkassen- und Giroverbände, wobei zwischen den Landesbanken/Girozentralen teilweise Kapitalbeteiligungen bestehen.[28] Als öffentlich-rechtliche Einrichtungen haben die Landesbanken/Girozentralen – wie die Sparkassen – einen öffentlichen, dem gemeinen Nutzen dienenden Auftrag zu erfüllen.[29] Ihnen obliegt insbesondere die wirtschaftliche Förderung des jeweiligen Landes und – neben den Sparkassen – die Deckung des Kreditbedarfs der Kommunen (Staats- und Kommunalbankfunktion).[30] Ihre Funktion als Zentralbanken der Sparkassen kommt teilweise bereits im Namensannex »Girozentrale« zum Ausdruck.[31] Insoweit sind sie deren zentrale Verrechnungsstelle für den bargeldlosen Zahlungsverkehr, verwalten die bei ihnen angelegten Liquiditätsguthaben der Sparkassen und gleichen Liquiditätsdefizite und -überschüsse zwischen den Sparkassen aus.[32]

Die Anstaltslast definierte das Verhältnis zwischen der öffentlich-rechtlichen Anstalt und ihrem Träger. Sie bezeichnete die Verpflichtung des Anstaltsträgers, die Anstalt zur Erfüllung der durch sie wahrgenommenen Aufgaben

---

27) § 1 Abs. 1 S. 1 LBG BW; Art. 1 Abs. 1 LBG Bayern; § 2 Abs. 1 S. 1 LBG Berlin; § 1 Abs. 1 S. 1 Staatsvertrag LB Bremen; Art. 4 S. 2 Staatsvertrag Hessen-Thüringen; § 1 Abs. 1 Staatsvertrag Nord/LB; § 1 Abs. 1 LBG NRW; § 26 Abs. 1 S. 1 SpkG RP; § 32 Abs. 1 SpkG Saarland; § 33 Abs. 1 S. 2 Gesetz öffentl.-rechtl. Kreditinstitute Sachsen; Ausnahme: HSH Nordbank AG (vgl. § 1 Staatsvertrag HSH Nordbank AG) und WestLB AG (§ 8 Abs. 1 Errichtungsgesetz LB NRW/Umwandlungsgesetz WestLB).

28) § 4 Abs. 1, 2 S. 1 LBG BW (zusätzliche Trägerschaft der Stadt Stuttgart); Art. 3 Abs. 1 S. 1 LBG Bayern; § 2 Abs. 1 S. 3 LBG Berlin; § 3 Abs. 1 Staatsvertrag LB Bremen; Art. 6 Abs. 1 S. 1 Staatsvertrag Hessen-Thüringen i. V. m. § 4 Abs. 1 S. 1 Satzung Helaba; § 3 Abs. 1 Staatsvertrag Nord/LB (zusätzliche Trägerschaft der Beteiligungs(zweck)verbände Sachsen- Anhalt und Mecklenburg-Vorpommern); § 2 LBG NRW i. V. m § 2 S. 1 Satzung LB NRW (zusätzliche Trägerschaft der Landschaftsverbände); § 26 Abs. 2 SpkG RP i. V. m. Präambel Satzung LB RP; § 32 Abs. 2 SpkG Saarland; § 33 Abs. 1 S. 3 i. V. m. § 48 ff. Gesetz öffentl.-rechtl. Kreditinstitute Sachsen (zusätzliche Trägerschaft des Beteiligungsverbands sächsischer Sparkassen bzw. der Sachsen-Finanzgruppe).

29) *Schlierbach/Püttner,* Sparkassenrecht, S. 308.

30) *Schlierbach/Püttner,* Sparkassenrecht, S. 307; ausführlich: *Becker,* Die Vernetzung der Landesbanken, S. 47 ff.

31) § 1 Abs. 1 LBG Berlin; § 1 Abs. 1 S. 1 Staatsvertrag LB Bremen; Art. 4 S. 1 Staatsvertrag Hessen-Thüringen; § 1 Abs. 1 Staatsvertrag Nord/LB; § 33 Abs. 1 S. 1 Gesetz öffentl.-rechtl. Kreditinstitute Sachsen sowie allgemein: *Becker,* Die Vernetzung der Landesbanken, S. 43.

32) So ausdrücklich Art. 8 Abs. 2 Staatsvertrag Hessen-Thüringen i. V. m. § 5 Abs. 2 S. 1 Satzung Helaba. Vgl. im Übrigen *Schlierbach/Püttner,* Sparkassenrecht, S. 307 sowie ausführlich: *Becker,* Die Vernetzung der Landesbanken, S. 43 ff.

instand zu halten und insbesondere eine etwaige Unterbilanz auszugleichen.[33] Solange der Anstaltsträger die Anstalt betrieb, hatte er sie finanziell, sachlich und personell so auszustatten, dass ihre Funktionsfähigkeit sichergestellt war.[34] Dabei handelte es sich um eine objektive Rechtspflicht, deren Erfüllung durch die Aufsichtsbehörde notfalls erzwungen werden konnte.[35] Ein subjektiver Anspruch der Anstalt auf Erfüllung der Verpflichtungen aus der Anstaltslast bestand ebensowenig wie ein solcher außenstehender Dritter.[36]

Im Bereich der Sparkassen und Landesbanken/Girozentralen wurde die Anstaltslast nach dem bislang geltenden System staatlicher Haftung durch die Gewährträgerhaftung ergänzt. Die Gewährträgerhaftung betraf das Verhältnis zwischen dem Träger der Anstalt und ihren Benutzern. Sie verpflichtete den Anstaltsträger, für die Verbindlichkeiten der Kreditanstalt gegenüber Dritten einzustehen, soweit diese zu deren Erfüllung nicht mehr im Stande war.[37] Den Gläubigern stand ein unmittelbarer, der Höhe nach unbegrenzter Anspruch gegenüber dem Anstaltsträger zu.[38] Vergleichbar mit den Regelungen zur privatrechtlichen Ausfallbürgschaft haftete der Anstaltsträger subsidiär und akzessorisch für die gegen die Anstalt bestehenden Ansprüche.[39] Der Gläubiger hatte den durch die Vermögenslosigkeit

---

33) BT-Drs. V/3500, S. 47; *Oebbecke,* Eigenkapitalausstattung der kommunalen Sparkassen, S. 23 m. w. N.; *Schlierbach/Püttner,* Sparkassenrecht, S. 147; *Becker,* Die Vernetzung der Landesbanken, S. 74.

34) BT-Drs. V/3500, S. 47; *Schneider,* in: FS Riesenfeld, S. 237 (244); *Kluth,* in: Bitburger Gespräche 2002/I, S. 111 (116); *Kemmler,* Die Anstaltslast, S. 16, 109 f.; *Masloff,* Ausfallhaftung des Staates, S. 17.

35) BT-Drs. V/3500, S. 48; *Rümker,* in: FS Stiefel, S. 607 (610 ff.); *Kemmler,* Die Anstaltslast, S. 103 f.; *Henneke,* in: Entwicklungsperspektiven kommunaler Sparkassen, S. 135.

36) BT-Drs. V/3500, S. 48; *Rümker,* in: FS Stiefel, S. 607 (610 ff.); *Kemmler,* Die Anstaltslast, S. 102 ff.; *Henneke,* in: Entwicklungsperspektiven kommunaler Sparkassen, S. 135; a. A.: *Perdelwitz/Paulus/Kleiner,* Sparkassenrecht, S. 176 f.; *Schlierbach,* Kommunalwirtschaft 1975, 447 (449); *Grimm,* Organisationsrecht der Landesbanken, S. 65.

37) BT-Drs. V/3500, S. 48; *Schlierbach,* Kommunalwirtschaft 1975, 447 (448); *Schlierbach/Püttner,* Sparkassenrecht, S. 144 f.; *Kinzl,* Anstaltslast und Gewährträgerhaftung, S. 33.

38) BT-Drs. V/3500, S. 48 f.; *Schneider,* in: FS: Riesenfeld, S. 237 (247 f.); *Schlierbach/Püttner,* Sparkassenrecht, S. 144 f.; *Heinevetter,* SpkG NRW, § 5 Rn. 1.

39) BT-Drs. V/3500, S. 49; *Schneider,* in: FS Riesenfeld, S. 237 (247 ff.); *Stern/Burmeister,* Die kommunalen Sparkassen, S. 27; *Heinevetter,* SpkG NRW, § 5 Rn. 1; *Schlierbach/Püttner,* Sparkassenrecht, S. 145. Nach a. A. handelt es sich um eine öffentlich-rechtliche Ausfallgarantie: *Koenig,* WM 1995, 821 (822); *Lüthje/Deckert,* in: Handbuch Rating, S. 455 (459).

des Kreditinstituts bedingten Ausfall seiner Forderung darzulegen und ggf. zu beweisen.[40] Inhalt und Umfang der Haftung bestimmten sich nach dem zwischen Institut und Gläubiger bestehenden Rechtsverhältnis.[41] Die Haftung umfasste sämtliche Verbindlichkeiten des Instituts.[42]

Da die Gewährträgerhaftung die erfolglose Inanspruchnahme der Anstalt voraussetzte, war sie gegenüber der Anstaltslast tatsächlich nachrangig und wäre nur dann zur Anwendung gekommen, wenn der Anstaltsträger seiner Instandhaltungspflicht aus der Anstaltslast nicht erfüllt hätte.[43] In der Praxis konnte die Zahlungsfähigkeit der Institute in allen in Betracht kommenden Fällen aufrechterhalten werden.[44]

2. Rechtsgrundlagen und historische Entwicklung

Die Anstaltslast bzw. »die Pflicht, ... die Sparkasse, so lange sie besteht, durch die Gewährung der erforderlichen Mittel in Stand zu setzen, ihren Verpflichtungen gerecht zu werden und den Geschäftsverkehr fortzusetzen«, wurde erstmals in einer Entscheidung des preußischen Oberverwaltungsgerichts von 1897[45] erwähnt. Als »kommunalrechtliche Obliegenheit« fand die Anstaltslast im Jahre 1937 dann Eingang in einen gemeinsamen Runderlass des Reichs- und Preußischen Ministers des Inneren und des Reichs- und Preußischen Wirtschaftsministers.[46] Dieser erging auf Grund der Ausgliederung der Sparkassen aus der unmittelbaren Kommunalverwaltung, die wiederum Folge der durch die Bankenkrise bedingten »Dritte[n] Verordnung des Reichspräsidenten zur Sicherung von Wirtschaft und Finanzen und zur Bekämpfung politischer Ausschreitungen«[47] vom 06. Oktober 1931 war. Im »Bericht der Bundesregierung über die Untersuchung der Wettbewerbs-

---

40) *Heinevetter,* SpkG NRW, § 5 Rn. 1; *Schlierbach/Püttner,* Sparkassenrecht, S. 145; *Schneider,* in: FS Riesenfeld, S. 237 (249); *Rümker,* in: FS Stiefel, S. 607 (619).

41) *Schneider,* in: FS Riesenfeld, S. 237 (248); *Heinevetter,* SpkG NRW, § 5 Rn. 1; *Rümker,* in: FS Stiefel, S. 607 (619).

42) BT-Drs. V/3500, S. 48; *Schneider,* in: FS Riesenfeld, S. 237 (247 f.); *Heinevetter,* SpkG NRW, § 5 Rn. 1; *Schlierbach,* Kommunalwirtschaft 1975, 447 (448); *Schlierbach/Püttner,* Sparkassenrecht, S. 145.

43) BT-Drs. V/3500, S. 49; *Schlierbach/Püttner,* Sparkassenrecht, S. 144; *Rümker,* in: FS Stiefel, S. 607 (621 f.).

44) BT-Drs. V/3500, S. 49; *Schlierbach/Püttner,* Sparkassenrecht, S. 144.

45) PrOVG, Ent. v. 04.06.1897 – I. 872 –, PrVBl. Bd. 19 (1897/98), 280 (281).

46) Erl. v. 02.10.1937 – V b I 1 Nr. 105 u. I 5519/37 –, RMBliV., 2. (98.) Jahrgang, Sp. 1591 (1593) bzw. 01.10.1937 – V b I 1 Nr. 87 u. I 5519/37 –, MBlWi., 37. Jahrgang, S. 214 (215).

47) RGBl. I S. 537 (554 ff.).

verschiebungen im Kreditgewerbe und über eine Einlagensicherung«[48] von 1968 wurde die Anstaltslast als »untrennbar mit dem öffentlich-rechtlichen Status verbunden«[49] bezeichnet. Unter Ausweitung ihres Geltungsbereichs auf alle öffentlich-rechtlichen Kreditinstitute wurde insbesondere ihr zwingender Bestand konstatiert.[50] Im Jahre 1982 wurde die Anstaltslast schließlich erstmals in einem Sparkassengesetz ausdrücklich normiert.[51] Bis zum 18.07.2005 war sie in den meisten Sparkassen- und Landesbankengesetzen kodifiziert.[52]

In Bezug auf die geschichtliche Entwicklung der Anstaltslast wurde zutreffend die mangelnde rechtliche Herleitung kritisiert.[53] Die Entscheidung des Preußischen Oberverwaltungsgerichts war weder vom Wortlaut des inzwischen aufgehobenen Sparkassenreglements[54] gedeckt noch wurde sie durch den systematischen Zusammenhang mit Normen der Sparkassenaufsicht getragen.[55] Der ministerielle Runderlass von 1937 befasste sich unter Bezugnahme auf die Entscheidung des Preußischen Oberverwaltungsgerichts ausschließlich mit dem Inhalt der Anstaltslast.[56] Auch der Bericht der Wettbewerbsenquête beschränkte sich in seinen Ausführungen weitestgehend darauf, die Anstaltslast unter Hinweis auf die allgemeine Auffassung bzw. herrschende Verwaltungsrechtslehre inhaltlich näher darzulegen.[57] In

---

48) BT-Drs. V/3500.

49) BT-Drs. V/3500, S. 43.

50) BT-Drs. V/3500, S. 47 f.; *Oebbecke,* Eigenkapitalausstattung der kommunalen Sparkassen, S. 41; *Kemmler,* Die Anstaltslast, S. 21.

51) Vgl. § 3 Abs. 2, § 26 Abs. 2 S. 5 SpkG RP v. 01.04.1982, GVBl. S.113 ff. sowie LT-Drs. RP 9/1692, S. 22, 28.

52) Vgl. für die Sparkassen: § 8 Abs. 6 S. 1 SpkG BW; § 3 Abs. 2 SpkG Brandenburg; § 3 Abs. 3 SpkG MV; § 32 Abs. 2 SpkG Niedersachsen; § 6 S. 3 SpkG NRW; § 3 Abs. 2 SpkG RP; § 5 Abs. 1 S. 1 SpkG Saarland; § 3 Abs. 2 S. 1 Gesetz öffentl.-rechtl. Kreditinstitute Sachsen; § 3 Abs. 2 S. 1 SpkG LSA; § 4 Abs. 1 SpkG SH; § 3 Abs. 2 S. 1 SpkG Thüringen sowie für die Landesbanken: § 4 Abs. 2 LBG BW; Art. 3 Abs. 3 LBG Bayern; § 3 Abs. 2 Staatsvertrag LB Bremen; § 4 Abs. 2 LBG NRW; § 26 Abs. 2 S. 4 SpkG RP; § 36 Abs. 2 S.1 Gesetz öffentl.-rechtl. Kreditinstitute Sachsen jeweils in der Fassung bis zum 18.07.2005.

53) Umfassend hierzu: *Oebbecke,* Eigenkapitalausstattung der kommunalen Sparkassen, S. 25 ff.; *Kemmler,* Die Anstaltslast, S. 17 ff.

54) Reglement die Einrichtung der Sparkassen betreffend. Vom 12. Dezember 1838 (GS 1839 S. 5), abgedruckt bei *Perdelwitz/Paulus/Kleiner,* Sparkassenrecht, S. 57 ff.

55) *Oebbecke,* Eigenkapitalausstattung der kommunalen Sparkassen, S. 30 f.; *ders.*, Die Anstaltslast, DVBl. 1981, 960 (962); *Kemmler,* Die Anstaltslast, S. 17 f.

56) *Oebbecke,* Eigenkapitalausstattung der kommunalen Sparkassen, S. 36 f.; *Kemmler*, Die Anstaltslast, S. 20.

57) BT-Drs. V/3500, S. 42 u. 47; *Oebbecke,* Eigenkapitalausstattung der kommunalen Sparkassen, S. 40 f.; *Kemmler,* Die Anstaltslast, S. 21.

der Gesetzesbegründung zur Aufnahme der Anstaltslast in das nordrhein-westfälische Sparkassengesetz wurde die Anstaltslast lediglich als auch ohne ausdrückliche Normierung in Rechtsprechung und Literatur anerkanntes Rechtsinstitut beschrieben, dessen Regelung im Interesse der Rechtsklarheit erfolge.[58] Die entsprechende Gesetzesbegründung in Rheinland-Pfalz beschrieb die Anstaltslast als eine sich aus allgemeinen Rechtsgrundsätzen ergebende Pflicht des Anstaltsträgers.[59]

In den Bundesländern, in denen keine gesetzliche Normierung der Anstaltslast erfolgt war, stellte sich damit die Frage nach ihrer rechtlichen Grundlage. In der Literatur wurde die Anstaltslast als ein allgemeines Rechtsinstitut[60] oder als ungeschriebener Rechtsgrundsatz des allgemeinen Verwaltungsrechts[61] bzw. des Anstaltsrechts[62] oder öffentlichen Organisationsrechts[63] bezeichnet. Soweit eine nähere Begründung[64] erfolgte, wurde unter anderem die Wahrnehmung einer öffentlichen Aufgabe[65] bzw. deren Übertragung auf eine Anstalt des öffentlichen Rechts[66] und die organisationsrechtliche Bindung der Anstalt an ihren Träger[67] genannt. Im Einzelnen sollte die Anstaltslast aus der Aufgabenlast,[68] d. h. der Pflicht des Verwaltungsträgers, eine ihm obliegende Aufgabe ordnungsgemäß auszuführen, folgen.[69] Es wurde angeführt, dass bei Übertragung der Aufgabe auf eine Anstalt des öffentlichen Rechts der Anstaltsträger die Erfüllung der Aufgabe

58) NRW LT-Drs. 11/6047, S. 59.

59) RP LT-Drs. 9/1692, S. 22.

60) *Henneke,* in: Entwicklungsperspektiven kommunaler Sparkassen, S. 134 f.; *Kirchhof,* NVwZ 1994, 1041 (1043); *Weber,* Die banküblichen Geschäfte, S. 196.

61) *Stern/Nierhaus,* Neuordnung des Sparkassenwesens, S. 90; *Stern,* AfK 2000, 1 (3); *Thode,* Sparkasse 1994, 134 (135); *Immenga/Rudo,* Gewährträgerhaftung und Anstaltslast, S. 24.

62) *Schlierbach/Püttner,* Sparkassenrecht, S. 148; *Schmidt,* Sparkassen-Wissen, S. 90; *Siekmann,* NWVBl. 1993, 361 (366).

63) *Engelsing,* Zahlungsunfähigkeit von Kommunen, S. 176; *Schneider,* in: FS Riesenfeld, S. 237 (244).

64) Ausführlich zu den verschiedenen Begründungsansätzen: *Kemmler,* Die Anstaltslast, S. 36 ff. sowie *Masloff,* Ausfallhaftung des Staates, S. 18 ff.

65) *Schneider,* in: FS Riesenfeld, S. 237 (244).

66) *Kirchhof,* in: Entwicklungsperspektiven kommunaler Sparkassen, S. 29; *ders.,* NVwZ 1994, 1041 (1042).

67) *Kirchhof,* in: Entwicklungsperspektiven kommunaler Sparkassen, S. 29; *Schneider,* in: FS Riesenfeld, S. 237 (244); *Thode,* Sparkasse 1994, 134 (135); *Thode/Peres,* VerwArch 89 (1998), S. 439 (452 f.).

68) *Schmidt,* ZKredW 1981, 762 ff.; *Thode,* Sparkasse 1994, 134 (135); *Schneider,* in: FS Riesenfeld, S. 237 (244).

69) *Kemmler,* Die Anstaltslast, S. 73; *Schmidt,* ZKredW 1981, 762 (762).

durch diese sicherzustellen habe.[70] Die organisationsrechtliche Bindung der Anstalt an die Weisungen und Einwirkungen des Trägers sollte diesen verpflichten, die Anstalt finanziell entsprechend auszustatten.[71] Teilweise wurde gerade das Zusammenspiel der Aufgabenlast mit den organisatorischen Verpflichtungen des Trägers gegenüber der errichteten Anstalt als maßgeblich erachtet.[72] Danach bedurfte die Folgerung der Anstaltslast aus der Aufgabenlast der verbindlichen Gründung einer Anstalt, die den Verwaltungsträger für den Zeitraum der Aufrechterhaltung der Anstalt in der Art und Weise seiner Aufgabenwahrnehmung festlegen sollte.[73] Ein Teil der Literatur qualifizierte die Anstaltslast zumindest für den Bereich des öffentlich-rechtlichen Kreditwesens auf der Ebene des Landesrechts als Gewohnheitsrecht.[74] Nach einer weiteren Ansicht war die Anstaltslast auf Grund landesgesetzlicher Regelungen zur Errichtung und Liquidation von Sparkassen und Landesbanken/Girozentralen dem Grundsatz vom Vorrang des Gesetzes zu entnehmen.[75]

Gegen eine Anerkennung der Anstaltslast als allgemeiner Rechtsgrundsatz wurde insbesondere die fehlende richterliche Konkretisierung geltend gemacht.[76] Auch eine gewohnheitsrechtliche Begründung der Anstaltslast wurde in Ermangelung der entsprechenden Voraussetzungen abgelehnt.[77] Vielmehr sollte die Anstaltslast den Anforderungen des kommunalverfassungsrechtlichen Gesetzesvorbehalts aus Art. 28 Abs. 2 S. 1 GG unterliegen.[78] Es wurde dargelegt, dass durch die Anstaltslast die freiwillige Selbstverwaltungsaufgabe der kreditwirtschaftlichen Betätigung zu einer Pflichtaufgabe und die kommunale Finanzhoheit beschränkt werde und

---

70) *Kirchhof,* in: Entwicklungsperspektiven kommunaler Sparkassen in Deutschland, S. 29; *ders.*, NVwZ 1994, 1041 (1042).

71) *Kirchhof,* in: Entwicklungsperspektiven kommunaler Sparkassen, S. 29; *ders.*, NVwZ 1994, 1041 (1042).

72) *Kemmler,* Die Anstaltslast, S. 93.

73) *Kemmler,* Die Anstaltslast, S. 93.

74) *Schlierbach,* Kommunalwirtschaft 1975, 447 (448); *Heinevetter,* SpkG NRW, § 5 Rn. 2; *Schmidt,* ZKredW 1981, 762 (768); *ders.*, Sparkassen-Wissen, S. 91; *Engelsing,* Zahlungsunfähigkeit von Kommunen, S. 222 ff.; *Henneke,* in: Entwicklungsperspektiven kommunaler Sparkassen, S. 137 f.

75) *Becker,* Die Vernetzung der Landesbanken, S. 77 f.

76) *Koenig,* WM 1995, 821 (827).

77) *Oebbecke,* Eigenkapitalausstattung der kommunalen Sparkassen, S. 61 f.; *ders.*, DVBl. 1981, 960 (964); *Koenig,* WM 1995, 821 (826).

78) *Oebbecke,* Eigenkapitalausstattung der kommunalen Sparkassen, S. 62; *ders.*, DVBl. 1981, 960 (964 f.); *Koenig,* WM 1995, 821 (825).

dieser Eingriff durch einen allgemeinen Rechtsgrundsatz oder (nachkonstitutionelles) Gewohnheitsrecht nicht gerechtfertigt werden könne.[79]

Die Vertreter der Europäischen Kommission gingen auch ohne ausdrückliche Normierung vom Bestand der Anstaltslast aus. In einer »Beschreibung der Haftungen«[80] führten sie aus, dass die Anstaltslast als allgemeiner Rechtsgrundsatz betrachtet werde und die Gewährträgerhaftung im Gegensatz dazu einer ausdrücklichen rechtlichen Basis bedürfe. In Ziffer 2.3 der Verständigung über Anstaltslast und Gewährträgerhaftung vom 17.07.2001[81] wurde bestimmt, dass unabhängig davon, ob gesetzliche Regelungen bestehen, auch in Bezug auf die Anstaltslast ausdrückliche Gesetzesänderungen vorzunehmen seien. Demnach ist beispielsweise Regelungsinhalt des Art. 4 Abs. 1 SpkG Bayern in der Fassung ab dem 19.07.2005, dass die Anstaltslast ersetzt wird, obwohl in der bisherigen Gesetzesfassung nur die Gewährträgerhaftung kodifiziert war.

Die Gewährträgerhaftung wurde in Folge der 3. (Not-)Verordnung von 1931 in die Landesgesetze aufgenommen.[82] Der durch die Umgestaltung der Sparkassen und Girozentralen zu Anstalten mit eigener Rechtspersönlichkeit bedingte Wegfall eines direkten Anspruchs gegen die Kommunen sollte durch eine subsidiäre Haftung der Errichtungskörperschaft ausgeglichen werden.[83] In den Sparkassen- und Landesbankengesetzen war die Gewährträgerhaftung bis zum 18.07.2005 umfassend normiert.[84]

---

79) *Oebbecke,* Eigenkapitalausstattung der kommunalen Sparkassen, S. 63; *ders.,* DVBl. 1981, 960 (965); *Koenig,* WM 1995, 821 (825).

80) Schreiben der Europäischen Kommission an den Bundesminister des Auswärtigen vom 08.05.2001 u. 27.03.2002 betreffend staatliche Beihilfe Nr. E 10/2000 – Deutschland, Anstaltslast und Gewährträgerhaftung, SG (2001) D/288482, S. 3 bzw. C (2002) 1286, S. 4 (http://europa.eu.int/comm/secretariat_general/sgb/state_aids/comp-2000/e010-00-1.pdf und http://europa.eu.int/comm/secretariat_general/sgb/state_aids/comp-2000/e010-00-2.pdf (Stand: 01.01.2006)).

81) Siehe dazu 2. Teil C. I. 1.

82) Dritte Verordnung des Reichspräsidenten zur Sicherung von Wirtschaft und Finanzen und zur Bekämpfung politischer Ausschreitungen. Vom 6. Oktober 1931. RGBl. I S. 537 (554 ff.).

83) BT-Drs. V/3500, S. 48; *Schmidt,* Sparkassen-Wissen, S. 94; *Schlierbach/Püttner,* Sparkassenrecht, S. 146.

84) Vgl. für die Sparkassen: § 8 SpkG BW; Art. 4 SpkG Bayern; § 3 Abs. 1 SpkG Brandenburg; § 1 a SpkG Bremen; § 3 SpkG Hessen; § 3 Abs. 1 SpkG MV; § 32 Abs. 1 SpkG Niedersachsen; § 6 S. 1, 2 SpkG NRW; § 3 Abs. 1 SpkG RP; § 5 Abs. 2 SpkG Saarland; § 3 Abs. 1 Gesetz öffentl.-rechtl. Kreditinstitute Sachsen; § 3 Abs. 1 SpkG LSA; § 4 Abs. 2 SpkG SH; § 3 Abs. 1 SpkG Thüringen sowie für die Landesbanken: § 4 Abs. 3, 4 LBG BW; Art. 4 Abs. 2 LBG Bayern; § 5 Abs. 1 LBG Berlin; § 4 Abs. 4 S. 2, 3 Staatsvertrag LB Bremen; Art. 6 Staatsvertrag

3. Wirtschaftliche Bedeutung

Im »Bericht der Bundesregierung über die Untersuchung der Wettbewerbsverschiebungen im Kreditgewerbe und über eine Einlagensicherung«[85] von 1968 wurden Anstaltslast und Gewährträgerhaftung wie folgt beurteilt:

»Man wird zunächst davon ausgehen können, daß die öffentliche Haftung (Anstaltslast und Gewährträgerhaftung) für die Institute, bei denen sie besteht, ein objektiver Vorteil ist, den die übrigen Institute nicht haben. Denn trotz der Vorschriften des KWG, die die Sicherheit der Vermögenswerte bei allen Kreditinstituten zum Ziel haben, läßt sich die Tatsache nicht bestreiten, daß die Sicherheit bei den öffentlich-rechtlichen Kreditinstituten, hinter denen die Haftung der öffentlichen Hand steht, aus eben diesem Grund höher ist, als die der privaten Institute.«[86]

Dass Anstaltslast und Gewährträgerhaftung für öffentlich-rechtliche Kreditinstitute objektiv vorteilhaft waren, entspricht auch heute noch der allgemeinen Einschätzung.[87] Kontrovers diskutiert wurde indes, ob Anstaltslast und Gewährträgerhaftung gemeinschaftswidrige Beihilfen im Sinne des Art. 87 Abs. 1 EG-Vertrag darstellten.[88] Ausgangspunkt der Diskussion war, dass Anstaltslast und Gewährträgerhaftung das Rating, insbesondere von Landesbanken/Girozentralen, positiv beeinflussten und damit zu einer Verbesserung der Refinanzierungsbedingungen führten.[89]

Hessen-Thüringen; § 7 Abs. 3 Staatsvertrag Nord/LB; § 4 Abs. 3 LBG NRW i. V. m. § 2 S. 3, 4 Satzung LB NRW; § 26 Abs. 2 S. 2, 3 SpkG RP; § 38 Abs. 2 SpkG Saarland; § 36 Abs. 1 Gesetz öffentl.-rechtl. Kreditinstitute Sachsen jeweils in der Fassung bis zum 18.07.2005.

85) BT-Drs. V/3500.

86) BT-Drs. V/3500, S. 49.

87) *Thode,* Sparkasse 1994, 134 (136); *Koenig,* EuZW 1995, 595 (595); *von Friesen,* EuZW 1999, 581 (581 f.); *Hasselmann,* Ausschlußtatbestände für den Beihilfebegriff, S. 140 ff.; *Löhr,* Anstaltslast und Gewährträgerhaftung, S. 125 ff.; *Kinzl,* Anstaltslast und Gewährträgerhaftung, S. 102 ff.

88) Die Gemeinschaftsrechtswidrigkeit zumindest teilweise bejahend: *Koenig,* EuZW 1995, 595 ff.; *von Friesen,* EuZW 1999, 581 ff.; *Schmidt/Vollmeyer,* NJW 1998, 716 ff.; *Kinzl,* Anstaltslast und Gewährträgerhaftung, S. 98 ff.; *Hasselmann,* Ausschlußtatbestände für den Beihilfebegriff, S. 125 ff.; *Kluth,* in: Bitburger Gespräche 2002/I, S. 111 (116 ff.); grundsätzlich verneinend: *Immenga/Rudo,* Gewährträgerhaftung und Anstaltslast, S. 48 ff.; *Schneider/Busch,* EuZW 1995, 602 ff.; *Gruson,* EuZW 1997, 357 ff.; *Löhr,* Anstaltslast und Gewährträgerhaftung, S. 123 ff.; *Martin-Ehlers,* EWS 2001, S. 263 ff.

89) *Thode,* Sparkasse 1994, 134 (136); *Koenig,* EuZW 1995, 595 (595); *von Friesen,* EuZW 1999, 581 (581 f.); *Hasselmann,* Ausschlußtatbestände für den Beihilfebegriff, S. 140 ff.; *Löhr,* Anstaltslast und Gewährträgerhaftung, S. 125 ff.; *Kinzl,* Anstaltslast und Gewährträgerhaftung, S. 102 ff.

Unter einem Rating versteht man im Finanz- und Bankwesen die anhand von Symbolen ausgedrückte Beurteilung und Einstufung von Finanzierungstiteln oder Wirtschaftssubjekten.[90] Gegenstand der Einschätzung ist in der Regel die Fähigkeit und rechtliche Verpflichtung eines Emittenten zur termingerechten Erfüllung seiner Zins- und Tilgungsverpflichtungen (so genanntes Credit Rating).[91] Bezogen sowohl auf lang- als auch auf kurzfristige Verpflichtungen wird die Wahrscheinlichkeit von Zahlungsstörungen während der Laufzeit sowie, im Fall eines langfristigen Ratings, die Schwere eines möglichen Ausfalls bestimmt.[92] Neben der Beurteilung einzelner Emissionen kann sich das Rating auch generell auf die Bonität eines Emittenten im Sinne einer Schätzung der Wahrscheinlichkeit seiner Insolvenz beziehen.[93] Die Erstellung erfolgt durch private Ratingagenturen, die in der Regel im Auftragsverhältnis, teilweise aber auch selbstständig tätig werden.[94] Führende Ratingagenturen sind die US-Agenturen Moody's Investors Service und Standard & Poor's (S&P). Im Bereich des Bankenratings ist zusätzlich die britische Agentur Fitch Ratings zu nennen.

Ein hohes Rating bedingt niedrige Refinanzierungskosten. Ein Rating in den obersten Kategorien ermöglicht es den Banken, Mittel am Kapitalmarkt zu günstigen Konditionen aufzunehmen und diese auf der Aktivseite an ihre Kreditkunden weiterzugeben.[95] Bei der Emission von Aktien, Genussscheinen, Options- und Wandelschuldverschreibungen sowie nachrangigen Anleihen der Bank wirkt sich dies ebenso aus wie im Handel mit modernen Finanzinstrumenten, wie z. B. Derivaten.[96]

Die Beurteilungen der Landesbanken/Girozentralen durch die verschiedenen Agenturen lagen bisher durchweg im obersten Bereich der jeweiligen Ratingskalen.[97] Bei einem Rating der deutschen Banken im August 1995

90) *Everling/Gareis,* in: Gabler-Wirtschafts-Lexikon, Bd. 2, S. 631 f.

91) *Berblinger,* in: Handbuch Rating, S. 21 (31); *Serfling/Badack/Jeiter,* in: Handbuch Rating, S. 629 (633).

92) *Berblinger,* in: Handbuch Rating, S. 21 (31).

93) *Everling,* Der langfristige Kredit, 272 (272); *Immenga/Rudo,* Gewährträgerhaftung und Anstaltslast, S. 86 f.; *Müller,* in: Handbuch Rating, S. 327 (329).

94) Zum auftragslosen Rating vgl. *von Randow,* ZBB 1996, 85 ff.

95) *Müller,* in: Handbuch Rating, S. 327 (340); *ten Brink,* in: Handbuch Rating, S. 273 (278); *von Friesen,* EuZW 1999, 581 (582).

96) *Müller,* in: Handbuch Rating, S. 327 (340); *ten Brink,* in: Handbuch Rating, S. 273 (279); *von Friesen,* EuZW 1999, 581 (582).

97) Vgl. Übersicht bei *Immenga/Rudo,* Gewährträgerhaftung und Anstaltslast, S. 98 sowie bei *Monro-Davies,* in: Handbuch Rating, S. 175 (195) u. *Löhr,* Anstaltslast und Gewährträgerhaftung, S. 131.

erhielten die Landesbanken/Girozentralen von der Ratingagentur Moody's Bewertungen zwischen »Aaa« (»erstklassig«) und »Aa1« (»von hoher Qualität«).[98] Fitch Ratings vergab an alle Landesbanken/Girozentralen ihre Höchstnote »AAA«.[99] Zur Begründung der guten Ratings wurden von den Ratingagenturen einvernehmlich die Institute der Anstaltslast und Gewährträgerhaftung sowie die Regelungen des vertikalen und horizontalen Finanzausgleichs in der Bundesrepublik Deutschland genannt.[100] Soweit die Institute von den einzelnen Ratingagenturen innerhalb der oberen Skalenbereiche abweichend eingestuft wurden, war dies im Wesentlichen auf die wirtschaftliche und finanzielle Stärke der Länder sowie auf die jeweilige »Haftungskette« zurückzuführen.[101] Eine über verschiedene vertikal oder horizontal zueinander stehende Gewährträger verlaufende Haftungskette sollte die Wahrscheinlichkeit, dass sich die Bereitstellung von Mitteln durch die schließlich haftende Einheit verzögert, erhöhen.[102] Die einheitliche Beurteilung der Landesbanken/Girozentralen durch die Ratingagentur Fitch war auf die Auffassung zurückzuführen, dass die Haftungskette nicht bei dem jeweiligen Bundesland endete, sondern der Bund die Länder und damit die Landesbanken/Girozentralen im Wege des Finanzausgleichs letztlich umfassend und rechtzeitig unterstützt hätte.[103]

Die positiven Auswirkungen von Anstaltslast und Gewährträgerhaftung auf das Rating der Landesbanken/Girozentralen zeigten sich auch im Rahmen des zusätzlich durchgeführten »Bank-Financial-Strength Rating« (BFSR) bzw. des »individual rating«. Das BFSR der Ratingagentur Moody's bezweckt, unabhängig von externen Faktoren, die fundamentale Finanzkraft der Bank zum Ausdruck zu bringen.[104] Dabei werden als externe Faktoren einerseits das die Beurteilung nach oben begrenzende Länderrating sowie andererseits positiv beeinflussende Unterstützungsmechanismen, wie beispielsweise Gewährträgerhaftung und Anstaltslast oder Patronatserklärungen, genannt.[105] Das »individual rating« der Ratingagentur Fitch soll die

98) Vgl. Übersicht bei *Immenga/Rudo,* Gewährträgerhaftung und Anstaltslast, S. 98.

99) Vgl. Übersicht bei *Immenga/Rudo,* Gewährträgerhaftung und Anstaltslast, S. 98.

100) *Berblinger,* in: Handbuch Rating, S. 21 (72 f.); *Monro-Davies,* in: Handbuch Rating, S. 175 (197 ff.); *Lüthje/Deckert,* in: Handbuch Rating, S. 455 (460).

101) *Immenga/Rudo,* Gewährträgerhaftung und Anstaltslast, S. 88; *Berblinger,* in: Handbuch Rating, S. 21 (73).

102) *Berblinger,* in: Handbuch Rating, S. 21 (73).

103) *Monro-Davies,* in: Handbuch Rating, S. 175 (198 u. 207).

104) *Berblinger,* in: Handbuch Rating, S. 21 (40).

105) *Berblinger,* in: Handbuch Rating, S. 21 (40).

bankbetriebliche Leistungsfähigkeit und zukünftige Lebensfähigkeit von Banken einer Beurteilung zugänglich machen.[106] Im Rahmen dieser so genannten Stand Alone-Ratings wurden die Landesbanken/Girozentralen im Jahre 1995 seitens Moody's in einer Skala von »A« bis »E« überwiegend nur mit »C+« bewertet.[107] Auch die Beurteilung durch die Ratingagentur Fitch fiel im Vergleich wesentlich schlechter aus.[108] Allerdings wurden auch die Privatbanken durch das »individual rating« grundsätzlich herab gestuft, was sich auf einen Bewertungsausschluss auch der faktischen staatlichen Garantie (»too big to fail«) zurückführen lässt, die Fitch im Rahmen des »legal rating« gesondert bewertet.[109]

Die Kritik an der Machtkonzentration der Ratingagenturen und der Qualität und Objektivität ihrer Beurteilungen[110] konnte bislang nichts am faktischen Stellenwert der Ratings ändern. Der Einfluss der führenden Ratingagenturen ist, wie auch die erneut geführte Diskussion um die Regulierung der Agenturen zeigt, vielmehr gewachsen.[111] Mit der Umsetzung der neuen Baseler Eigenkapitalvereinbarungen (Basel II)[112] wird die Bedeutung interner wie externer Ratings zudem weiter zunehmen. Ab 2007 wird zur Bestimmung der Höhe der Eigenkapitalhinterlegung der Kreditinstitute grundsätzlich jedem Kreditnehmer unabhängig von seiner Zugehörigkeit zu einer Schuldnerklasse eine risikoadäquate und individuelle Bonität zugeordnet.[113] Dabei werden Bonität und Ausfallrisiko im so genannten Standardansatz durch externe Ratings und im so genannten IRB[114]-Ansatz durch bankinterne Ratings ermittelt.[115] Im Standardansatz besteht in Bezug auf Forderungen an Kreditinstitute allerdings ein nationales Wahlrecht, ob auf das Rating des Sitzlandes oder das Rating des jeweiligen Instituts abgestellt

---

106) *Monro-Davies,* in: Handbuch Rating, S. 175 (189).

107) Vgl. Übersicht bei *Immenga/Rudo,* Gewährträgerhaftung und Anstaltslast, S. 98.

108) Vgl. Übersicht bei *Immenga/Rudo,* Gewährträgerhaftung und Anstaltslast, S. 98.

109) *Monro-Davies,* in: Handbuch Rating, S. 175 (189); *Immenga/Rudo,* Gewährträgerhaftung und Anstaltslast, S. 97 ff.

110) Vgl. Nachweise bei *Immenga/Rudo,* Gewährträgerhaftung und Anstaltslast, S. 89 ff. sowie *Löhr,* Anstaltslast und Gewährträgerhaftung, S. 129 f.

111) *Dries,* FAZ v. 13.04.2003 (Nr. 61), S. 11; *Hesse,* SZ v. 28.07.2004 (Nr. 172), S. 21.

112) www.bis.org/publ/bcbs107.htm (Stand: 01.01.2006).

113) *Jungmichel,* WM 2003, 1201 (1202).

114) Internal Ratings Based Approach.

115) *Jungmichel,* WM 2003, 1201 (1202 f.); *Cluse/Dernbach/Engels/Lellmann,* in: Basel II, S. 19 (28 ff.).

werden soll.[116] In Deutschland wird auf Grund der eher geringen Anzahl gerateter Kreditinstitute voraussichtlich die erste Variante maßgeblich sein, so dass insbesondere für ausschließlich national tätige Institute ein externes Rating entbehrlich bleibt.[117] Im internen Ratingverfahren, das mittelfristig von nahezu allen großen Instituten angewendet werden wird, unterliegen jedoch auch Kreditinstitute einer Einzelbewertung.[118] Dementsprechend werden auch die Sparkassen, die derzeit nur vereinzelt über ein Rating verfügen, individuell beurteilt und nicht mehr wie bisher lediglich pauschal einer Schuldnerklasse zugewiesen. Eine Ausnahme der Sparkassen von den Vorteilen der Anstaltslast und Gewährträgerhaftung auf Grund ihrer vornehmlichen Refinanzierung durch Einlagen privater Kunden und gewerblichem Mittelstand[119] wäre damit nicht mehr gerechtfertigt gewesen. Aber auch bisher war bereits eine indirekte Begünstigung der Sparkassen auf Grund der Zusammenarbeit mit den Landesbanken/Girozentralen anzunehmen.[120] Soweit sich die Sparkassen über die mit ihnen im regionalen Verbund stehenden Landesbanken/Girozentralen refinanzieren, kamen ihnen mittelbar auch deren Refinanzierungsvorteile auf den internationalen Finanzmärkten zugute.[121]

Ob die durch ein hochklassiges Rating bedingte Reduzierung der Refinanzierungskosten die Annahme einer bestehenden Beihilferegelung im Sinne des Art. 88 Abs. 1 EG-Vertrag rechtfertigt, ist nach der Verständigung über Anstaltslast und Gewährträgerhaftung zwischen der Europäischen Kommission und der Bundesrepublik Deutschland nur noch von theoretischem Interesse. Mit der Ersetzung bzw. der Abschaffung von Anstaltslast und Gewährträgerhaftung ist die für das Rating entscheidende verbindliche staatliche Haftung entfallen. Der Umstand, dass die öffentlich-rechtliche

116) *Cluse/Dernbach/Engels/Lellmann,* in: Basel II, S. 19 (29); *Cluse,* in: Basel II, S. 143 (148).

117) *Cluse/Dernbach/Engels/Lellmann,* in: Basel II, S. 19 (29); *Cluse,* in: Basel II, S. 143 (148).

118) *Cluse/Stellmacher,* in: Basel II, S. 167 (169); *Cluse/de Harde,* in: Basel II, S. 209 (212).

119) *Immenga/Rudo,* Gewährträgerhaftung und Anstaltslast, S. 94 ff.; *Hasselmann,* Ausschlußtatbestände für den Beihilfebegriff, S. 146 f.; *Weber,* Die banküblichen Geschäfte, S. 214 ff.; *Stern,* in: FS Rommel, S. 211 (215).

120) *von Friesen,* EuZW 1999, 581 (582); *Kinzl,* Anstaltslast und Gewährträgerhaftung, S. 106; *Löhr,* Anstaltslast und Gewährträgerhaftung, S. 139.

121) *von Friesen,* EuZW 1999, 581 (582); *Kinzl,* Anstaltslast und Gewährträgerhaftung, S. 106.

Trägerschaft auch weiterhin positive Berücksichtigung findet,[122] ist mit dem Vorteil deutscher Großbanken in Hinblick auf die ihnen gegenüber unterstellte faktische Haftung des Staates (»too big to fail«) vergleichbar.

II. Das Sicherungssystem der Sparkassen-Finanzgruppe

Im bisherigen Sicherungssystem der Sparkassen und Landesbanken/Girozentralen bildete das Sicherungssystem der Sparkassen-Finanzgruppe neben Anstaltslast und Gewährträgerhaftung die zweite Säule zur Sicherung der Kreditinstitute.

1. Grundstrukturen

Das bisherige Sicherungssystem der Sparkassen-Finanzgruppe bestand aus regionalen Sparkassenstützungsfonds, dem Überregionalen Ausgleich der Sparkassenstützungsfonds, der Sicherungsreserve der Landesbanken und Girozentralen, dem Sicherungsfonds der Landesbausparkassen und dem Haftungsverbund zwischen den Sparkassenstützungsfonds, der Sicherungsreserve der Landesbanken und Girozentralen sowie dem Sicherungsfonds der Landesbausparkassen. Alle fünf Einrichtungen waren in durch die DSGV-Mitgliederversammlung beschlossenen Satzungen eigenständig geregelt.

a) Die regionalen Sparkassenstützungsfonds

Nach den Landesgesetzen sind die Sparkassen- und Giroverbände, zu deren Mitgliedern grundsätzlich die öffentlich-rechtlichen Sparkassen und ihre Träger gehören,[123] ermächtigt, ihre Rechtsverhältnisse durch Satzung zu regeln.[124] In den (Haupt-)Satzungen der Verbände ist die Unterhaltung eines Stützungsfonds für die Mitgliedssparkassen teilweise ausdrücklich als

---

122) Siehe dazu 3. Teil B. II.

123) Vgl. zu den Ausnahmen: *Schlierbach/Püttner*, Sparkassenrecht, S. 290.

124) § 35 S. 2 SpkG BW; Art. 22 Abs. 3 SpkG Bayern; § 6 Abs. 1 SpkG Bremen; § 31 SpkG Hessen i. V. m. § 1 Abs. 2 S. 1 Hessisches Neuordnungsgesetz; § 28 Abs. 2 S. 2 SpkG Niedersachsen; § 37 S. 1 SpkG NRW; § 25 Abs. 4 S. 1, 2 SpkG RP; § 41 S. 1 SpkG Saarland; § 37 Abs. 4 S. 1 SpkG SH; § 1 Abs. 2 S. 2 Staatsvertrag OSGV.

Verbandsaufgabe genannt.[125] Die nähere Ausgestaltung der Fonds ist in eigenen Satzungen geregelt, die auf die vom Deutschen Sparkassen- und Giroverband e. V. herausgegebene Mustersatzung für die Sparkassenstützungsfonds der Regionalverbände zurückgehen.

Nach der bis zum 01.01.2006 geltenden Mustersatzung[126] war zur Sicherung der Mitgliedssparkassen als Bestandteil des Verbandsvermögens ein Stützungsfonds zu bilden.[127] Voraussetzung für die Stützung einer Sparkasse war der Eintritt eines Stützungsfalls. Ein solcher lag vor, wenn der Sparkasse ein bestandsgefährdender oder entwicklungsbeeinträchtigender Verlustausweis drohte.[128] Dabei musste die Ursache der wirtschaftlichen Schwierigkeiten in den geschäftlichen Verhältnissen dieser Sparkasse liegen.[129] Eine allgemeine Krise der Kreditwirtschaft war nicht geeignet, einen Stützungsfall zu begründen.[130] Als Stützungsmaßnahmen kamen alle geeigneten Hilfsmaßnahmen, insbesondere die Gewährung von Darlehen oder verlorenen Zuschüssen, in Betracht.[131] Die Maßnahmen konnten von Auflagen, insbesondere personellen Veränderungen, und sollten von Besserungsscheinen abhängig gemacht werden.[132]

Anhand eines für die im Überregionalen Ausgleich zusammengeschlossenen Verbände einheitlichen Kennzahlensystems war der Verband berechtigt, die wirtschaftliche Situation seiner Mitgliedssparkassen durch seine Prüfungsstelle mindestens jährlich zu prüfen.[133] Der Verbandsvorstand oder ein etwaig gebildeter Stützungsfondsausschuss konnte Empfehlungen zur

125) § 6 Nr. 12 Satzung SV BW; § 3 Abs. 2 Nr. 8 Satzung SGV Bayern; § 2 Abs. 1 Nr. 7 Satzung RSGV; § 8 Abs. 1 Nr. 12 Satzung SGV RP; § 4 Abs. 3 Nr. 10 Satzung SGV Saarland; § 2 Abs. 1 e Satzung WLSGV; § 3 Abs. 1 Nr. 5 Satzung OSGV.

126) Stand: 28.11.2002.

127) Nr. 1 Abs. 1 S. 1 Mustersatzung für die Sparkassenstützungsfonds der Regionalverbände a. F.

128) Nr. 2 S. 1 Mustersatzung für die Sparkassenstützungsfonds der Regionalverbände a. F.

129) Nr. 2 S. 2 Mustersatzung für die Sparkassenstützungsfonds der Regionalverbände a. F.

130) Nr. 2 S. 3 Mustersatzung für die Sparkassenstützungsfonds der Regionalverbände a. F.

131) Nr. 3 S. 1, 2 Mustersatzung für die Sparkassenstützungsfonds der Regionalverbände a. F.

132) Nr. 2 S. 4, 5 Mustersatzung für die Sparkassenstützungsfonds der Regionalverbände a. F.

133) Nr. 4 Abs. 1 S. 1, 2 Mustersatzung für die Sparkassenstützungsfonds der Regionalverbände a. F.

Änderung der Geschäfts- und Risikopolitik einer Sparkasse geben und künftige Stützungsleistungen von der Einhaltung von Auflagen abhängig machen.[134]

Der Verbandsvorstand entschied nach vorheriger Einschaltung der Prüfungsstelle mit einer Mehrheit von zwei Dritteln seiner Mitglieder, ob und in welcher Form Stützungsmaßnahmen durchgeführt wurden.[135] Die Stützung einer Sparkasse stand damit im Ermessen des Verbandsvorstands und der Sparkasse kam kein rechtsverbindlicher Anspruch gegen den Stützungsfonds zu.

Das Gesamtvolumen des Stützungsfonds betrug 3 ‰ der Bemessungsgrundlage, die sich aus den Forderungen der Mitgliedssparkassen an Kunden nach Maßgabe der Bilanzwerte des jeweils letzten Jahres zusammensetzte.[136] Ausgenommen waren solche Forderungen, denen gemäß § 10 Abs. 1 Kreditwesengesetz (KWG) in Verbindung mit dem Grundsatz I[137] ein Bonitätsgewicht von 0 % beigemessen wurde.[138] Der Verband hatte dem Stützungsfonds über die Verbandsumlage jährlich Teilbeträge von 0,3 ‰ bzw. 0,1 ‰ zuzuführen, bis 1 ‰ bzw. 1,5 ‰ der Bemessungsgrundlage erreicht waren.[139] Darüber hinaus bestand eine entsprechende Auffüllungspflicht, wenn das eingezahlte Fondsvermögen durch Erhöhung der Bemessungsgrundlage oder durch Stützungsmaßnahmen unter 50 % des Gesamtvolumens absank.[140] Eine auf das Gesamtvolumen abzüglich der bereits aufgebrachten Mittel begrenzte Nachschusspflicht war im Fall von Stützungsmaßnahmen im Überregionalen Ausgleich der Sparkassenstützungsfonds gegeben.[141] An diesem beteiligte sich der Verband ebenso wie am

134) Nr. 4 Abs. 3 S. 1, Abs. 4 S. 3 Mustersatzung für die Sparkassenstützungsfonds der Regionalverbände a. F.

135) Nr. 5 S. 1 Mustersatzung für die Sparkassenstützungsfonds der Regionalverbände a. F.

136) Nr. 6 Abs. 1 S. 1, 2 1. Halbs. Mustersatzung für die Sparkassenstützungsfonds der Regionalverbände a. F.

137) Grundsätze über die Eigenmittel und die Liquidität der Kreditinstitute, Bekanntmachung vom 29.10.1997 (BAnz. Nr. 210), zuletzt geändert durch Bekanntmachung vom 20.07.2000 (BAnz. Nr. 160).

138) Nr. 6 Abs. 1 S. 2 2. Halbs. Mustersatzung für die Sparkassenstützungsfonds der Regionalverbände a. F.

139) Nr. 6 Abs. 2 S. 1 Mustersatzung für die Sparkassenstützungsfonds der Regionalverbände a. F.

140) Nr. 6 Abs. 3 S. 1 Mustersatzung für die Sparkassenstützungsfonds der Regionalverbände a. F.

141) Nr. 6 Abs. 4 S. 1, 3 Mustersatzung für die Sparkassenstützungsfonds der Regionalverbände a. F.

Haftungsverbund mit der Sicherungsreserve der Landesbanken und Girozentralen sowie dem Sicherungsfonds der Landesbausparkassen.[142]

Die von der Verbandsvorsteherkonferenz beschlossenen Richtlinien für die einheitliche Anwendung der Satzungen für die regionalen Sparkassenstützungsfonds[143] regelten in Hinblick auf den Überregionalen Ausgleich sowohl die vor der Stützung einer Sparkasse durchzuführenden Maßnahmen (Sanierung aus eigener Kraft, Hilfen des Gewährträgers, Fusion mit einer leistungsfähigen Sparkasse, Gewährung von Hafteinlagen) als auch das Vorgehen im Fall einer Stützung (verlorene Zuschüsse, unbare Bilanzhilfen, Verhältnis zum Gewährträger, Auflagen und Besserungsscheine).[144] Soweit von diesen Richtlinien bzw. von in Zweifelsfällen einzuholenden Stellungnahmen des Gemeinsamen Ausschusses[145] abgewichen wurde, drohte dem Regionalverband, dass die entsprechenden Entnahmen aus dem Fonds im Fall einer späteren aktiven oder passiven Beteiligung am Überregionalen Ausgleich nicht angerechnet wurden.[146]

b) Der Überregionale Ausgleich der Sparkassenstützungsfonds

Nach der Satzung für den Überregionalen Ausgleich der Sparkassenstützungsfonds[147] trat ein Überregionaler Ausgleich zwischen den Sparkassenstützungsfonds ein, wenn bei einem regionalen Sparkassen- und Giroverband die für die Regelung eines Stützungsfalls notwendigen Aufwendungen die im Fonds vorhandenen, d. h. die mit Ausnahme der Nachschusspflicht zu erbringenden Mittel überstiegen und die oben aufgezeigten Bestimmungen der Mustersatzung für die Sparkassenstützungsfonds der Regionalverbände eingehalten worden waren.[148] Ob die Voraussetzungen für den Überregionalen Ausgleich erfüllt waren, beschloss der Vorstand des DSGV auf der Grundlage eines zustimmenden Beschlusses des aus dem aus dem Präsidenten des DSGV, den Verbandsvorstehern und den Landesobmännern

---

142) Nr. 7 Mustersatzung für die Sparkassenstützungsfonds der Regionalverbände a. F.

143) Stand: 14.05.1987.

144) Nr. 2, 4-6 Richtlinien für die einheitliche Anwendung der Satzungen für die regionalen Sparkassenstützungsfonds a. F.

145) Siehe dazu 2. Teil A. II. 1. b).

146) Nr. 1 Abs. 3 S. 1 Richtlinien für die einheitliche Anwendung der Satzungen für die regionalen Sparkassenstützungsfonds a. F.

147) Stand: 20.07.1998.

148) Ziff. I Nr. 1 Abs. 2 Satzung für den Überregionalen Ausgleich der Sparkassenstützungsfonds a. F.

der Regionalverbände bestehenden Gemeinsamen Ausschusses.[149] Die Mittel wurden aus den Stützungsfonds der Regionalverbände aufgebracht, wobei das Verhältnis der Gesamtvolumina der Regionalfonds zueinander die anteilige Leistungspflicht des einzelnen Regionalfonds bestimmte.[150] Soweit die verfügbaren Mittel aller Regionalfonds erschöpft waren, erbrachten die Regionalverbände weitere anteilige Leistungen bis zur Höhe der nach den Satzungen zu erhebenden Nachschüsse.[151]

Auf der Grundlage eines zustimmenden Beschlusses des Gemeinsamen Ausschusses konnte der DSGV im Rahmen eines besonderen Verfügungsrechts zudem 15 % des Gesamtvolumens der Sparkassenstützungsfonds für Stützungsfälle innerhalb der Sparkassenorganisation einsetzen, wenn dies zur Wahrung sparkassenpolitischer Interessen von besonderer Bedeutung oder zur Erhaltung des bestehenden gruppenspezifischen Sicherungssystems geboten erschien.[152] Die Mitgliederversammlung konnte darüber hinaus mit einer Mehrheit von neun Zehnteln ihrer Mitglieder beschließen, dass entsprechende Mittel auch für Hilfsmaßnahmen außerhalb der Sparkassenorganisation verwendet wurden, wenn dies der Förderung des Sparkassenwesens diente und insbesondere zur Vermeidung schwer wiegender Nachteile für die Sparkassenorganisation unumgänglich war.[153]

c) Die Sicherungsreserve der Landesbanken und Girozentralen

Die Sicherungsreserve der Landesbanken und Girozentralen diente, wie auch die Sparkassenstützungsfonds, der Institutssicherung, d. h. dem Schutz der Institute durch Gewährleistung von Liquidität und Solvenz.[154] Die der Sicherungsreserve angehörenden Landesbanken/Girozentralen waren in der Satzung für die Sicherungsreserve der Landesbanken und Girozentralen[155]

---

149) Ziff. I Nr. 2 Abs. 1 S. 1, Abs. 2 S. 1 Satzung für den Überregionalen Ausgleich der Sparkassenstützungsfonds a. F.

150) Ziff. I Nr. 2 Abs. 2 S. 6, 7 Satzung für den Überregionalen Ausgleich der Sparkassenstützungsfonds a. F.

151) Ziff. I Nr. 2 Abs. 2 S. 9 Satzung für den Überregionalen Ausgleich der Sparkassenstützungsfonds a. F.

152) Ziff. II Abs. 1 S. 1, 2 Satzung für den Überregionalen Ausgleich der Sparkassenstützungsfonds a. F.

153) Ziff. II Abs. 2 S. 1 Satzung für den Überregionalen Ausgleich der Sparkassenstützungsfonds a. F.

154) § 1 Abs. 1 S. 1 Satzung für die Sicherungsreserve der Landesbanken/Girozentralen a. F.

155) Stand: 27.11.2003.

ausdrücklich genannt.[156] Die Voraussetzungen für die Annahme eines Stützungsfalls waren mit denen der Sparkassenstützungsfonds identisch.[157] Regelungen für die Durchführung von Sicherungsmaßnahmen wie sie in der Mustersatzung für die Sparkassenstützungsfonds bzw. den entsprechenden Richtlinien aufgestellt waren, bestanden hingegen nicht. Die Hilfsmaßnahmen richteten sich nach den Erfordernissen des Einzelfalls.[158] Auch Regelungen zur Früherkennung von Risiken und damit einhergehende Möglichkeiten zur Einflussnahme auf die Geschäftspolitik waren nicht gegeben.

Die Entscheidung über die Durchführung von Stützungsmaßnahmen oblag der Girozentralleiterkonferenz.[159] Entsprechend den Regelungen der Sparkassenstützungsfonds war ein verbindlicher Anspruch seitens eines Instituts trotz vorheriger Leistungen an die Sicherungsreserve damit nicht gegeben. Die Berechnung des Gesamtvolumens der als Bestandteil des Verbandsvermögens gebildeten Sicherungsreserve sowie die Einzahlungsmodalitäten waren ebenfalls den Bestimmungen der Sparkassenstützungsfonds angeglichen.[160] Strukturbedingt griff die Nachschusspflicht bei den Landesbanken/Girozentralen bereits zu dem Zeitpunkt, zu dem das Barvermögen der Sicherungsreserve aufgebraucht war. Unter der Voraussetzung eines zustimmenden Beschlusses der Girozentralleiterkonferenz stand dem DSGV parallel zur Mustersatzung für die Sparkassenstützungsfonds der Regionalverbände ein besonderes Verfügungsrecht über 15 % des Gesamtvolumens der Sicherungsreserve zu.[161]

d) Der Sicherungsfonds der Landesbausparkassen

Die Satzung für den Sicherungsfonds der Landesbausparkassen[162] folgte in Aufbau und Inhalt der Satzung für die Sicherungsreserve der Landesbanken und Girozentralen. Das Gesamtvolumen des Sicherungsfonds fiel

156) § 1 Abs. 1 S. 1 Satzung für die Sicherungsreserve der Landesbanken/Girozentralen a. F.

157) § 2 Abs. 2 S. 1, 3, 4 Satzung für die Sicherungsreserve der Landesbanken/Girozentralen a. F.

158) § 2 Abs. 2 S. 2 Satzung für die Sicherungsreserve der Landesbanken/Girozentralen a. F.

159) § 4 Abs. 1 a) Satzung für die Sicherungsreserve der Landesbanken/Girozentralen a. F.

160) § 3 Satzung für die Sicherungsreserve der Landesbanken/Girozentralen a. F.

161) § 2 Abs. 3 Satzung für die Sicherungsreserve der Landesbanken/Girozentralen a. F.

162) Stand: 09.12.1999.

mit 0,5 ‰ der Bemessungsgrundlage allerdings geringer aus als bei den Sicherungseinrichtungen der Sparkassen und Landesbanken/Girozentralen.[163] Ebenfalls in Abweichung zu den Satzungen der Sparkassenstützungsfonds und der Sicherungsreserve der Landesbanken und Girozentralen waren Regelungen zum Austritt und Ausschluss einer Landesbausparkasse aus der Sicherungseinrichtung normiert.[164] Dabei war insbesondere festgeschrieben, dass die vom ausscheidenden Institut erbrachten Mittel nicht zurückgezahlt wurden.[165]

e) Der Haftungsverbund zwischen den Sparkassenstützungsfonds, der Sicherungsreserve der Landesbanken und Girozentralen sowie dem Sicherungsfonds der Landesbausparkassen

Nach der Satzung für den Haftungsverbund zwischen den Sparkassenstützungsfonds und der Sicherungsreserve der Landesbanken und Girozentralen sowie dem Sicherungsfonds der Landesbausparkassen[166] bildeten die genannten Sicherungseinrichtungen einen Haftungsverbund, in dem die Mittel gegenseitig für Stützungsmaßnahmen eingesetzt wurden.[167] Voraussetzung für den Eintritt des Haftungsverbundes war, dass die notwendigen Aufwendungen zur Regelung eines Stützungsfalls die Mittel der betroffenen Sicherungseinrichtung überstiegen.[168] Der hierüber durch den Vorstand des DSGV zu fassende Beschluss konnte nur auf der Grundlage eines zustimmenden Beschlusses des Gemeinsamen Ausschusses, der Girozentralleiterkonferenz bzw. der Bausparkassenkonferenz ergehen.[169] Die Leistungen im Rahmen des Haftungsverbundes waren damit an konkrete Voraussetzungen geknüpft, deren Vorliegen durch die jeweils betroffenen Sicherungseinrichtungen zu beschließen war.

2. Historische Entwicklung

Im Zuge der Verabschiedung des Kreditwesengesetzes am 16.03.1961 forderte der Bundestag die Bundesregierung in einer Entschließung auf, zu prüfen, inwieweit die Sicherheit der Einlagen bei Kreditinstituten durch die

163) § 6 Abs. 1 S. 1 Satzung für den Sicherungsfonds der Landesbausparkassen a. F.
164) § 10, 11 Satzung für den Sicherungsfonds der Landesbausparkassen a. F.
165) § 10 Abs. 2 Satzung für den Sicherungsfonds der Landesbausparkassen a. F.
166) Stand: 20.07.1998.
167) Ziffer I 1. Satzung für den Haftungsverbund a. F.
168) Ziffer I 2. S. 1 Satzung für den Haftungsverbund a. F.
169) Ziffer I 3. Satzung für den Haftungsverbund a. F.

Schaffung allgemeiner Sicherungseinrichtungen verbessert und die zwischen den Kreditinstituten bestehenden Wettbewerbsunterschiede beseitigt werden könnten.[170] In dem im Jahr 1968 vorgelegten »Bericht der Bundesregierung über die Untersuchung der Wettbewerbsverschiebungen im Kreditgewerbe und über eine Einlagensicherung« wurde die Notwendigkeit einer allgemeinen Einlagensicherung konstatiert.[171] Allerdings wurde eine gesetzliche Regelung der Einlagensicherung nur für den Fall gefordert, dass »es nicht gelingt, das jetzige System der verschiedenartigen Anstrengungen einzelner Gruppen in seiner Wirkung zu verbessern und auf eine für den Wettbewerb kostenneutrale Grundlage zu stellen«.[172]

Um eine gesetzliche Einlagensicherung zu vermeiden, wurden seitens der verschiedenen Verbände des Kreditgewerbes die bis dahin bestehenden Sicherungseinrichtungen erweitert bzw. durch die Sparkassen die Einrichtung von Sparkassenstützungsfonds beschlossen.[173] Die Schaffung einer Sicherungseinrichtung durch den DSGV erfolgte dabei weniger aus Gründen der Einlagensicherung, sondern sollte eine wettbewerbsverzerrende, einseitige Kostenbelastung der Privatbanken und Genossenschaftsbanken verhindern.[174] Dass die öffentlich-rechtlichen Sparkassen auf Grund von Anstaltslast und Gewährträgerhaftung bereits über eine umfassende Einlagensicherheit und Bonität verfügten, wurde seitens der Bundesregierung ausdrücklich festgestellt.[175]

Die Schließung mehrerer Banken infolge des Zusammenbruchs des Bankhauses Herstatt im Jahr 1974 und die dadurch bedingten erheblichen Verluste auf Seiten der Einleger führten zu einer erneuten Diskussion um eine gesetzliche Solidarhaftung für das gesamte Kreditwesen.[176] Um die gruppenspezifischen Sicherungssysteme aufrechtzuerhalten wurden die entsprechenden Einrichtungen nochmals erweitert.[177] Die Mitgliederversammlung des DSGV beschloss im Dezember 1975 die Einrichtung der Sicherungsreserve der Landesbanken und Girozentralen nebst Haftungsverbund mit den

170) BT-Drs. V/3500, S. 13; *Schmidt,* Sparkasse 1976, 47 (48).

171) BT-Drs. V/3500, S. 143.

172) BT-Drs. V/3500, S. 143.

173) *Newinger,* Sparkasse 1998, 349 (349 f.).

174) *Grundmann,* ZKredW 1992, 1134 (1135); *Scholl,* JuS 1981, 88 (92).

175) BT-Drs. V/3500, S. 143.

176) *Wagner,* Einlagensicherung bei Banken und Sparkassen, S. 9; *Zimmer,* ZBB 1992, 286 (291).

177) *Wagner,* Einlagensicherung bei Banken und Sparkassen, S. 10; *Zimmer,* ZBB 1992, 286 (292).

im Überregionalen Ausgleich verbundenen Sparkassenstützungsfonds.[178] Sowohl im Rahmen der Stützungsfonds als auch bei der Sicherungsreserve wurde das besondere Verfügungsrecht des DSGV zur zentralen Abwicklung von Stützungsfällen eingeführt.[179] Im Jahr 1990 wurde schließlich der Sicherungsfonds der Landesbausparkassen eingerichtet und in den Haftungsverbund integriert.[180]

Die nächsten weitreichenden Veränderungen wurden auf der Mitgliederversammlung des DSGV am 18.12.2003 beschlossen. Die zum 01.01.2006 geltenden Neufassungen der Satzungen nebst Grundsatzvereinbarungen regeln das Sicherungssystem der Sparkassen-Finanzgruppe nach Ersetzung bzw. Wegfall von Anstaltslast und Gewährträgerhaftung. Die Ausgestaltung dieser Regelungen ist Gegenstand des dritten Teils dieser Arbeit.

3. Wirtschaftliche Bedeutung

In seiner wirtschaftlichen Bedeutung stand das Sicherungssystem der Sparkassen-Finanzgruppe hinter der öffentlichen Haftung zurück. Die durch Anstaltslast und Gewährträgerhaftung bedingte umfassende Absicherung bedurfte, wie oben dargelegt, keines zusätzlichen verbandseigenen Sicherungssystems. Demnach spielte das Sicherungssystem der Sparkassen-Finanzgruppe im Rahmen der Ratings neben Anstaltslast und Gewährträgerhaftung, wenn überhaupt, nur eine untergeordnete Rolle.[181]

Einen nicht zu unterschätzenden Stellenwert nahm das Sicherungssystem der Sparkassen-Finanzgruppe gleichwohl im »technischen Haftungsvollzug«[182] ein. Die Realisierung staatlicher Haftung unterliegt – sei es aus haushaltsrechtlichen oder politischen Gründen – häufig Verzögerungen.[183] Zur Überbrückung von Übergangsphasen bis zur tatsächlichen Leistung des Anstaltsträgers konnten die Mittel der Sicherungseinrichtungen umgehend und flexibel eingesetzt werden.[184] Durch die zügige Abwicklung der Stützungsmaßnahmen wurde eine negative Öffentlichkeitswirkung von

---

178) *Schmidt,* Sparkasse 1976, 86 (87).

179) *Schmidt,* Sparkasse 1976, 86 (88).

180) *Newinger,* Sparkasse 1998, 349 (352).

181) Siehe dazu 2. Teil A. I. 3.

182) *Schmidt,* Sparkasse 1976, 86 (86).

183) *Schmidt,* Sparkasse 1976, 86 (86).

184) *Schmidt,* Sparkasse 1976, 86 (86); *Grundmann,* ZKredW 1992, 1134 (1135); *Burghof/Rudolf,* Bankenaufsicht, S. 77.

Krisenfällen vermindert.[185] Die zeitnahe Sanierung schützte die Marke »Sparkasse« und damit das Wirtschaftsunternehmen »Sparkasse« bzw. die Unternehmen der Sparkassen-Finanzgruppe.

Darüber hinaus beteiligte sich die Sparkassen-Finanzgruppe – wie im Folgenden dargelegt wird – regelmäßig an der Stützung ihrer Institute, ohne dass dies zu einem späteren Zeitpunkt durch die Gewährträger ausgeglichen wurde.

B. Anwendungspraxis des bisherigen Institutssicherungssystems

Das das bisherige Sicherungssystem kennzeichnende Einhergehen von staatlichen Haftungsinstituten und gruppeninternen Sicherungseinrichtungen war gesetzlich nicht näher geregelt. Auf Grund des umfassenden Sicherungsansatzes der Anstaltslast war jedoch die staatliche Haftung gegenüber der institutseigenen Sicherung als vorrangig einzustufen. Auch im Fall der Auflösung eines Instituts hätte der Träger weiterhin aus der Gewährträgerhaftung in der Pflicht gestanden. Nach den bisherigen Satzungen für die Sicherungseinrichtungen der Sparkassen-Finanzgruppe wurde der Gewährträger durch diese nicht von seinen Pflichten entbunden.

In der Praxis war gleichwohl eine Beteiligung der Sicherungseinrichtungen der Sparkassen-Finanzgruppe an der Sanierung von Stützungsfällen innerhalb der Sparkassenorganisation zu verzeichnen. Im Fall der Stützung der Hessischen Landesbank in den siebziger Jahren war neben dem Land Hessen auch der Hessische Sparkassen- und Giroverband (HSGV) Gewährträger. Im Rahmen seines besonderen Verfügungsrechts leistete der DSGV Hilfszahlungen an den HSGV, die von den regionalen Sparkassenstützungsfonds und der Sicherungsreserve der Landesbanken und Girozentralen aufgebracht wurden.[186] Eine Verpflichtung zur Zahlung bestand insoweit nicht, als dass die Sparkassen nach der »Haftungskette« zunächst durch ihre Gewährträger, also die Kommunen, hätten unterstützt werden müssen.

Dass die Sicherungseinrichtungen der Sparkassen-Finanzgruppe die öffentlich-rechtlichen Träger in der Vergangenheit maßgeblich entlasteten, zeigte

185) *Grundmann,* ZKredW 1992, 1134 (1135).
186) *Herlt,* Die Zeit v. 24.12.1976 (Nr. 53), S. 23.

sich besonders im Bereich der Sparkassen. Die Mittel zur Stützung der Stadt- und Saalkreissparkasse Halle im Jahr 1991 wurden durch ihre Gewährträger, die Stadt Halle und den Saalkreis, sowie den Ostdeutschen Sparkassen- und Giroverband unter Beteiligung des Überregionalen Ausgleichs aufgebracht.[187] Auch die Stützung der Sparkasse Mannheim erfolgte unter Beteiligung der Sicherungseinrichtungen der Sparkassen-Finanzgruppe. In zwei Sanierungsschritten wurden 1998 und 2000 durch die Stadt Mannheim, den Badischen Sparkassen- und Giroverband und den Überregionalen Ausgleich Barmittel und Garantiezusagen zur Verfügung gestellt.[188]

In der Praxis wurden die im Einzelnen zu erbringenden Leistungen zwischen der betroffenen Sparkasse, dem Gewährträger, dem regionalen Stützungsfonds, dem Überregionalen Ausgleich sowie den Aufsichtsbehörden abgestimmt.[189] Eine Sanierung der Sparkasse unter Beteiligung der Sparkassen-Finanzgruppe gestaltete sich für den Gewährträger in der Regel günstiger als das Institut aufzulösen und über die Gewährträgerhaftung für die Einzelverbindlichkeiten einstehen zu müssen.[190] Nach den Satzungen der Sicherungseinrichtungen konnte die Mittelbereitstellung von der Erfüllung von Auflagen durch die Sparkasse oder ihren Gewährträger abhängig gemacht werden. Der Regionalverband bzw. der DSGV hatte damit die Möglichkeit, durch Verbandsleistungen auf die Geschäftspolitik der Institute bzw. ihrer Gewährträger Einfluss zu nehmen.

Die freiwilligen finanziellen Leistungen der Sparkassen-Finanzgruppe waren, wie oben bereits angeführt, im Schutz der Marke »Sparkasse« begründet. Hätte eine Kommune sich tatsächlich für die Liquidation ihrer Sparkasse und – wie für einen Übergangszeitraum auch weiterhin vorgesehen[191] – Haftung für deren Einzelverbindlichkeiten entschieden, wären negative Auswirkungen auch für andere Sparkassen und ihre Verbundpartner zu befürchten gewesen. Durch die Sicherungseinrichtungen der Sparkassen-Finanzgruppe konnten Sanierungsfälle schnell, unbürokratisch und ohne

187) *Stumpf,* HB v. 18.07.1995 (Nr. 136), S. 17.

188) *Hense-Ferch,* HB v. 22.04.1998 (Nr. 77), S. 17; *O. V.,* HB v. 31.10.2000 (Nr. 210), S. 28.

189) *Gerlach,* in: Perspektiven der kommunalen Sparkassen, S. 55 (60).

190) *Hoppenstedt,* Betriebswirtschaftliche Blätter, 418 (419); *Schöner,* Einlagensicherung und Wettbewerb, S. 63, 105.

191) Siehe dazu 2. Teil C. II. 1. a) dd).

öffentliches Aufsehen abgewickelt werden.[192] Die Institutssicherung war damit Teil der Geschäftspolitik der Sparkassen-Finanzgruppe. Auf Grund der zunehmenden finanziellen Belastungen der Kommunen ist davon auszugehen, dass die Leistungen durch die Sicherungseinrichtungen der Sparkassen-Finanzgruppe auch bei Aufrechterhaltung des bisherigen Sicherungssystems zugenommen hätten.

C. Einwirkungen des Europarechts auf das bisherige Institutssicherungssystem

I. Die Verständigung und die Schlussfolgerungen über Anstaltslast und Gewährträgerhaftung sowie die Verständigung über die deutschen Spezialkreditinstitute

Zwischen Vertretern der Europäischen Kommission und der Bundesrepublik Deutschland wurden in Bezug auf Anstaltslast und Gewährträgerhaftung im Jahr 2001 insgesamt drei Vereinbarungen geschlossen. Der »Verständigung über Anstaltslast und Gewährträgerhaftung betreffend Landesbanken und Sparkassen« kam dabei grundlegende, den darauf Bezug nehmenden »Schlussfolgerungen« und der »Verständigung über deutsche Spezialkreditinstitute« konkretisierende bzw. ergänzende Wirkung zu.

1. Die Verständigung über Anstaltslast und Gewährträgerhaftung betreffend Landesbanken und Sparkassen

Am 21.12.1999 erhob die Bankenvereinigung der Europäischen Union bei der Europäischen Kommission gegen die Bundesrepublik Deutschland eine Wettbewerbsbeschwerde, die sich gegen Anstaltslast und Gewährträgerhaftung bezogen auf die WestLB, die Stadtsparkasse Köln und die Westdeutsche Immobilienbank richtete.[193] In der sich anschließenden Informations- und Prüfungsphase kam die Kommission zu dem Schluss, dass Anstaltslast und Gewährträgerhaftung als unzulässige Beihilfen gemäß Art. 87 Abs. 1

192) *Gerlach,* in: Perspektiven der kommunalen Sparkassen, S. 55 (62).
193) Vgl. Abdruck bei *Kluth,* in: Bitburger Gespräche 2002/I, S. 111 (151 f.).

EG-Vertrag einzustufen waren.[194] Im Gegensatz zur Beschwerde der Europäischen Bankenvereinigung ging sie dabei von einer einheitlichen Beihilferegelung aus und legte gemäß Art. 88 Abs. 1 EG-Vertrag am 08.05.2001 einen Katalog zweckdienlicher Maßnahmen vor.[195] Nach intensiven Verhandlungen zwischen Vertretern der Kommission und der Bundesrepublik Deutschland trafen am 17.07.2001 Kommissar Mario Monti, Staatssekretär Caio Koch-Weser, die Finanzminister der Länder Baden-Württemberg, Bayern und Nordrhein-Westfalen und der Präsident des DSGV, Dietrich Hoppenstedt, eine Verständigung über Anstaltslast und Gewährträgerhaftung betreffend Landesbanken und Sparkassen.[196]

Die Verständigung sah ein so genanntes »Plattform-Modell« vor, das Rahmenvorgaben für die Ausgestaltung des öffentlich-rechtlichen Bankensektors in Deutschland beinhaltete[197] und die Ersetzung bzw. den Wegfall von Anstaltslast und Gewährträgerhaftung gemäß folgender Grundsätze vorsah:

»a) *Die finanzielle Beziehung zwischen dem öffentlichen Eigner und dem öffentlichen Kreditinstitut darf sich nicht von einer normalen wirtschaftlichen Eigentümerbeziehung gemäß marktwirtschaftlichen Grundsätzen unterscheiden, so wie der zwischen einem privaten Anteilseigner und einem Unternehmen in einer Gesellschaftsform mit beschränkter Haftung.*

b) *Jegliche Verpflichtung des öffentlichen Eigners zu wirtschaftlicher Unterstützung des öffentlichen Kreditinstituts und jeglicher Automatismus wirtschaftlicher Unterstützung durch den Eigner zugunsten des öffentlichen Kreditinstituts ist ausgeschlossen. Es besteht keine*

---

194) Schreiben der Europäischen Kommission an den Bundesminister des Auswärtigen vom 08.05.2001 betreffend staatliche Beihilfe Nr. E 10/2000 – Deutschland, Anstaltslast und Gewährträgerhaftung SG (2001) D/288482, S. 5 ff. (http://europa.eu.int/comm/secretariat_general/sgb/state_aids/comp-2000/e010-00-1.pdf (Stand: 01.01.2006)); *Moser,* in: Zukunft der Sparkassen, S. 36 (38 ff.).

195) Schreiben der Europäischen Kommission an den Bundesminister des Auswärtigen vom 08.05.2001 betreffend staatliche Beihilfe Nr. E 10/2000 – Deutschland, Anstaltslast und Gewährträgerhaftung, SG (2001) D/288482, S. 3 ff.; *Moser,* in: Zukunft der Sparkassen, S. 36 (44).

196) Schreiben der Europäischen Kommission an den Bundesminister des Auswärtigen vom 27.03.2002 betreffend staatliche Beihilfe Nr. E 10/2000 – Deutschland, Anstaltslast und Gewährträgerhaftung, C (2002) 1286, S. 6 ff. (http://europa.eu.int/comm/secretariat_general/sgb/state_aids/comp-2000/e010-00-2.pdf (Stand: 01. Januar 2006)); Abdruck auch bei *Kluth,* in: Bitburger Gespräche 2002/I, S. 111 (153 ff.) und *Weber,* Die banküblichen Geschäfte, S. 397 ff.

197) *Kokott/Schick,* in: Bitburger Gespräche 2002/I, S. 53 (55).

unbeschränkte Haftung des Eigners für Verbindlichkeiten des öffentlichen Kreditinstituts. Es gibt keine Absichtserklärung oder Garantie, den Bestand des öffentlichen Kreditinstituts sicher zu stellen.

c) *Die öffentlichen Kreditinstitute werden den gleichen Regeln für den Insolvenzfall wie private Kreditinstitute unterworfen, ihre Gläubiger werden somit in ihrer Position denen privater Kreditinstitute gleichgestellt.*

d) *Diese Grundsätze gelten unbeschadet der Möglichkeit des Eigners, wirtschaftliche Unterstützung in Einklang mit den Beihilferegelungen des EG-Vertrags zu gewähren.«*

Die Verständigung sah eine vierjährige Übergangsfrist bis zum 18.07.2005 vor, während der Anstaltslast und Gewährträgerhaftung weiter bestehen durften. Zudem bleiben die am 18.07.2001 bestandenen Verbindlichkeiten bis zum Ende ihrer Laufzeit von der Gewährträgerhaftung gedeckt. Bis zum 18.07.2005 vereinbarte Verbindlichkeiten mit einer Laufzeit nicht über den 31.12.2015 hinaus bleiben ebenfalls von der Gewährträgerhaftung erfasst. Die erforderlichen Gesetzesänderungen hatten unabhängig davon zu erfolgen, ob die Anstaltslast bisher ausdrücklich festgeschrieben war und sollten bis zum 31.12.2002 endgültig verabschiedet werden.

2. Die Schlussfolgerungen über Anstaltslast und Gewährträgerhaftung betreffend die Verständigung über Landesbanken und Sparkassen

Auf Grund von Unstimmigkeiten über den Wortlaut für die Ersetzung der Anstaltslast und den genauen Inhalt der teilweisen Aufrechterhaltung der Gewährträgerhaftung wurden am 28.02.2002 zwischen denselben Beteiligten »Schlussfolgerungen über Anstaltslast und Gewährträgerhaftung betreffend die Verständigung über Landesbanken und Sparkassen vom 17.07.2001«[198] getroffen. Nach den Schlussfolgerungen mussten in die Gesetzestexte mindestens die folgenden Elemente aufgenommen werden:

»1) *Anstaltslast wird ersetzt durch die folgenden Bestimmungen:*

2) *Der Träger unterstützt die Sparkasse/Landesbank bei der Erfüllung ihrer Aufgaben nach Maßgabe der folgenden Grundsätze/Bestimmungen.*

---

198) Schreiben der Europäischen Kommission an den Bundesminister des Auswärtigen vom 27.03.2002 betreffend staatliche Beihilfe Nr. E 10/2000 – Deutschland, Anstaltslast und Gewährträgerhaftung, C (2002) 1286, S. 6 ff.

3) Eine Verpflichtung des Trägers zur oder ein Anspruch der Sparkasse/Landesbank gegen den Träger auf Zurverfügungstellung von Mitteln besteht nicht.

4) Die Sparkasse/Landesbank haftet für die Verbindlichkeiten mit ihrem gesamten Vermögen.

5) Die Haftung des Trägers der Landesbank ist auf das satzungsmäßige Kapital beschränkt./ Der Träger der Sparkasse haftet nicht für deren Verbindlichkeiten.

6) Alle Landesbanken und Sparkassen müssen insolvenzfähig sein [zu erreichen durch die Abschaffung der Bestimmungen der Länder, die auf § 12 (1) No 2 Insolvenzordnung beruhen].

7) Sämtliche bestehenden Bestimmungen über Anstaltslast und Gewährträgerhaftung, die mit dem Obigen in Widerspruch stehen, sind zu streichen.«

In die Gesetzesbegründungen musste zusätzlich aufgenommen werden, dass die Zurverfügungstellung von Mitteln seitens des Trägers der Sparkasse bzw. Landesbank/Girozentrale ausschließlich im Einklang mit der Beihilfendisziplin der Gemeinschaft erfolgen darf. Zusätzlich hatten sich die deutschen Behörden dazu zu verpflichten, beihilferelevante Mittelbereitstellungen an Sparkassen bzw. Landesbanken/Girozentralen der Kommission notifizieren zu lassen. Ein entsprechender Verzicht auf die Anwendung von § 12 Abs. 1 Nr. 2 InsO war zu erklären. In Bezug auf die zeitlich begrenzte Aufrechterhaltung der Gewährträgerhaftung war nach den Schlussfolgerungen in Gesetzestext und Gesetzesbegründung Folgendes aufzunehmen:

»Die Träger der Sparkassen und der ... Landesbank am 18. Juli 2005 haften für die Erfüllung sämtlicher zu diesem Zeitpunkt bestehenden Verbindlichkeiten des jeweiligen Instituts. Für solche Verbindlichkeiten, die bis zum 18. Juli 2001 vereinbart waren, gilt dies zeitlich unbegrenzt; für danach bis zum 18. Juli 2005 vereinbarte Verbindlichkeiten nur, wenn deren Laufzeit nicht über den 31. Dezember 2015 hinausgeht. Die Träger werden ihren Verpflichtungen aus der Gewährträgerhaftung gegenüber den Gläubigern der bis zum 18. Juli 2005 vereinbarten Verbindlichkeiten umgehend nachkommen, sobald sie bei deren Fälligkeit ordnungsgemäß und schriftlich festgestellt haben, dass die Gläubiger dieser Verbindlichkeiten aus dem Vermögen des Instituts nicht befriedigt werden können. Verpflichtungen der ... Landesbank oder Sparkassen aufgrund eigener Gewährträgerhaftung oder vergleichbarer Haftungszusage oder einer durch die Mitgliedschaft in

einem Sparkassenverband als Gewährträger vermittelten Haftung sind begründet und fällig im Sinne von Satz 1 bis 3 in dem gleichen Zeitpunkt wie die durch eine solche Haftung gesicherte Verbindlichkeit. Mehrere Träger haften als Gesamtschuldner, im Innenverhältnis entsprechend ihren Kapitalanteilen [oder: gemäß der Regelung in der Satzung des Instituts].«

Darüber hinaus hatten die deutschen Behörden zu erklären, dass jegliche Verpflichtung seitens der Träger oder anderer öffentlicher Stellen zur Leistung an Institutssicherungsfonds sowie die Haftung öffentlicher Stellen für die so genannten freien Sparkassen abgeschafft wird.

3. Die Verständigung über die deutschen Spezialkreditinstitute

Am 01.03.2002 trafen Kommissar Monti und Staatssekretär Koch-Weser zusätzlich eine Verständigung über die deutschen Spezialkreditinstitute.[199] Danach bleiben für Förderinstitute Anstaltslast und/oder Gewährträgerhaftung und/oder Refinanzierungsgarantien bestehen, soweit sie mit Förderaufgaben betraut sind, die den Beihilfevorschriften der Europäischen Gemeinschaft entsprechen. Im Einzelnen dürfen die staatlichen Haftungsinstitute in folgenden Bereichen eingesetzt werden:

»a) Durchführung von öffentlichen Förderaufgaben: ... .

b) Beteiligung an Projekten im Gemeinschaftsinteresse, die von der Europäischen Investitionsbank oder ähnlichen europäischen Finanzierungsinstitutionen mitfinanziert werden.

c) Gewährung von Darlehen und anderen Finanzierungsformen an Gebietskörperschaften und öffentlich-rechtliche Zweckverbände.

d) Maßnahmen rein sozialer Art, ...

e) Exportfinanzierungen außerhalb der Europäischen Union, des Europäischen Wirtschaftsraums und von Ländern mit offiziellem Statuts als EU-Beitrittskandidat, soweit diese im Einklang mit den für die Gemeinschaft bindenden internationalen Handelsabkommen, insbesondere den WTO-Abkommen stehen.«

Die Verständigung sah vor, dass die Behörden die Tätigkeiten der Förderinstitute bis zum 31.03.2004 in den betreffenden Gesetzen zu regeln hatten.

---

199) Schreiben der Europäischen Kommission an den Bundesminister des Auswärtigen vom 27.03.2002 betreffend staatliche Beihilfe Nr. E 10/2000 – Deutschland, Anstaltslast und Gewährträgerhaftung, C (2002) 1286, S. 10 ff.

Kommerzielle Tätigkeiten mussten aufgegeben oder von den staatlichen Haftungen durch eine Abtrennung in ein rechtlich selbstständiges Unternehmen ohne staatliche Unterstützung isoliert werden. Dies muss bis zum 31.12.2007 umgesetzt werden.

Die Verständigungen und die Schlussfolgerungen wurden am 27.03.2002 in eine Kommissionsentscheidung umgestaltet, die den Vorschlag der Kommission vom 08.05.2001 mit Wirkung zum 31.03.2002 abänderte und sämtliche Vereinbarungen über Anstaltslast und Gewährträgerhaftung zusammenfasste.[200] Mit Annahme des abschließenden Vorschlags durch die Bundesregierung am 11.04.2002 wurde die neue Rechtslage europarechtlich verbindlich festgelegt.[201]

II. Folgen für das bisherige Institutssicherungssystem

1. Änderung der Sparkassen- bzw. der Landesbankengesetze

Nach der Verständigung über Anstaltslast und Gewährträgerhaftung waren alle notwendigen rechtlichen Maßnahmen bis spätestens zum 31.12.2002 zu verabschieden. Die Landesgesetzgeber sind dieser Selbstverpflichtung nachgekommen und haben die betroffenen Sparkassen- und Landesbankengesetze novelliert.[202] Zwingender Regelungsbedarf bestand in den Bereichen

---

200) Schreiben der Europäischen Kommission an den Bundesminister des Auswärtigen vom 27.03.2002 betreffend staatliche Beihilfe Nr. E 10/2000 – Deutschland, Anstaltslast und Gewährträgerhaftung, C (2002) 1286; *Moser,* in: Zukunft der Sparkassen, S. 36 (36).

201) *Moser,* in: Zukunft der Sparkassen, S. 36 (36).

202) Gesetz zur Änderung sparkassenrechtlicher Vorschriften, GBl. BW Nr. 12/2002, S. 386; Gesetz zur Änderung des Sparkassengesetzes, Bay. GVBl. Nr. 17/2002, S. 324; Gesetz zur Änderung des Brandenburgischen Sparkassengesetzes, GVBl. Brandenburg I Nr. 6/2002, S. 57; Gesetz zur Änderung des Sparkassengesetzes für öffentlich-rechtliche Sparkassen im Lande Bremen, GBl. Bremen Nr. 18/2002, S. 131; Gesetz zur Änderung des Hessischen Sparkassengesetzes, GVBl. Hessen I Nr. 13/2002, S. 260; Zweites Gesetz zur Änderung des Sparkassengesetzes des Landes Mecklenburg-Vorpommern, GVBl. MV Nr. 6/2002, S. 182; Gesetz zur Neuordnung des öffentlichen Sparkassenwesens in Niedersachsen, Nds. GVBl. Nr. 32/2002, S. 730; Gesetz zur Neuregelung der Rechtsverhältnisse der öffentlich-rechtlichen Kreditinstitute in Nordrhein-Westfalen, GVBl. NRW Nr. 18/2002, S. 284; Siebtes Gesetz zur Änderung des Sparkassengesetzes, GVBl. RP Nr. 12/2002, S. 304; Gesetz zur Neuordnung des öffentlich-rechtlichen Kreditwesens im Saarland, Amtsbl. Saarland v. 12.12.2002, S. 2502; Gesetz über das öffentlich-rechtliche Kreditwesen im Freistaat Sachsen, Sächs. GVBl. Nr. 14/2002, S. 333; Zweites Gesetz zur Änderung des Sparkassengesetzes des Landes Sachsen-Anhalt, GVBL. LSA Nr. 57/2002, S. 447; Gesetz zur Änderung des Sparkassengesetzes für das Land Schleswig-Holstein, GVBl. SH Nr. 14/2002, S. 254; Erstes Gesetz

Anstaltslast, Gewährträgerhaftung und Insolvenzfähigkeit sowie in Bezug auf den Übergangszeitraum und den Zeitpunkt des In-Kraft-Tretens. Entsprechend den detaillierten Vorgaben der Verständigung und der Schlussfolgerungen über Anstaltslast und Gewährträgerhaftung sind die verpflichtenden Gesetzesänderungen annähernd gleich umgesetzt worden. In einigen Bundesländern wurden über die gemeinschaftsrechtlichen Vorgaben hinaus sowohl für den Bereich der Sparkassen als auch für den der Landesbanken/Girozentralen weitergehende Änderungen beschlossen. Seitens der Kommission ist die ordnungsgemäße Umsetzung der getroffenen Vereinbarungen ausdrücklich bestätigt worden.[203]

a) Umsetzung der Vorgaben der Verständigung und der Schlussfolgerungen über Anstaltslast und Gewährträgerhaftung

aa) Ersetzung der Anstaltslast

In den neuen Gesetzesfassungen ist gemäß den europäischen Vorgaben zur Ersetzung der Anstaltslast normiert:

»Der Träger unterstützt die Sparkasse [Bank] bei der Erfüllung ihrer Aufgaben mit der Maßgabe, dass ein Anspruch der Sparkasse [Bank] gegen den Träger oder eine sonstige Verpflichtung des Trägers, der Sparkasse [Bank] Mittel zur Verfügung zu stellen, nicht besteht.«[204]

---

zur Änderung des Thüringischen Sparkassengesetzes, GVBl. Nr. 13/2002, S. 416 sowie Gesetz zur Änderung des Landesbankengesetzes, GBl. BW Nr. 12/2002, S. 385; Gesetz zur Änderung des Gesetzes über die Errichtung der Bayerischen Landesbank Girozentrale, Bay. GVBl. Nr. 17/2002, S. 332; Viertes Gesetz zur Änderung des Gesetzes über die Errichtung der Landesbank Berlin – Girozentrale –, GVBl. Berlin Nr. 34/2002, S. 286; Staatsvertrag LB Bremen, Nds. GVBl. Nr. 28/2002, S. 396; Staatsvertrag zur Änderung des Staatsvertrags Hessen-Thüringen, GVBl. Nr. 13/2002, S. 262; Staatsvertrag Nord/LB, Nds. GVBl. Nr. 28/2002, S. 399.

203) *Ruge,* ZG 2004, 12 (19).

204) § 2 Abs. 2 SpkG Bremen; § 3 Abs. 1 SpkG Hessen; § 3 Abs. 3 SpkG MV; § 5 Abs. 1 SpkG Niedersachsen; § 6 S. 1 SpkG NRW; § 3 Abs. 2 SpkG RP; § 5 Abs. 1 SpkG Saarland; § 3 Abs. 2 Gesetz öffentl.-rechtl. Kreditinstitute Sachsen; § 3 Abs. 1 SpkG LSA; § 4 Abs. 2 SpkG SH; § 3 Abs. 1 SpkG Thüringen sowie Art. 3 Abs. 3 S. 1 LBG Bayern; § 4 Abs. 2 S. 1 2. Hs. LBG Berlin; § 3 Abs. 2 Staatsvertrag LB Bremen; Art. 5 Abs. 3 Staatsvertrag Hessen-Thüringen; § 3 Abs. 2 Staatsvertrag Nord/LB; § 38 Abs. 1 SpkG Saarland jeweils in der Fassung ab dem 19.7.2005. Sprachlich leicht abgewandelt: § 8 Abs. 4 SpkG BW; Art. 4 Abs. 2 SpkG Bayern; § 3 Abs. 3 SpkG Brandenburg sowie § 4 Abs. 2 LBG BW; § 36 Abs. 2 Gesetz öffentl.-rechtl. Kreditinstitute Sachsen; § 26 Abs. 2 S. 2 SpkG RP jeweils in der Fassung ab dem 19.07.2005.

Die in den Schlussfolgerungen zusätzlich vorgesehene Formulierung »Anstaltslast wird ersetzt durch die folgenden Bestimmungen« ist nur in einige Sparkassen- bzw. Landesbankengesetze aufgenommen worden.[205] Mit Bestätigung der landesgesetzlichen Fassungen durch die Europäische Kommission ist die unterbliebene Normierung jedoch als unproblematisch einzustufen. Der oben zitierte Gesetzeswortlaut, der unabhängig von einer bis dahin bestehenden Normierung der Anstaltslast in die Landesgesetze aufzunehmen war, bietet keinen Raum für eine Auslegung dahingehend, dass die Anstaltslast als ungeschriebener Rechtsgrundsatz weiterhin bestehen könnte.[206] Der Wortlaut macht vielmehr deutlich, dass Träger und Sparkasse bzw. Landesbank/Girozentrale miteinander verbunden sind, sich hieraus aber keinerlei Rechtspflichten für den Träger ergeben. Diese Regelung hat abschließenden Charakter.

Auch die Annahme einer Obliegenheit[207] würde dem Regelungsgehalt der Verständigung entgegenstehen. Danach darf sich die finanzielle Beziehung zwischen öffentlichem Träger und Kreditinstitut nicht von einer Eigentümerbeziehung nach marktwirtschaftlichen Grundsätzen unterscheiden. Jegliche Verpflichtung des öffentlichen Eigners zur wirtschaftlichen Unterstützung des öffentlichen Kreditinstituts und jeglicher Automatismus wirtschaftlicher Unterstützung durch den Eigner zugunsten des öffentlichen Kreditinstituts sind ausgeschlossen. Eine Obliegenheit beinhaltet zwar weder Erfüllungs- noch Schadensersatzpflichten, führt aber bei Nichterfüllung in der Regel zum Verlust einer günstigen Rechtsposition oder zu einem sonstigen Rechtsnachteil für denjenigen, an den sich die Obliegenheit richtet.[208] Eine wie auch immer geartete rechtliche Sanktionierung bei Nichtgewährung finanzieller Mittel ist nach dem oben Ausgeführten jedoch ausgeschlossen. Der Grund für die Zurverfügungstellung finanzieller Mittel muss allein wirtschaftlicher Natur sein und darf nicht in der Vermeidung rechtlicher Nachteile liegen.

---

205) Art. 4 Abs. 1 SpkG Bayern; § 3 Abs. 2 SpkG Brandenburg; § 43 Abs. 2 S. 1 SpkG Niedersachsen; § 4 Abs. 1 SpkG SH; § 4 Abs. 2 S. 1 1. Hs. LBG Berlin jeweils in der Fassung ab dem 19.07.2005; *Ruge,* ZG 2004, 12 (18).

206) A. A. *Kemmler,* DVBl. 2003, S. 100 ff., wonach die Anstaltslast aus verfassungsrechtlichen Gründen nicht abgeschafft werden kann.

207) *Henneke,* Zukunft der Sparkassen, S. 10 (35).

208) *Larenz/Wolf,* BGB AT, § 13 Rn. 36.

Der Träger einer Sparkasse bzw. Landesbank/Girozentrale hat demnach eine nicht justiziable Fürsorge- und Treueverantwortung,[209] die nach wirtschaftlichen Maßstäben zu bemessen und durch das europäische Wettbewerbsrecht begrenzt ist. Maßgeblicher Regelungsgehalt der in den Schlussfolgerungen festgelegten und von den Landesgesetzgebern umgesetzten Bestimmungen ist der Ausschluss jeglicher Verpflichtung des Trägers gegenüber seiner Sparkasse bzw. Landesbank/Girozentrale.

bb) Abschaffung der Gewährträgerhaftung

Die Abschaffung der Gewährträgerhaftung wurde entsprechend den Schlussfolgerungen durch folgende Formulierung vollzogen:

»Die Sparkasse [Bank] haftet für ihre Verbindlichkeiten mit ihrem gesamten Vermögen. Der Träger der Sparkasse haftet nicht für deren Verbindlichkeiten./ Die Haftung des Trägers der Bank ist auf das satzungsmäßige Kapital beschränkt.«[210]

Die Vorschrift macht deutlich, dass Ansprüche Dritter nur noch gegenüber der Sparkasse bzw. Landesbank/Girozentrale, nicht jedoch gegenüber den Trägern bestehen. Den Gläubigern wird damit gegenüber der bisherigen Rechtslage eine Haftungsebene, nämlich die subsidiäre Haftung des Trägers, genommen. Als Folgeänderung wird in allen einschlägigen Bestimmungen der Begriff des »Gewährträgers« durch den des »Trägers« ersetzt.

cc) Insolvenzfähigkeit

Die bundesweite Insolvenzfähigkeit von Sparkassen und Landesbanken/Girozentralen wurde durch Aufhebung der auf § 12 Abs. 1 Nr. 2 InsO beruhenden landesgesetzlichen Bestimmungen hergestellt.[211] § 12 Abs. 1

209) *Schmidt,* ZKredW 2002, 726 (727).

210) Art. 4 Abs. 3 SpkG Bayern; § 3 Abs. 1 SpkG Brandenburg; § 2 Abs. 1 SpkG Bremen; § 3 Abs. 2 SpkG Hessen; § 3 Abs. 1 SpkG MV; § 5 Abs. 2 SpkG Niedersachsen; § 6 S. 2, 3 SpkG NRW; § 3 Abs. 1 SpkG RP; § 5 Abs. 1 SpkG Saarland; § 3 Abs. 1 Gesetz öffentl.-rechtl. Kreditinstitute Sachsen; § 3 Abs. 2 SpkG LSA; § 4 Abs. 3 SpkG SH; § 3 Abs. 2 SpkG Thüringen sowie Art. 3 Abs. 3 S. 2, 3 LBG Bayern jeweils in der Fassung ab dem 19.07.2005. Sprachlich leicht abgewandelt: § 8 Abs. 5 SpkG BW sowie § 4 Abs. 5 LBG BW; § 4 Abs. 2 S. 2, 3 LBG Berlin; § 3 Abs. 3 u. 4 Staatsvertrag LB Bremen; Art. 6 Abs. 1 Staatsvertrag Hessen-Thüringen; § 7 Abs. 1 u. 2 Staatsvertrag Nord/LB; § 26 Abs. 2 S. 3 u. 4 SpkG RP; § 38 Abs. 2 SpkG Saarland; § 36 Abs. 1 Gesetz öffentl.-rechtl. Kreditinstitute Sachsen jeweils in der Fassung ab dem 19.07.2005.

211) Zu den im Einzelnen betroffenen Vorschriften siehe *Ruge,* ZG 2004, 12 (22).

Nr. 2 InsO ermächtigt die Länder, das Insolvenzverfahren über das Vermögen einer juristischen Person des öffentlichen Rechts, die der Aufsicht eines Landes untersteht, für unzulässig zu erklären.

dd) Übergangszeitraum und Zeitpunkt des In-Kraft-Tretens

Die oben aufgeführten Neufassungen der bislang Anstaltslast bzw. Gewährträgerhaftung beinhaltenden Bestimmungen wurden entsprechend der Verständigung mit Wirkung ab dem 19.07.2005 versehen. Die in der Verständigung vorgesehene Übergangsregelung wurde in der durch die Schussfolgerungen vorgegebenen Fassung einvernehmlich in die Landesgesetze aufgenommen:

»Die Träger der Sparkasse [Bank] am 18. Juli 2005 haften für die Erfüllung sämtlicher zu diesem Zeitpunkt bestehenden Verbindlichkeiten der Sparkasse [Bank]. Für solche Verbindlichkeiten, die bis zum 18. Juli 2001 vereinbart waren, gilt dies zeitlich unbegrenzt; für danach bis zum 18. Juli 2005 vereinbarte Verbindlichkeiten nur, wenn deren Laufzeit nicht über den 31. Dezember 2015 hinausgeht. Die Träger werden ihren Verpflichtungen aus der Gewährträgerhaftung gegenüber den Gläubigern der bis zum 18. Juli 2005 vereinbarten Verbindlichkeiten umgehend nachkommen, sobald sie bei deren Fälligkeit ordnungsgemäß und schriftlich festgestellt haben, dass die Gläubiger dieser Verbindlichkeiten aus dem Vermögen der Sparkasse [Bank] nicht befriedigt werden können. Verpflichtungen der Sparkasse [Bank] aufgrund eigener Gewährträgerhaftung oder vergleichbarer Haftungszusage oder einer durch die Mitgliedschaft in einem Sparkassenverband als Gewährträger vermittelten Haftung sind begründet und fällig im Sinne von Satz 1 bis 3 in dem gleichen Zeitpunkt wie die durch eine solche Haftung gesicherte Verbindlichkeit. Mehrere Träger haften als Gesamtschuldner, im Innenverhältnis entsprechend ihren Kapitalanteilen.«[212]

---

212) § 30 a Abs. 1 SpkG RP sowie § 5 LBG Berlin in der Fassung ab dem 19.07.2005. Sprachlich leicht abgewandelt: Art. 33 SpkG Bayern; § 36 SpkG Brandenburg (unter Auslassung der letzten zwei Sätze); § 26 a SpkG Bremen; § 32 Abs. 1 SpkG Hessen; § 3 Abs. 2 SpkG MV; § 43 Abs. 1 SpkG Niedersachsen; § 44 Abs. 1 SpkG NRW; § 47 Abs. 1 SpkG Saarland; § 67 Gesetz öffentl.-rechtl. Kreditinstitute Sachsen; § 33 SpkG LSA; § 45 SpkG SH; § 26 Abs. 1 bis 4 SpkG Thüringen und § 4 Abs. 3 LBG BW; Art. 4 LBG Bayern;§ 3 Abs. 4 Staatsvertrag LB Bremen; Art. 6 Abs. 2 Staatsvertrag Hessen-Thüringen; § 7 Abs. 3 Staatsvertrag Nord/LB; § 30 a Abs. 2 i. V. m. Abs. 1 SpkG RP; § 47 SpkG Saarland

Die sich im Wesentlichen selbst erklärende Übergangsvorschrift erhält für bis zum 18.07.2001 bzw. bis zum 18.07.2005 entstandene Verbindlichkeiten mit einer maximalen Laufzeit bis zum 31.12.2015 die subsidiäre Haftung der Träger gegenüber den Gläubigern ihrer Kreditinstitute aufrecht. Diese auch als »Grandfathering« bezeichnete Wahrung der Gewährträgerhaftung soll in Bezug auf bereits entstandene Verbindlichkeiten Vertrauensschutzgesichtspunkten Rechnung tragen und den Kreditinstituten im Übrigen eine geordnete Anpassung an die veränderten Haftungsmodalitäten ermöglichen.[213] Dabei sind bislang – mangels entsprechender Anwendungsfälle – theoretische Fragen des Verfahrens, d. h. des konkreten Ablaufs der Geltendmachung von Forderungen gegen den Träger, geregelt worden.[214] Soweit die Sparkassen eigenständig oder über ihre Verbandsmitgliedschaft selbst Gewährträger sind, gilt für einen eventuellen Rückgriff auf die Kommunen im Rahmen der Haftungskette derselbe Entstehungs- und Fälligkeitszeitpunkt wie für die Hauptverbindlichkeit.[215] Mehrere Träger haften im Außenverhältnis als Gesamtschuldner und im Innenverhältnis entsprechend ihrer Beteiligung.

b) Weitergehende Änderungen der Sparkassen- und Landesbankengesetze

aa) Sparkassenrechtliche Regelungen

Die Ersetzung der Anstaltslast und die Abschaffung der Gewährträgerhaftung führen zu einer Lockerung der Beziehung zwischen Träger und Kreditinstitut. Um im Bereich der Sparkassen die kommunale Bindung zu festigen, wurde seitens der kommunalen Spitzenverbände in Abstimmung mit dem DSGV für weitergehende, über die europäischen Vorgaben hinausgehende Änderungen der Sparkassengesetze plädiert.[216] Im Einzelnen wurden Empfehlungen für eine Konkretisierung des öffentlichen Auftrags, die Überschussverwendung und die Vermögensverwendung bei Auflösung der Sparkasse ausgesprochen. Durch eine stärkere Konkretisierung des öffentlich-rechtlichen Auftrags soll die öffentlich-rechtliche Wirtschaftstätigkeit

---

jeweils in der Fassung ab dem 19.07.2005 sowie Art. 4 Abs. 1 Gesetz zur Änderung sparkassenrechtlicher Vorschriften (GBl. BW Nr. 12/2002, S. 386 ff.).

213) *Moser,* in: Zukunft der Sparkassen, S. 36 (38).

214) Zur Problematik der zeitlichen Diskrepanz zwischen Fälligkeit und tatsächlicher Einstandspflicht der Gewährträger vgl. *Füßer,* ZBB 2002, S. 300 ff.

215) *Ruge,* ZG 2004, 12 (24).

216) *Henneke,* Der Landkreis 2002, 554 ff.

legitimiert und damit die öffentlich-rechtliche Rechtsform der Sparkassen dauerhaft gesichert werden.[217] Eine einheitliche Regelung der Länder in Bezug auf die Überschussverwendung und die Vermögensverwendung bei Auflösung der Sparkasse soll das Verhältnis von Sparkasse und Träger weiter stabilisieren.[218] Die Vorschläge wurden nur in wenigen Bundesländern berücksichtigt, was zum Teil mit dem engen, durch die Verständigung vorgesehenen Zeitrahmen erklärt werden kann.[219]

Darüber hinaus wurden im Rahmen der Änderung der Sparkassengesetze, unabhängig von der Verständigung und den Schlussfolgerungen, weitere Vorschriften neu gefasst. So wurde beispielsweise in Baden-Württemberg, in Anlehnung an das bayerische Sparkassengesetz, die Möglichkeit der Übertragung der Trägerschaft einer Sparkasse auf den Sparkassenverband gesetzlich normiert.[220] In Nordrhein-Westfalen und Mecklenburg-Vorpommern wurde unter anderem die Möglichkeit der Vereinigung nicht benachbarter Sparkassen geschaffen.[221]

bb) Landesbankenrechtliche Regelungen

Im Bereich der Landesbanken/Girozentralen wurden im Zuge der Neufassung der Gesetze teilweise erhebliche Umstrukturierungen vorgenommen. In einigen Ländern wurde die vollständige Übertragung der Trägerschaft auf eine Holding, d. h. eine juristische Person, deren Aufgabe darin besteht, dauerhaft Beteiligungen zu halten und zu verwalten, festgeschrieben bzw. ermöglicht.[222] So wurde in Sachsen die als rechtsfähige Körperschaft des öffentlichen Rechts ausgestaltete Sachsen-Finanzgruppe gegründet, die Trägerin der Sachsen LB und der auf sie übertragenen Sparkassen sowie Anteilseignerin der auf sie übertragenen Anteile an der Sachsen LB ist.[223] Bereits 1999 wollte der Landesgesetzgeber mit dem Sachsen-Finanzverband eine neue Organisationsform für die Trägerschaft der Sparkassen und der Landesbank/Girozentrale einführen, was jedoch an einem Volksentscheid im

---

217) *Henneke,* Der Landkreis 2002, 554 (556 f.).

218) *Henneke,* Der Landkreis 2002, 554 (555).

219) Siehe dazu im Einzelnen *Ruge,* ZG 2004, 12 (25 ff.).

220) § 8 a SpkG BW; §§ 26 ff. SpkG Bayern. Vgl. auch *Ruge,* ZG 2004, 12 (27 f.).

221) § 32 Abs. 1 S. 2 SpkG NRW; § 28 Abs. 1 S. 2 SpkG MV.

222) *Huber,* in: Bitburger Gespräche 2002/I, S. 199 (212); *Schmidt,* Gesellschaftsrecht, § 3 II 2.

223) § 49 Abs. 1 S. 1 i. V. m. § 50 Abs. 1 S. 1 Gesetz über das öffentlich-rechtliche Kreditwesen im Freistaat Sachsen.

Jahr 2001 scheiterte.[224] Die als Körperschaft des öffentlichen Rechts organisierte Sachsen-Finanzgruppe verfolgt im Gegensatz zu dem mit starken Steuerungs- und Eingriffsrechten versehenen Finanzverband einen partnerschaftlichen Ansatz und hat die Aufgabe, die Zusammenarbeit zwischen den öffentlich-rechtlichen Kreditinstituten im Freistaat Sachsen zu fördern.[225] In Bayern und Rheinland-Pfalz wurde darüber hinaus die Möglichkeit geschaffen, die Trägerschaft der Landesbank auf eine juristische Person des Privatrechts zu übertragen.[226] Die Übertragung setzt eine Beleihung durch das Land voraus, im Rahmen derer die Erfüllung der mit der Trägerschaft verbundenen Aufgaben und Pflichten sicherzustellen ist.[227]

In Umsetzung der Verständigung über die deutschen Spezialkreditinstitute ist die aus der Aufspaltung der WestLB Girozentrale hervorgegangene Landesbank NRW am 31.03.2004 in eine reine Landesstruktur- und Förderbank mit Namen NRW.BANK umgewandelt worden.[228] Als Förderinstitut kann die NRW.BANK Anstaltslast und Gewährträgerhaftung auch nach dem 18.07.2005 in Anspruch nehmen.[229] Dies gilt auch hinsichtlich ihres 38-prozentigen Anteils an der WestLB,[230] die nach Einbringung des öffentlichen Auftragsgeschäftes in die am 01.08.2002 gegründete Landesbank NRW in eine Aktiengesellschaft umgewandelt wurde und in der das Wettbewerbsgeschäft der alten WestLB gebündelt ist.[231]

2. Wirtschaftliche Unterstützung durch den Träger nach EG-Wettbewerbsrecht

Der Umstand, dass die Träger von Sparkassen und Landesbanken/Girozentralen nach der seit dem 19.07.2005 geltenden Rechtslage aus einer rechtlich

224) *Schmidt,* Sparkassen-Wissen, S. 77.

225) *Schmidt,* Sparkassen-Wissen, S. 79 f.; *Thode,* ZKF 2003, 329 (334).

226) Art. 3 Abs. 1 LBG Bayern; § 26 c Abs. 1 SpkG RP i. V. m. Abs. 3 S. 1. Vgl. auch *Huber,* in: Bitburger Gespräche 2002/I, S. 199 (212 f.).

227) Art. 3 Abs. 1 i. V. m. Abs. 3 LBG Bayern; § 26 c Abs. 1 i. V. m. Abs. 3 SpkG RP; hierzu kritisch: *Beuthien,* WM 2004, 1467 (1472).

228) *O. V.,* Landtag Intern v. 28.04.2005 (Nr. 05/2004), S. 14; Gesetz zur Umstrukturierung der Landesbank Nordrhein-Westfalen zur Förderbank des Landes Nordrhein-Westfalen und zur Änderung anderer Gesetze (GVBl. NRW Nr. 8/2004, S. 126 ff.).

229) *O. V.,* Landtag Intern v. 28.04.2005 (Nr. 05/2004), S. 14.

230) http://www.nrwbank.de/pdf/engl/pdf_Fitch_Individual_Rating_June2005.pdf (Stand: 01.01.2006).

231) http://www.westlb.de/cms/sitecontent/westlb/ui/de/wir_ueber_uns.html (Stand: 1. Januar 2006).

durchsetzbaren Verpflichtung zur Stützung ihrer Institute entlassen sind, bedeutet nicht, dass diese sich auch tatsächlich von jeglicher finanzieller Unterstützung freisagen. Vielmehr ist davon auszugehen, dass nach wie vor ein Interesse an starken, leistungsfähigen Instituten besteht. Gerade im Bereich der Sparkassen wird zur Erhaltung der kommunalen Bindung die Leistungsbereitschaft seitens der Träger für den Fall einer notwendigen Sanierung betont.[232] Insbesondere in strukturschwächeren Regionen geht das Verhältnis zwischen Kommunen und Sparkassen über das einer Finanzbeteiligung hinaus.[233]

Zuwendungen seitens der Träger unterliegen jedoch, wie in der Verständigung betreffend Anstaltslast und Gewährträgerhaftung nochmals ausdrücklich ausgeführt wurde, den Beihilferegelungen des EG-Vertrags. Dementsprechend ist zu prüfen, ob etwaige Sanierungsmaßnahmen eine Beihilfe im Sinne des Art. 87 Abs. 1 EG-Vertrag darstellen und, soweit dies der Fall ist, einer der Ausnahmetatbestände des Art. 87 Abs. 2 und 3 EG-Vertrag die Beihilfe gestattet.

a) Tatbestandsvoraussetzungen des Art. 87 Abs. 1 EG-Vertrag

Gemäß Art. 87 Abs. 1 EG-Vertrag sind staatliche oder aus staatlichen Mitteln gewährte Beihilfen gleich welcher Art, die durch Begünstigung bestimmter Unternehmen oder Produktionszweige den Wettbewerb verfälschen oder zu verfälschen drohen, mit dem gemeinsamen Markt unvereinbar, soweit sie den Handel zwischen Mitgliedstaaten beeinträchtigen. Dabei ist der Begriff der Beihilfe entsprechend dem Wortlaut und dem Zweck der Norm extensiv zu fassen.[234] Beihilfen sind alle Formen der Begünstigung von Unternehmen oder Produktionszweigen, soweit diese nicht durch eine entsprechende marktgerechte Gegenleistung des Begünstigten kompensiert werden.[235] Im Rahmen von Zuwendungen der öffentlichen Hand an öffentliche Unternehmen ist nach der Rechtsprechung des EuGH zu prüfen, ob diese unter Rentabilitätsgesichtspunkten und unabhängig von sozial- und regionalpolitischen Erwägungen einer sektorbezogenen

232) *Henneke,* Zukunft der Sparkassen, S. 10 (34).
233) *Oebbecke,* Zukunft der Sparkassen, S. 109 (112).
234) *Streinz,* Europarecht, Rn. 1017; *Geiger,* EGV, Art. 87 Rn. 7.
235) *Geiger,* EGV, Art. 87 Rn. 7.

Politik auch durch einen privaten Gesellschafter gewährt worden wären.[236] Für den Bankensektor hat die Kommission diesen so genannten »Privat-Investor-Test« dahingehend näher ausgeführt, *»dass bei öffentlichen Beteiligungen am Gesellschaftskapital eines Unternehmens eine staatliche Beihilfe zu vermuten ist, wenn sich die Finanzlage so darstellt, dass eine Rückkehr zu einem normalen Ertragsniveau des investierten Kapitals (in Form von Dividenden oder Kapitalgewinn) innerhalb eines vernünftigen Zeitraums nicht gewährleistet werden kann, oder wenn die Risiken einer solchen Operation zu hoch oder über einen zu langen Zeitraum zu tragen sind.«*[237]

Die Entscheidung, ob Zuwendungen durch den öffentlich-rechtlichen Träger eine Beihilfe im Sinne des Art. 87 Abs. 1 EG-Vertrag darstellen, muss damit im Einzelfall getroffen werden. Für die Annahme einer Beihilfe spricht insbesondere der Umfang der zu erbringenden Leistung. Mit der Höhe des aufzubringenden Sanierungsbetrags steigen auch die Anforderungen an die marktwirtschaftliche Rechtfertigung der Investition. Durch eine Beteiligung der Sicherungseinrichtungen der Sparkassen-Finanzgruppe wird die Wahrscheinlichkeit der Annahme einer Beihilfe verringert, da sie die vom Träger aufzubringenden Mittel und damit das Risiko der Investition reduziert. Insofern ist, wie schon jetzt praktiziert wird, eine Verteilung der Sanierungslasten zwischen dem Träger und den Sicherungseinrichtungen der Sparkassen-Finanzgruppe anzustreben.

Die Beihilfe muss als weitere Voraussetzung des Art. 87 Abs. 1 EG-Vertrag den Wettbewerb verfälschen oder zumindest zu verfälschen drohen. Eine Wettbewerbsverfälschung liegt vor, wenn der Ablauf des Wettbewerbs durch die Beihilfe verändert wird.[238] Ausreichend ist entsprechend der in Art. 88 EG-Vertrag geregelten repressiven wie präventiven Beihilfeaufsicht die Möglichkeit der Veränderung.[239]

Schließlich muss die Beihilfe geeignet sein, den Handel zwischen den Mitgliedstaaten zu beeinträchtigen, d. h. die Ein- oder Ausfuhr von Waren

---

236) *Geiger,* EGV, Art. 87 Rn. 9; *v. Wallenberg,* in: Grabitz/Hilf, Kommentar zur EU, Art. 87 Rn. 33 unter Verweis auf EuGH, Urt. v. 10.07.1986 – Rs. 40/85 –, Slg. 1986, 2231 (2345) und EuGH, Urt. v. 10.07.1986 – Rs. 234/84 –, Slg. 1986, 2263 (2286).

237) Entscheidung der Kommission vom 10.11.1999 über die staatlichen Beihilfen, die Italien den sizilianischen Banken Banco di Sicilia und Sicilcassa gewährt hat, ABl. EG L 256 v. 10.10.2000, S. 21 (Nr. 59).

238) *v. Wallenberg,* in: Grabitz/Hilf, Kommentar zur EU, Art. 87 Rn. 54.

239) *Streinz,* Europarecht, Rn. 1020; *v. Wallenberg,* in: Grabitz/Hilf, Kommentar zur EU, Art. 87 Rn. 55.

oder Dienstleistungen muss durch die Beihilfe erschwert bzw. erleichtert werden.[240]

b) Ausnahmebestimmungen des Art. 87 Abs. 2 und 3 EG-Vertrag

Soweit unter den obigen Voraussetzungen eine Beihilfe zugunsten einer Sparkasse bzw. Landesbank/Girozentrale anzunehmen ist, stellt sich im Weiteren die Frage nach dem Eingreifen eines die Beihilfe legitimierenden Ausnahmetatbestands. Während nach Art. 87 Abs. 2 EG-Vertrag bestimmte Beihilfen ausdrücklich mit dem Gemeinschaftsrecht vereinbar sind, ist die Entscheidung hierüber im Rahmen des Art. 87 Abs. 3 EG-Vertrag in das Ermessen der Kommission gestellt.[241] Unter Bezugnahme auf Art. 87 Abs. 3 c) EG-Vertrag, der Beihilfen zur Förderung der Entwicklung gewisser Wirtschaftszweige oder Wirtschaftsgebiete ermöglicht, hat die Kommission »Leitlinien der Gemeinschaft für staatliche Beihilfen zur Rettung und Umstrukturierung von Unternehmen in Schwierigkeiten«[242] veröffentlicht. Danach können zur Rettung von Unternehmen in Schwierigkeiten vor dem Konkurs und zur Erleichterung ihrer Umstrukturierung staatliche Beihilfen z. B. aus sozial- oder regionalpolitischen Gründen oder zur Aufrechterhaltung einer wettbewerbsbestimmten Marktstruktur gerechtfertigt sein.[243]

Nach Nr. 9 der Leitlinien befindet sich ein Unternehmen in Schwierigkeiten, *»wenn es nicht in der Lage ist, mit eigenen finanziellen Mitteln oder Fremdmitteln, die ihm von seinen Eigentümern/Anteilseignern oder Gläubigern zur Verfügung gestellt werden, Verluste aufzufangen, die das Unternehmen auf kurze oder mittlere Sicht so gut wie sicher in den wirtschaftlichen Untergang treiben werden, wenn der Staat nicht eingreift.«* Für Gesellschaften, bei denen die Haftung auf das Gesellschaftskapital beschränkt ist, wird näher ausgeführt, dass ein Unternehmen insbesondere dann als »in Schwierigkeiten« gilt, wenn mehr als die Hälfte des gezeichneten Kapitals »verschwunden« und mehr als ein Viertel dieses Kapitals während der letzten zwölf Monate »verloren gegangen ist«.[244] Im Übrigen ist unabhän-

240) *v. Wallenberg,* in: Grabitz/Hilf, Kommentar zur EU, Art. 87 Rn. 47; *Geiger,* EGV, Art. 87 Rn. 14.

241) *v. Wallenberg,* in: Grabitz/Hilf, Kommentar zur EU, Art. 87 Rn. 109 f.; 41; *Geiger,* EGV, Art. 87 Rn. 15, 20.

242) ABl. EG C 244 v. 01.10.2004, S. 2 (Nr. 19).

243) ABl. EG C 244 v. 01.10.2004, S. 2 (Nr. 8).

244) ABl. EG C 244 v. 01.10.2004, S. 2 (Nr. 10 a).

gig von der Unternehmensform darauf abzustellen, ob die Voraussetzungen für die Eröffnung eines Insolvenzverfahrens gegeben sind.[245]

Sparkassen und Landesbanken/Girozentralen sind Unternehmen im Sinne des europarechtlichen Unternehmensbegriffs, welcher funktional auf das Vorliegen einer erwerbswirtschaftlichen Tätigkeit abstellt.[246] Eine bestimmte Rechtsform ist für die Unternehmenseigenschaft ebensowenig Voraussetzung wie die Art der Finanzierung.[247] Ein gemeinnütziges Tätigwerden ist ausreichend.[248] Ob eine Anstalt des öffentlichen Rechts als eine Gesellschaft mit auf das Gesellschaftskapital beschränkter Haftung im Sinne der Leitlinien anzusehen ist, kann dahinstehen, da die insoweit normierten Voraussetzungen für die Annahme eines »Unternehmens in Schwierigkeiten« nicht die weiteren, allgemeiner gefassten Kriterien der Leitlinien verdrängen. In Bezug auf die Sparkassen ist zu beachten, dass diese in der Regel über kein gezeichnetes Kapital verfügen[249] und insofern nicht dem aufgezeigten Bemessungsmaßstab unterfallen.

Fraglich ist, inwieweit die Mittel der Sicherungseinrichtungen der Sparkassen-Finanzgruppe auch unabhängig von ihrer tatsächlichen Gewährung im Einzelfall als eigene finanzielle Mittel bzw. Fremdmittel, die seitens der Eigentümer/Anteilseigner oder Gläubiger zur Verfügung gestellt werden, mit der Folge angesehen werden können, dass staatliche Unterstützung nicht in Anspruch genommen werden darf. Gemäß § 1 der Mustersatzung für die Sparkassenstützungsfonds der Regionalverbände wird der jeweilige Stützungsfonds als Bestandteil des Verbandsvermögens unterhalten. In § 1 der Satzung für die Sicherungsreserve der Landesbanken und Girozentralen sowie der Satzung für den Sicherungsfonds der Landesbausparkassen ist geregelt, dass die Sicherungsreserve bzw. der Sicherungsfonds beim Deutschen Sparkassen- und Giroverband e. V. als Bestandteil des Verbandsvermögens eingerichtet wird. Die Regionalverbände bzw. der DSGV verwalten die Mittel und legen sie als rechtlich unselbstständiges Sondervermögen

245) ABl. EG C 244 v. 01.10.2004, S. 2 (Nr. 10 c).

246) *Stockenhuber,* in: Grabitz/Hilf, Recht der EU, Art. 81 Rn. 51; *Geiger,* EGV, Art. 81 Rn. 6; *Streinz,* Europarecht, Rn. 987.

247) *Stockenhuber,* in: Grabitz/Hilf, Recht der EU, Art. 81 Rn. 51; *Geiger,* EGV, Art. 81 Rn. 6.

248) *Streinz,* Europarecht, Rn. 987.

249) *Schlierbach/Püttner,* Sparkassenrecht, S. 68.

getrennt vom sonstigen Verbandsvermögen an.[250] Ansprüche der Institute gegenüber den Sicherungseinrichtungen sind weder nach den bisherigen noch nach den neuen Satzungen gegeben. Vielmehr ist in den neuen Satzungen – wie noch näher dargelegt werden wird – ausdrücklich geregelt, dass ein Rechtsanspruch auf Stützungsmaßnahmen nicht besteht.[251] Dementsprechend bilden die Mittel der Sicherungseinrichtungen als solche weder eigene finanzielle Mittel noch zur Disposition der Institute stehende Fremdmittel.

Im Weiteren könnte jedoch Nr. 13 der Leitlinien zur Anwendung kommen, wonach *»ein Unternehmen, das einer größeren Unternehmensgruppe angehört ... für Rettungs- und Umstrukturierungsbeihilfen grundsätzlich nur dann in Frage [kommt], wenn es sich nachweislich um spezifische Schwierigkeiten des betreffenden Unternehmens selbst handelt und diese nicht auf eine willkürliche Kostenverteilung innerhalb der Gruppe zurückzuführen und außerdem zu gravierend sind, um von der Gruppe selbst bewältigt werden zu können.«*[252] Allerdings gelten als einer Gruppe zugehörig, nur solche Unternehmen, die zu mindestens 25 % des Kapitals oder der Stimmenanteile im Besitz von einem oder mehreren Unternehmen stehen, die nicht zu den »kleinen und mittleren Unternehmen« bzw. »kleinen Unternehmen« zählen.[253] Insofern ist unter den Begriff der Unternehmensgruppe im Sinne der Richtlinie nicht die Sparkassen-Finanzgruppe als solche zu fassen. Unter der Prämisse, dass die entsprechenden Schwellenwerte erreicht werden, finden die weiteren Voraussetzungen der Leitlinie lediglich auf einzelne Zusammenschlüsse innerhalb des Verbundes Anwendung. Zu beachten sind insoweit insbesondere die zwischen den Landesbanken/Girozentralen bestehenden Kapitalbeteiligungen.

Die einzelnen Voraussetzungen für die Genehmigung von Rettungs- und Umstrukturierungsbeihilfen sind in der Leitlinie detailliert geregelt. Rettungsbeihilfen kommt nur ein vorübergehender Charakter zu und sind

250) § 22 S. 1 Mustersatzung für die Sparkassenstützungsfonds der Regionalverbände; § 25 S. 1 Satzung für die Sicherungsreserve der Landesbanken und Girozentralen; § 23 S. 1 Satzung für den Sicherungsfonds der Landesbausparkassen.

251) § 20 Mustersatzung für die Sparkassenstützungsfonds der Regionalverbände; § 22 Satzung für die Sicherungsreserve der Landesbanken und Girozentralen; § 21 Satzung für den Sicherungsfonds der Landesbausparkassen.

252) ABl. EG C 244 v. 01.10.2004, S. 2 (Nr. 13).

253) Vgl. Anhang I der Verordnung (EG) Nr. 68/2001 der Kommission über die Anwendung der Art. 87 und 88 EG-Vertrag auf Ausbildungshilfen (ABl. L 10 v. 13.01.2001, S. 20).

grundsätzlich auf marktüblich verzinste Darlehen oder Bürgschaften zu beschränken.[254] Im Banksektor kann hiervon allerdings eine Ausnahme gemacht werden, um das betreffende Kreditinstitut in die Lage zu versetzen, seine Banktätigkeit unmittelbar weiterzuführen.[255] Umstrukturierungsbeihilfen sollen hingegen langfristig die Rentabilität eines Unternehmen wiederherstellen und können in verschiedenen Formen gewährt werden.[256] Verfahrensrechtlich ist die Kommission gemäß Art. 88 Abs. 3 S. 1 EG-Vertrag von jeder beabsichtigten Einführung oder Umgestaltung von Beihilfen so rechtzeitig zu unterrichten, dass sie sich dazu äußern kann. Anderenfalls kann die Kommission die Aussetzung und einstweilige Rückforderung der Beihilfe verlangen.[257]

3. Modifikation des bisherigen Sicherungssystems der Sparkassen-Finanzgruppe

Die Ersetzung bzw. der Wegfall von Anstaltslast und Gewährträgerhaftung seit dem 19.07.2005 führt dazu, dass das bisher aus staatlicher Haftung und dem Sicherungssystem der Sparkassen-Finanzgruppe bestehende Institutssicherungssystem der Sparkassen und Landesbanken/Girozentralen nur noch auf letzterem basiert. In Hinblick auf das in Umsetzung der EG-Einlagensicherungsrichtlinie[258] und der EG-Anlegerentschädigungsrichtlinie[259] ergangene Einlagensicherungs- und Anlegerentschädigungsgesetz (EAG)[260] stellt sich die Frage, welchen rechtlichen Anforderungen das Sicherungssystem der Sparkassen-Finanzgruppe unterliegt und ob es diesen in seiner bisherigen Form gerecht wurde. Darüber hinaus sind die ökonomischen Auswirkungen der veränderten Haftungsgrundlagen zu untersuchen.

---

254) ABl. EG C 244 v. 01.10.2004, S. 2 (Nr. 15, 25 ff.).

255) ABl. EG C 244 v. 01.10.2004, S. 2 (Nr. 25 a) unter Verweis auf Richtlinie 2000/12/EG des Europäischen Parlaments und des Rates vom 20.03.2000 über die Aufnahme uns Ausübung der Tätigkeit der Kreditinstitute (Abl. L126 v. 26.05.2000, S. 1).

256) ABl. EG C 244 v. 01.10.2004, S. 2 (Nr. 16, 31 ff.).

257) Art. 11 Verordnung (EG) Nr. 659/1999 des Rates v. 22.03.1999 über besondere Vorschriften für die Anwendung von Artikel 93 des EG-Vertrags, ABl. EG L 83 v. 22.03.1999, S. 1.

258) Richtlinie 94/19/EG des Europäischen Parlaments und des Rates vom 30.05.1994 über Einlagensicherungssysteme, ABl. EG L 135 v. 31.05.1994, S. 5.

259) Richtlinie 97/9/EG des Europäischen Parlaments und des Rates v. 03.03.1997 über Systeme für die Entschädigung der Anleger, ABl. EG L 84 vom 26.03.1997, S. 22.

260) Art. 1 Gesetz zur Umsetzung der EG-Einlagensicherungsrichtlinie und der EG-Anlegerentschädigungsrichtlinie, BGBl. I 1998, S. 1842 (1842 ff.).

a) Rechtliche Auswirkungen

Das Einlagensicherungs- und Anlegerentschädigungsgesetz (EAG) ist am 01.08.1998 in Kraft getreten und Bestandteil des Gesetzes zur Umsetzung der EG-Einlagensicherungsrichtlinie und der EG-Anlegerentschädigungsrichtlinie vom 16.07.1998.[261] Gemäß Art. 249 EG-Vertrag sind Richtlinien für die Mitgliedstaaten, an die sie gerichtet sind, hinsichtlich des zu erreichenden Ziels verbindlich, überlassen jedoch den innerstaatlichen Stellen die Wahl der Form und der Mittel. In den Richtlinien selbst ist die Pflicht zur Umsetzung und eine dementsprechende Frist regelmäßig festgelegt.[262] Die EG-Einlagensicherungsrichtlinie war bis zum 01.07.1995, die EG-Anlegerentschädigungsrichtlinie bis zum 26.09.1998 umzusetzen.[263] Die verspätete Umsetzung der Einlagensicherungsrichtlinie ist auf eine gegen diese gerichtete Nichtigkeitsklage Deutschlands zurückzuführen, die im Ergebnis allerdings erfolglos blieb[264] und die Bundesrepublik im Übrigen auch nicht von der Pflicht zur fristgerechten Umsetzung entband.[265] In der Folge wurden die inhaltlich eng verknüpften Richtlinien gemeinsam umgesetzt. Vor dem Hintergrund des aus Art. 249 in Verbindung mit Art. 10 EG-Vertrag folgenden Gebots richtlinienkonformer Interpretation nationalen Umsetzungsrechts[266] sollen neben dem EAG auch die Richtlinien in ihren Grundzügen dargestellt werden.[267]

---

261) BGBl. I 1998, S. 1842.

262) *Streinz,* Europarecht, Rn. 437.

263) Art. 14 Abs. 1 S. 1 EG-Einlagensicherungsrichtlinie bzw. Art. 15 Abs. 1 Abs. 1 S. 1 EG-Anlegerentschädigungsrichtlinie.

264) EuGH, Urt. v. 13.05.1997 – Rs. C-233/94 –, Slg. I 1997, 2405 ff. = EuZW 1997, 436 ff. m. Anm. *Wernicke*; *Everling,* ZHR 162 (1998), 403 ff.; *Reher/Schöner,* EWS 1997, 366 ff.; *Volmer,* EWS 1998, 54 ff.; *Newinger,* Sparkasse 1998, 349 (354).

265) LG Bonn, Urt. v. 16.04.1999 – 1 O 186/98 –, WM 1999, 1972 ff.; LG Bonn, Urt. v. 10.11.1999 – 1 O 55/99 –, WM 2000, 618 ff.; vgl. hierzu *Fischer,* in: Boos/Fischer/Schulte-Mattler, KWG, § 23 a Rn. 1, 3.

266) *Nettesheim,* in: Grabitz/Hilf, Recht der EU, Art. 249 Rn. 153; *Geiger,* EGV, Art. 249 Rn. 12 f.; *Streinz,* Europarecht, Rn. 454 ff.

267) Eine Darstellung der Richtlinien und des EAG findet sich u. a. bei *Sethe,* ZBB 1998, 305 ff.; *Fischer,* in: Schimansky/Bunte/Lwowski, Bankrechts-Handbuch, § 133 Rn. 29 ff.; *Dreymann/Schnattmeyer,* EAG; *Steuer,* WM 1998, 2449 ff.; *Weber,* Die Bank 1998, 470 ff.; *Newinger,* Sparkasse 1998, 349 ff. sowie bei *Kleinert,* Einlagensicherungssysteme, S. 208 ff., 222 ff. (Einlagensicherungsrichtlinie und EAG), *Schöner,* Einlagensicherung und Wettbewerb, S. 144 ff. (Einlagensicherungsrichtlinie); *Kessel,* AG 1997, 313 ff. (Anlegerentschädigungsrichtlinie) und *Fischer,* in: Boos/Fischer/Schulte-Mattler, KWG, § 23 a Rn. 2 ff. (EAG).

aa) Anforderungen der EG-Einlagensicherungsrichtlinie und der EG-Anlegerentschädigungsrichtlinie

(1) EG-Einlagensicherungsrichtlinie

Die EG-Einlagensicherungsrichtlinie bezweckt *»die Aufhebung aller Beschränkungen der Niederlassungsfreiheit und des freien Dienstleistungsverkehrs zu fördern und gleichzeitig die Stabilität des Bankensystems und den Schutz der Sparer zu erhöhen.«*[268] Zur Verwirklichung eines einheitlichen Bankenmarkts soll die Sicherung der Einlagen bei Kreditinstituten in der Gemeinschaft harmonisiert werden.[269]

Nach Art. 1 Nr. 1 S. 1 der Richtlinie sind Einlagen zurückzuzahlende Guthaben, die sich aus auf einem Konto verbliebenen Beträgen oder aus Zwischenpositionen im Rahmen von normalen Bankgeschäften ergeben sowie urkundlich verbriefte Forderungen. Ausgenommen sind Schuldverschreibungen, welche die Voraussetzungen des Art. 22 Abs. 4 OGAW[270] erfüllen, d. h. von einem unter besonderer öffentlicher Aufsicht stehenden Kreditinstitut ausgegeben werden und auf Grund gesetzlicher Vorschriften besonders gedeckt sind.[271] Darüber hinaus bleiben Interbankeinlagen, Einlagen im Sinne von Eigenmitteln sowie Gelder aus Geldwäschestraftaten unberücksichtigt.[272] Den Mitgliedstaaten obliegt es, weitere bestimmte Einleger oder Einlagen von der Sicherung auszunehmen.[273]

Die Richtlinie verpflichtet die Mitgliedstaaten zur Errichtung oder Anerkennung eines oder mehrerer verbindlicher Einlagensicherungssysteme.[274] Die Mitgliedschaft in einem solchen ist für Kreditinstitute zwingende Voraussetzung für die Teilnahme am Einlagengeschäft.[275] Die Organisation und die Finanzierung der Sicherungssysteme bleiben den Mitgliedstaaten mit der

---

268) Erwägungsgrund Nr. 1 EG-Einlagensicherungsrichtlinie.

269) Erwägungsgrund Nr. 2 EG-Einlagensicherungsrichtlinie.

270) Richtlinie 85/611/EWG des Rates vom 20.12.1985 zur Koordinierung der Rechts- und Verwaltungsvorschriften betreffend bestimmte Organismen für gemeinsame Anlagen in Wertpapieren (OGAW), ABl. EG L 375 vom 31.12.1985, S. 3 sowie Richtlinie 88/220/EWG des Rates vom 22.03.1988 zur Änderung der Richtlinie 85/611/EWG in Bezug auf die Anlagepolitik bestimmter OGAW, ABl. EG L 100 vom 19.04.1988, S. 31.

271) Art. 1 Nr. 1 S. 3 EG-Einlagensicherungsrichtlinie. Vgl. hierzu *Scherer,* in: Brinkhaus/Scherer, KAGG, § 8 a Rn. 15 ff.

272) Art. 2 EG-Einlagensicherungsrichtlinie.

273) Art. 7 Abs. 2 i. V. m. Anhang I EG-Einlagensicherungsrichtlinie.

274) Art. 3 Abs. 1 S. 1 EG-Einlagensicherungsrichtlinie.

275) Art. 3 Abs. 1 S. 2 EG-Einlagensicherungsrichtlinie.

Maßgabe überlassen, dass die Finanzierungskapazität in einem angemessenen Verhältnis zu den gesicherten Verbindlichkeiten stehen muss.[276] Für den Fall, dass ein Kreditinstitut den Verpflichtungen als Mitglied eines Einlagensicherungssystems nicht nachkommt, sind dem Sicherungssystem bzw. den Aufsichtsbehörden Sanktionsmöglichkeiten zur Seite zu stellen, die letztlich den Ausschluss und die Entziehung der Zulassung als Kreditinstitut zur Folge haben können.[277]

Im Sicherungsfall, d. h. der Nichtverfügbarkeit der Einlagen, sind sämtliche Einlagen desselben Einlegers durch das Sicherungssystem grundsätzlich bis zu einem Betrag von mindestens 20.000 Euro zu gewährleisten.[278] Die Mitgliedstaaten können einen prozentualen Selbstbehalt der Einleger vorsehen, der allerdings bis zur vorgeschriebenen Deckungshöhe maximal 10 % betragen darf.[279] Der Anteil an einem Gemeinschaftskonto wird entsprechend bzw. – bei Fehlen besonderer Bestimmungen – zu gleichen Teilen angerechnet.[280] Kann der Einleger nur eingeschränkt über den Einlagebetrag verfügen, so wird der uneingeschränkt Nutzungsberechtigte gesichert.[281]

Die Auszahlung des Sicherungsbetrags durch die Einlagensicherungssysteme hat grundsätzlich binnen dreier Monate ab Feststellung der Nichtverfügbarkeit der Einlagen durch die zuständige Behörde bzw. einer gerichtlichen Entscheidung, die ein Ruhen der Forderungen bewirkt, zu erfolgen.[282] Die Frage, ob die Richtlinie den Einlegern einen individuellen Anspruch gegen die Sicherungseinrichtung gewährt,[283] bedarf insoweit keiner Entscheidung, als der deutsche Gesetzgeber einen solchen ausdrücklich normiert hat. Die Art und Weise der Unterrichtung der Einleger vom Sicherungsfall

276) Erwägungsgrund Nr. 23 EG-Einlagensicherungsrichtlinie; *Sethe,* ZBB 1998, 305 (309); *Kleinert,* Einlagensicherungssysteme, S. 210.

277) Art. 3 Abs. 2-5 EG-Einlagensicherungsrichtlinie.

278) Art. 7 Abs. 1 S. 1 EG-Einlagensicherungsrichtlinie.

279) Art. 7 Abs. 4 EG-Einlagensicherungsrichtlinie; *Sethe,* ZBB 1998, 305 (315); *Kleinert,* Einlagensicherungssysteme, S. 211; *Newinger,* Sparkasse 1998, 349 (353); *Fischer,* in: Schimansky/Bunte/Lwowski, Bankrechts-Handbuch, § 133 Rn. 29.

280) Art. 8 Abs. 2 S. 1, 2 EG-Einlagensicherungsrichtlinie.

281) Art. 8 Abs. 3 S. 1 EG-Einlagensicherungsrichtlinie.

282) Art. 10 Abs. 1 i. V. m. Art. 1 Nr. 3 i), ii) EG-Einlagensicherungsrichtlinie.

283) Bejahend: *Sethe,* ZBB 1998, 305 (313 f.); *Hoeren,* EuZW 1994, 750 (752); *Lutter,* Europäisches Unternehmensrecht, S. 437; Verneinend: *Newinger,* Sparkasse 1998, 349 (356); *Schöner,* Einlagensicherung und Wettbewerb, S. 150; *Fischer,* in: Schimansky/Bunte/Lwowski, Bankrechts-Handbuch, § 133 Rn. 40.

sowie eine eventuelle Ausschlussfrist hinsichtlich der Geltendmachung von Ansprüchen sind seitens der Mitgliedstaaten zu regeln, wobei ein Fristversäumnis dem Einleger dann nicht entgegengehalten werden darf, wenn er seinen Anspruch nicht rechtzeitig geltend machen konnte.[284] Mit Leistung des Einlagensicherungssystems ist dieses berechtigt, im Liquidationsverfahren in Höhe der von ihm geleisteten Zahlungen in die Rechte der Einleger einzutreten.[285]

Neben den oben aufgezeigten Inhalten bestehen für die Einlagensicherungssysteme zudem Vorgaben in Bezug auf Zweigstellen aus anderen Mitgliedstaaten[286] und hinsichtlich der Information der Einleger sowie der Werbung mit dem jeweiligen Sicherungssystem.[287] Darüber hinaus eröffnet die Richtlinie den Mitgliedstaaten die Möglichkeit, Kreditinstitute unter bestimmten Umständen gänzlich von der Pflichtmitgliedschaft in einem Einlagensicherungssystem im obigen Sinne auszunehmen. Art. 3 Abs. 1 S. 3, 4 der EG-Einlagensicherungsrichtlinie normiert folgende – für die Sparkassen-Finanzgruppe entscheidende – Ausnahme:

»Die Mitgliedstaaten können .. ein Kreditinstitut von der Pflicht zur Mitgliedschaft in einem Einlagensicherungssystem befreien, wenn das betreffende Kreditinstitut einem System angeschlossen ist, durch welches das Kreditinstitut selbst geschützt wird und insbesondere seine Liquidität und Solvenz gewährleistet werden, wodurch den Einlegern in einem Einlagensicherungssystem zumindest gleichwertiger Schutz geboten wird, und sofern das betreffende System nach Auffassung der zuständigen Behörden die folgenden Voraussetzungen erfüllt:

- *es besteht bereits im Zeitpunkt der Annahme dieser Richtlinie und ist amtlich anerkannt;*
- *es soll dazu dienen, ein Nichtverfügbarwerden der Einlagen der diesem System angeschlossenen Kreditinstitute zu vermeiden, und verfügt über die dazu erforderlichen Mittel;*
- *es handelt sich dabei nicht um eine Sicherung, die den Kreditinstituten durch den Mitgliedstaat selbst oder seine lokalen oder regionalen Behörden gewährt wird;*

284) Art. 10 Abs. 3 EG-Einlagensicherungsrichtlinie; *Sethe*, ZBB 1998, 305 (315 f.).
285) Art. 11 EG-Einlagensicherungsrichtlinie.
286) Art. 4 EG-Einlagensicherungsrichtlinie.
287) Art. 9 EG-Einlagensicherungsrichtlinie.

– es stellt die Unterrichtung der Einleger entsprechend Art. 6 sicher.

Die Mitgliedstaaten, die von der Befugnis Gebrauch machen, teilen dies der Kommission mit; sie unterrichten sie vor allem über die Beschaffenheit dieser Schutzsysteme und die davon erfaßten Kreditinstitute sowie über spätere Änderungen gegenüber den zunächst übermittelten Informationen. Die Kommission setzt den Beratenden Bankausschuss davon in Kenntnis.«

Die Richtlinie berücksichtigt damit die in den Mitgliedstaaten bereits bestehenden Institutssicherungssysteme und integriert sie in das nunmehr verpflichtende Einlagensicherungssystem. Entscheidend für die Anerkennung eines Institutssicherungssystems und gleichsam Voraussetzung für die Befreiung der ihm angeschlossenen Kreditinstitute von der Mitgliedschaft in einem Einlagensicherungssystem ist ein durch die Gewährleistung von Liquidität und Solvenz der Kreditinstitute gekennzeichneter Institutsschutz und ein dadurch vermittelter, in Bezug auf die Einlagensicherungssysteme gleichwertiger Einlegerschutz.

(2) EG-Anlegerentschädigungsrichtlinie

Die EG-Anlegerentschädigungsrichtlinie bezweckt *»zumindest für Kleinanleger einen harmonisierten Mindestschutz für den Fall zu gewährleisten, dass eine Wertpapierfirma nicht in der Lage ist, ihren Verpflichtungen gegenüber ihren Anlegerkunden nachzukommen.«*[288] Der Schutz der Anleger und die Erhaltung des Vertrauens in das Finanzsystem werden wie auch im Rahmen der EG-Einlegerentschädigungsrichtlinie als wichtige Aspekte der Vollendung und des reibungslosen Funktionierens des Binnenmarktes angesehen.[289]

Die Anlegerentschädigungsrichtlinie deckt Forderungen, die dadurch entstanden sind, dass eine Wertpapierfirma nicht in der Lage ist, Gelder zurückzuzahlen, die sie Anlegern in Zusammenhang mit Wertpapiergeschäften schuldet oder Finanzinstrumente[290] zurückzugeben, die sie für Anleger verwahrt oder verwaltet.[291] Bestimmte Anleger können seitens der Mitgliedstaaten von der Deckung ebenso ausgenommen werden wie nicht in der

288) Erwägungsgrund Nr. 4 EG-Anlegerentschädigungsrichtlinie.

289) Erwägungsgrund Nr. 4 EG-Anlegerentschädigungsrichtlinie.

290) Vgl. Abschnitt B des Anhangs der Richtlinie 93/22/EWG über Wertpapierdienstleistungen, ABl. Nr. L 141 vom 11.05.1993, S. 27.

291) Art. 2 Abs. 2 S. 2 EG-Anlegerentschädigungsrichtlinie; *Kessel,* AG 1997, 313 (316); *Weber,* Die Bank 1998, 470 (471).

Währung eines Mitgliedstaats oder Euro angelegte Gelder.[292] Für Gelder aus Geldwäschegeschäften besteht grundsätzlich kein Anspruch.[293]

Die Vorgaben der Anlegerentschädigungsrichtlinie entsprechen in weiten Teilen denen der Einlegerentschädigungsrichtlinie. Nach der Anlegerentschädigungsrichtlinie haben die Mitgliedstaaten mindestens ein für Wertpapierfirmen verpflichtendes System für die Entschädigung der Anleger einzurichten oder anzuerkennen.[294] Unter den Begriff der »Wertpapierfirma« fallen dabei auch solche Kreditinstitute, die Wertpapierdienstleistungen erbringen.[295] Um eine Zugehörigkeit dieser Kreditinstitute in zwei getrennten Systemen zu vermeiden, sind die Mitgliedstaaten gehalten, ein System, das sowohl den Anforderungen der Einlegerentschädigungsrichtlinie als auch denen der Anlegerentschädigungsrichtlinie entspricht, zu errichten.[296] Dem Einzelnen können gegen das einheitliche Sicherungssystem dann sowohl Ansprüche nach der Einlegerentschädigung als auch nach der Anlegerentschädigung zustehen.[297] In Bezug auf Geldforderungen, die sowohl von der Einlagensicherung als auch von der Anlegerentschädigung erfasst werden, hat eine wahlweise Zuordnung zu erfolgen.[298]

Hinsichtlich der weiteren Vorgaben für ein Anlegerentschädigungssystem, namentlich der Feststellung des Sicherungsfalls, des Umfangs der Sicherung und der Geltendmachung der Ansprüche kann im Übrigen auf die Ausführungen zur Einlegerentschädigungsrichtlinie verwiesen werden. Kreditinstitute, die bereits gemäß Art. 3 Abs. 1 S. 3 EG-Einlagensicherungsrichtlinie auf Grund ihrer Zugehörigkeit zu einem Institutssicherungssystem von der Pflichtmitgliedschaft in einem Einlagensicherungssystem ausgenommen sind, können auch von der in einem Anlegerentschädigungssystem befreit werden.[299] Voraussetzung ist, *»daß der Schutz und die Unterrichtung, die für die Einleger vorgesehen sind, unter den gleichen Bedingungen auch für die Anleger gelten und daß diesen somit ein Schutz gewährt wird, der dem*

292) Art. 4 Abs. 2 i. V. m. Anhang I u. Art. 8 Abs. 1 S. 2 EG-Anlegerentschädigungsrichtlinie.

293) Art. 3 EG-Anlegerentschädigungsrichtlinie.

294) Art. 2 Abs. 1 S. 1 EG-Anlegerentschädigungsrichtlinie.

295) Art. 1 Nr. 1, 2. Spiegelstrich EG-Anlegerentschädigungsrichtlinie.

296) Erwägungsgrund Nr. 9 EG-Anlegerentschädigungsrichtlinie.

297) *Sethe*, ZBB 1998, 305 (315).

298) Art. 2 Abs. 3 EG-Anlegerentschädigungsrichtlinie.

299) Art. 2 Abs. 1 S. 3, 4 EG-Anlegerentschädigungsrichtlinie.

von einem Anlegerentschädigungssystem gebotenen Schutz zumindest gleichwertig ist.«[300]

bb) Anforderungen des Einlagensicherungs- und Anlegerentschädigungsgesetzes (EAG)

Die Umsetzung der Einlagensicherungs- und Anlegerentschädigungsrichtlinie orientierte sich an den Mindeststandards der Richtlinien.[301] Die zu diesem Zeitpunkt in der Bundesrepublik bereits vorhandenen Sicherungssysteme einschließlich der institutssichernden Einrichtungen sollten aufrechterhalten und in die neu zu schaffenden Strukturen eingebunden werden.[302]

Die Definition der Einlagen und der Verbindlichkeiten aus Wertpapiergeschäften entspricht den Vorgaben der Einlagensicherungs- bzw. Anlegerentschädigungsrichtlinie.[303] Von der Möglichkeit bestimmte Einlagen sowie Ein- bzw. Anleger von der Sicherung auszunehmen, hat der Gesetzgeber umfänglich Gebrauch gemacht. So werden vom Institut ausgestellte Inhaber- und Orderschuldverschreibungen sowie Solawechsel ebensowenig erfasst[304] wie die in § 3 Abs. 2 EAG genannten vornehmlich institutionellen Ein- bzw. Anleger.[305] Ein Entschädigungsanspruch besteht nicht, soweit Einlagen oder Gelder nicht auf die Währung eines EU-Mitgliedstaates oder auf Euro lauten.[306]

Nach § 2 EAG sind die Institute verpflichtet, ihre Einlagen und Verbindlichkeiten aus Wertpapiergeschäften nach Maßgabe dieses Gesetzes durch Zugehörigkeit zu einer gesetzlichen Entschädigungseinrichtung[307] zu sichern. Institute in diesem Sinne sind neben den Einlagenkreditinstituten auch Kreditinstitute mit einer Erlaubnis für das Finanzkommissions- oder Emissionsgeschäft, Kredit- oder Finanzdienstleistungsinstitute mit einer

300) Art. 2 Abs. 1 S. 3 EG-Anlegerentschädigungsrichtlinie.

301) Gesetzentwurf der Bundesregierung, BR-Drs. 257/98, S. 19.

302) Gesetzentwurf der Bundesregierung, BR-Drs. 257/98, S. 19.

303) § 1 Abs. 2-4 EAG; siehe dazu 3. Teil B. I. 2. b) aa) (1).

304) § 1 Abs. 2 S. 2, 2. Halbs. EAG.

305) *Fischer,* in: Boos/Fischer/Schulte-Mattler, KWG, § 23 a Rn. 7.

306) § 4 Abs. 1 S. 2 EAG.

307) Das EAG bezeichnet die von der Einlagensicherungsrichtlinie geforderten Einlagensicherungssysteme als Entschädigungseinrichtungen und grenzt sie wie diese von den institutssichernden Einrichtungen ab. Siehe im Übrigen zu den Begrifflichkeiten 1. Teil B. III.

Erlaubnis für die Anlage- oder Abschlussvermittlung, die Finanzportfolioverwaltung und den Eigenhandel sowie Investmentgesellschaften.[308]

Gemäß § 6 Abs. 1 S. 1, 2 EAG werden bei der Kreditanstalt für Wiederaufbau drei nicht rechtsfähige Sondervermögen des Bundes errichtet, denen die Institutsgruppe der privatrechtlichen Einlagenkreditinstitute, der öffentlich-rechtlichen Einlagenkreditinstitute und die der »anderen Institute« zugeordnet sind. Die Entschädigungseinrichtungen können im rechtsgeschäftlichen Verkehr handeln, klagen oder verklagt werden.[309] Die Entschädigungseinrichtungen haben die Aufgabe, die Beiträge der ihnen zugeordneten Institute einzuziehen, die Mittel anzulegen und im Entschädigungsfall die Gläubiger eines ihnen zugeordneten Instituts für nicht zurückgezahlte Einlagen oder nicht erfüllte Verbindlichkeiten aus Wertpapiergeschäften zu entschädigen.[310]

Gemäß § 7 Abs. 1 S. 1 EAG wird das Bundesministerium der Finanzen (BMF) ermächtigt, Aufgaben und Befugnisse einer Entschädigungseinrichtung durch Rechtsverordnung einer juristischen Person des Privatrechts zuzuordnen, wenn diese bereit ist, die Aufgaben der Entschädigungseinrichtung zu übernehmen und hinreichend Gewähr für die Erfüllung der Ansprüche der Entschädigungsberechtigten bietet. Diese Möglichkeit trägt den bereits bestehenden Sicherungseinrichtungen Rechnung, die insbesondere mangels verpflichtender Mitgliedschaft nicht die Voraussetzungen der Einlagen- und Anlegerentschädigungsrichtlinie erfüllen, aber als zusätzliche Entschädigungseinrichtungen neben den verpflichtenden Einrichtungen, durch die nach den Richtlinien nur eine Mindestsicherung erfolgen soll, fortbestehen dürfen.[311] Innerhalb der bestehenden Strukturen wird die Möglichkeit geschaffen, im Wege der Beleihung auch die gesetzlich zu gewährleistende Entschädigung sicherzustellen. Von dieser Möglichkeit hat sowohl der Bundesverband deutscher Banken e. V. als auch der Bundesverband Öffentlicher Banken e. V. Gebrauch gemacht. So übernehmen die Entschädigungseinrichtung deutscher Banken GmbH und die Entschädigungseinrichtung des Bundesverbandes Öffentlicher Banken Deutschlands GmbH als jeweils hundertprozentige Tochtergesellschaften die gesetzlich

308) § 1 Abs. 1 EAG; *Fischer,* in: Boos/Fischer/Schulte-Mattler, KWG, § 23 a Rn. 2; *Sethe,* ZBB 1998, 305 (319 f.).

309) § 6 Abs. 1 S. 3 EAG.

310) § 6 Abs. 3 EAG.

311) *Sethe,* ZBB 1998, 305 (318 f.); *Steuer,* WM 1998, 2449 (2452).

vorgeschriebene Sicherung der Einlagen und Verbindlichkeiten aus Wertpapiergeschäften der ihnen verpflichtend zugeordneten Institute.[312]

Die für die Durchführung der Entschädigung durch die Institute zu erbringenden Beiträge werden durch das BMF durch Rechtsverordnung festgelegt.[313] Soweit zur Durchführung des Entschädigungsverfahrens erforderlich, hat die Entschädigungseinrichtung Sonderbeiträge zu erheben und Kredite aufzunehmen.[314] Für die Entschädigungsansprüche haftet die Entschädigungseinrichtung nur mit dem sich aus den Beitragszahlungen abzüglich etwaiger Kosten ergebenden Vermögen.[315] Entsprechend der nach den Richtlinien gegebenen Option kann ein Institut, das gegen die Beitrags- oder Mitwirkungspflichten nach § 8 bzw. § 9 EAG verstößt, gemäß § 11 Abs. 1 S. 1-3 EAG im Rahmen eines Ausschlussverfahrens von der Sicherungseinrichtung ausgeschlossen werden.[316] Gemäß § 35 Abs. 1 S. 2 KWG, der durch das Gesetz zur Umsetzung der EG-Einlagensicherungsrichtlinie und der EG-Anlegerentschädigungsrichtlinie angefügt wurde, erlischt mit dem Ausschluss die Zulassung als Kreditinstitut oder Finanzdienstleistungsinstitut.

Der Gläubiger eines Kreditinstituts hat im Entschädigungsfall gegen die Entschädigungseinrichtung einen gerichtlich durchsetzbaren Anspruch, der sich grundsätzlich nach Höhe und Umfang seiner Einlagen sowie der ihm gegenüber bestehenden Verbindlichkeiten aus Wertpapiergeschäften richtet.[317] Der Entschädigungsanspruch ist entsprechend den Mindestvorgaben der Richtlinien auf 90 % der Einlagen bzw. 90 % der Verbindlichkeiten aus Wertpapiergeschäften und den Gegenwert von jeweils 20.000 Euro begrenzt.[318] Ein Gläubiger, dem sowohl Einlagen als auch Verbindlichkeiten aus Wertpapiergeschäften gegenüber einem zahlungsunfähigen Institut zustehen, hat damit unabhängig von der Zahl der Konten, der Währung und

312) Verordnung über die Zuweisung von Aufgaben und Befugnissen einer Entschädigungseinrichtung an die Entschädigungseinrichtung deutscher Banken GmbH v. 24.08.1998, BGBl. I 1998, 2391 sowie Verordnung über die Zuweisung von Aufgaben und Befugnissen einer Entschädigungseinrichtung an die Entschädigungseinrichtung des Bundesverbandes Öffentlicher Banken Deutschlands GmbH v. 24.08.1998, BGBl. I 1998, 2390.

313) § 8 Abs. 1 S. 1, Abs. 3 S. 1 EAG.

314) § 8 Abs. 2 S. 3 EAG.

315) § 8 Abs. 5 S. 1 EAG.

316) Vgl. zum Verfahren im Einzelnen *Sethe,* ZBB 1998, 305 (320 f.), der die Umsetzung der Richtlinien insoweit für nicht vollständig erachtet.

317) § 3 Abs. 1, 4 i. V. m. § 4 Abs. 1 S. 1 EAG.

318) § 4 Abs. 2 S. 1 EAG.

dem Ort, an dem die Konten geführt oder die Finanzinstrumente verwahrt werden, einen maximalen Entschädigungsanspruch von insgesamt 40.000 Euro.[319] Gläubiger im Sinne des Gesetzes ist der wirtschaftlich Berechtigte.[320] Bei Gemeinschaftskonten ist der jeweilige Anteil, bei Fehlen besonderer Bestimmungen, paritätisch, anzurechnen.[321] Gegenüber Einlagenkreditinstituten bestehende Verbindlichkeiten aus Wertpapiergeschäften, die sich auf die Verpflichtung des Instituts beziehen, den Kunden Besitz oder Eigentum an Geldern zu verschaffen, gelten entsprechend der von den Mitgliedstaaten vorzunehmenden Zuordnung als Einlagen.[322]

Die Entschädigungseinrichtung hat die Gläubiger unverzüglich über den Eintritt des Entschädigungsfalls und die einjährige Ausschlussfrist für die Anmeldung eines Entschädigungsanspruchs zu unterrichten.[323] Nach Ablauf der Frist ist der Entschädigungsanspruch ausgeschlossen, es sei denn, das Fristversäumnis ist vom Gläubiger nicht zu vertreten.[324] Die Entschädigungseinrichtung hat geeignete Maßnahmen zu ergreifen, um die Gläubiger innerhalb von drei Monaten nach Eintritt des Entschädigungsfalls zu entschädigen.[325] Davon ist die Pflicht zu unterscheiden, grundsätzlich innerhalb von drei Monaten nach Feststellung von Anspruchsberechtigung und Höhe, den Anspruch zu erfüllen.[326] Mit Erfüllung des Entschädigungsanspruchs gehen die Ansprüche auf die Entschädigungseinrichtung über.[327] Der Anspruch verjährt innerhalb von fünf Jahren ab Feststellung des Sicherungsfalls durch die Bundesanstalt für Finanzdienstleistungsaufsicht (BaFin).[328]

319) § 4 Abs. 4 EAG; *Fischer,* in: Schimansky/Bunte/Lwowski, Bankrechts-Handbuch, § 133 Rn. 42; *Kleinert,* Einlagensicherungssysteme, S. 227; *Steuer,* WM 1998, 2449 (2453).

320) § 3 Abs. 2 S. 2, § 4 Abs. 6 EAG; *Sethe,* ZBB 1998, 305 (324).

321) § 4 Abs. 5 EAG.

322) § 4 Abs. 2 S. 2 EAG.

323) § 5 Abs. 2 S. 1 1. Halbs. i. V. m. Abs. 3 S. 1 EAG.

324) § 5 Abs. 3 S. 2 EAG.

325) § 5 Abs. 2 S. 1 2. Halbs. EAG.

326) § 5 Abs. 4 S. 1 EAG; *Sethe,* ZBB 1998, 305 (326).

327) § 5 Abs. 5 EAG.

328) § 3 Abs. 3 EAG; *Sethe,* ZBB 1998, 305 (326 f.). Die BaFin wurde am 01.05.2002 durch das Gesetz über die integrierte Finanzdienstleistungsaufsicht (FinDAG) vom 22.04.2002 (BGBl. I S. 1310) durch Zusammenlegung der ehemaligen Bundesaufsichtsämter für das Kreditwesen (BAKred), für das Versicherungswesen (BAV) und für den Wertpapierhandel (BAWe) errichtet.

Nach § 16 EAG unterliegen Entschädigungseinrichtungen sowie institutssichernde Einrichtungen nicht den Vorschriften des Versicherungsaufsichtsgesetzes. Eine Ausnahme von der Versicherungssteuer wurde dagegen – auch im Gegensatz zur Körperschaftssteuer sowie zur Gewerbesteuer[329] – nicht normiert. Ob die Entschädigungseinrichtungen dementsprechend versicherungssteuerpflichtig sind, ist auf Grund des umstrittenen Versicherungsbegriffs fraglich.[330] In der Praxis wurden den Entschädigungseinrichtungen trotz unterbliebener Normierung in dem die Ausnahmen von der Versicherungssteuer regelnden § 4 Versicherungssteuergesetz (VersStG) keine entsprechenden Steuerpflichten auferlegt.[331]

Das Einlagensicherungs- und Anlegerentschädigungsgesetz beinhaltet darüber hinaus Regelungen in Bezug auf Zweigniederlassungen von Unternehmen mit Sitz in einem anderen Staat des Europäischen Wirtschaftsraums.[332] In § 23 a KWG sind die Informationspflichten gegenüber den Kunden, die nicht Institute sind, geregelt.[333] Die Option, das Betreiben von Werbung mit der Entschädigungseinrichtung zu reglementieren, wurde nicht wahrgenommen.[334]

Der Gesetzgeber hat schließlich von der in Art. 3 Abs. 1 S. 3 der EG-Einlagensicherungsrichtlinie bzw. Art. 2 Abs. 1 S. 3 der EG-Anlegerentschädigungsrichtlinie eröffneten Möglichkeit, unter bestimmten Voraussetzungen Kreditinstitute gänzlich von der Pflichtzugehörigkeit zu einer Entschädigungseinrichtung auszunehmen, Gebrauch gemacht. § 12 EAG normiert für Sparkassen und Landesbanken/Girozentralen sowie Volksbanken- und Raiffeisenbanken folgende Ausnahme:

»(1) Institute im Sinne des § 1 Abs. 1 Nr. 1, die den Sicherungseinrichtungen der regionalen Sparkassen- und Giroverbände oder der Sicherungs-

329) § 5 Abs. 1 Nr. 16 Körperschaftssteuergesetz und § 3 Nr. 21 Gewerbesteuergesetz wurden durch Art. 5 bzw. 6 des Gesetzes zur Umsetzung der EG-Einlagensicherungsrichtlinie und der EG-Anlegerentschädigungsrichtlinie ergänzt.

330) *Sethe,* ZBB 1998, 305 (328 f.). Zum Versicherungsbegriff vgl. insbesondere *Vogelsang,* Einlagensicherungsfonds des BdB, S. 43 ff.; *Dreher,* Die Versicherung als Rechtsprodukt, S. 31 ff.; *Fahr/Kaulbach/Bähr,* Versicherungsaufsichtsgesetz, § 1 Rn. 3 ff.

331) Auskunft des Bundesverbandes deutscher Banken e. V. vom 05.04.05 und des Bundesverbandes Öffentlicher Banken e. V. vom 14.04.05.

332) § 13 EAG.

333) Siehe dazu 3. Teil B. I. 2. c).

334) Ob § 23 a Abs. 1 KWG bzw. die Regelungen des Gesetzes gegen den unlauteren Wettbewerb (UWG) insoweit ausreichen ist fraglich. Vgl. hierzu *Sethe,* ZBB 1998, 305 (327 f.).

einrichtung des Bundesverbandes der Deutschen Volksbanken- und Raiffeisenbanken angeschlossen sind, sind keiner Entschädigungseinrichtung zugeordnet, solange diese Sicherungseinrichtungen auf Grund ihrer Satzungen die angeschlossenen Institute selbst schützen, insbesondere deren Liquidität und Solvenz gewährleisten, und über die dazu erforderlichen Mittel verfügen (institutssichernde Einrichtungen).

(2) Die institutssichernden Einrichtungen unterliegen unbeschadet der bestehenden Aufsicht anderer staatlicher Stellen hinsichtlich der Anforderungen nach Absatz 1 der Aufsicht und Prüfung durch die Bundesanstalt; § 7 Abs. 3 Satz 4 und § 10 gelten entsprechend. Die institutssichernden Einrichtungen sind verpflichtet, der Bundesanstalt Änderungen ihrer Satzungen anzuzeigen. Die Bundesanstalt unterrichtet das Bundesministerium der Finanzen, wenn Tatsachen die Annahme rechtfertigen, daß eine institutssichernde Einrichtung die Anforderungen nach Absatz 1 nicht erfüllt. Das Bundesministerium der Finanzen kann nach Anhörung der betroffenen institutssichernden Einrichtung die Feststellung treffen, daß die Anforderungen nach Absatz 1 nicht erfüllt sind.«

Gemäß den Richtlinien, nach denen eine Befreiung von der Mitgliedschaft in einem Einlagensicherungs- bzw. Anlegerentschädigungssystem nur dann erfolgen darf, wenn das Institutssicherungssystem bereits im Zeitpunkt der Annahme der Einlagensicherungsrichtlinie bestanden hat, sind nur die Institute, die den Sicherungseinrichtungen der regionalen Sparkassen- und Giroverbände oder der Sicherungseinrichtung des Bundesverbandes der Deutschen Volksbanken- und Raiffeisenbanken angeschlossen sind, von der Mitgliedschaft in einer Entschädigungseinrichtung ausgenommen worden. Dabei werden unter Institute, die den Sicherungseinrichtungen der regionalen Sparkassen- und Giroverbände angeschlossen sind, nicht nur die Sparkassen, sondern auch die Landesbanken/Girozentralen und die Landesbausparkassen gefasst. Dies lässt sich dahingehend rechtfertigen, dass sowohl die Sicherungsreserve der Landesbanken und Girozentralen als auch der Sicherungsfonds der Landesbausparkassen nach ihrem in den Satzungen definierten Zweck institutssichernde Einrichtungen darstellen und über den Haftungsverbund mit den regionalen Sparkassen- und Giroverbänden verbunden sind. Anzumerken ist allerdings, dass sich die Sicherungsreserve der Landesbanken und Girozentralen und der Sicherungsfonds der Landesbausparkassen im Zeitpunkt der Annahme der Richtlinie lediglich als

»Zusatzsicherung für die Einlagen von Nichtbanken-Kunden« gestalteten.[335] Unter Hinweis auf diesen Satzungszweck und den nur als »Finanzierungsoption« ausgestalteten Haftungsverbund wurde im Gesetzgebungsverfahren seitens der Bundesregierung eine Erweiterung des deutschen Umsetzungsgesetzes um die Formulierung »oder des Deutschen Sparkassen- und Giroverbandes« abgelehnt und damit der Sicherungsreserve der Landesbanken und Girozentralen sowie dem Sicherungsfonds der Landesbausparkassen die Anerkennung als eigenständige institutssichernde Einrichtung versagt.[336] Hingegen wurde seitens des BMF eine nachträgliche Satzungsänderung dahingehend, dass ein institutssichernder Satzungszweck festgeschrieben und der Haftungsverbund mit den regionalen Sparkassen- und Giroverbänden enger gefasst wird, als ausreichend erachtet, um auch die Landesbanken/Girozentralen und die Landesbausparkassen von der Pflichtzugehörigkeit zu einer Entschädigungseinrichtung gemäß § 12 Abs. 1 EAG zu befreien.[337]

Normierte Voraussetzung für die Befreiung von der Pflichtzugehörigkeit zu einer Entschädigungseinrichtung ist, dass die an dessen Stelle tretende institutssichernde Einrichtung auf die Sicherung der ihr angeschlossenen Institute in Form der Gewährleistung von Liquidität und Solvenz ausgerichtet ist und über die dazu erforderlichen Mittel verfügt. Der Gesetzgeber hält sich insoweit eng an den Wortlaut der Richtlinien, ohne diesen näher zu konkretisieren. Die Bewertung der institutssichernden Einrichtungen wird vielmehr in einem gestuften Verfahren der BaFin und dem BMF übertragen. Der BaFin stehen gemäß 7 Abs. 3 S. 4 EAG in Verbindung mit § 44 Abs. 1 KWG jederzeit umfassende Auskunfts- und Prüfungsrechte zu. Nach § 10 Abs. 1 S. 1 EAG, der entsprechend Anwendung findet, haben die institutssichernden Einrichtungen nach Ablauf eines Kalenderjahres zudem einen detaillierten Geschäftsbericht aufzustellen und einen unabhängigen Wirtschaftsprüfer oder eine unabhängige Wirtschaftsprüfungsgesellschaft mit der Prüfung der Vollständigkeit des Geschäftsberichts und der Richtigkeit der Angaben zu beauftragen. Der festgestellte Geschäftsbericht sowie der Prüfbericht sind der BaFin sowie der Deutschen Bundesbank

335) Eine zusammenfassende Darstellung der Satzungen in diesem Zeitpunkt findet sich bei *Kleinert,* Einlagensicherungssysteme, S. 156 ff.

336) Gegenäußerung der Bundesregierung zur Stellungnahme des Bundesrates, BT-Drs. 13/10736, S. 8.

337) *Kleinert,* Einlagensicherungssysteme, S. 231, m. w. N.

einzureichen.[338] Erfüllt eine institutssichernde Einrichtung nach Ansicht der BaFin die gesetzlichen Anforderungen nicht, ist das BMF zu informieren, dem die letztlich verbindliche Feststellung vorbehalten ist.[339] Im Fall eines negativen Votums wären die der institutssichernden Einrichtung angehörenden Institute nicht länger von der Mitgliedschaft in einer Entschädigungseinrichtung befreit.[340] Die Institute würden einer der gesetzlichen Entschädigungseinrichtungen, im Fall der Sparkassen und Landesbanken/Girozentralen regelmäßig der Entschädigungseinrichtung des Bundesverbandes Öffentlicher Banken GmbH, zugeordnet und wären dieser gegenüber zu Beitragszahlungen verpflichtet.

cc) Notwendigkeit der Modifikation des bisherigen Sicherungssystems

Nach Darstellung insbesondere der Voraussetzungen des § 12 Abs. 1 EAG stellt sich die Frage, ob das bisherige Institutssicherungssystem der Sparkassen-Finanzgruppe den gesetzlichen Vorgaben genügte. Mit Aufnahme der Sicherungseinrichtungen der regionalen Sparkassen- und Giroverbände in den Ausnahmetatbestand ging der Gesetzgeber offensichtlich davon aus, dass zum Zeitpunkt des Erlasses des EAG die bestehende Institutssicherung Liquidität und Solvenz der angeschlossenen Institute gewährleistete und über die dazu erforderlichen Mittel verfügte. Allerdings ist zu unterstellen, dass die damalige Bewertung des Sicherungssystems der Sparkassen-Finanzgruppe in dem Wissen erfolgte, dass die Institute bzw. ihre Kunden bereits durch Anstaltslast und Gewährträgerhaftung umfassend geschützt waren. Zwar ist nach dem Wortlaut des § 12 Abs. 1 EAG hinsichtlich der zu erfüllenden Anforderungen allein auf das jeweilige Institutssicherungssystem abzustellen, die Einbeziehung insbesondere der Anstaltslast ist aber insoweit naheliegend, als diese zum damaligen Zeitpunkt noch unumstößlich mit der öffentlich-rechtlichen Anstalt verbunden schien.

(1) Verbindlichkeit des Sicherungssystems

Nach der bisherigen satzungsmäßigen Ausgestaltung der Sicherungseinrichtungen der Sparkassen-Finanzgruppe stand die Entscheidung über die Durchführung von Stützungsmaßnahmen im Ermessen des Verbandsvorstands des jeweiligen Sparkassen- und Giroverbandes bzw. – im Fall der

338) § 10 Abs. 2 S. 1 u. 2 EAG.
339) § 12 Abs. 2 S. 3 EAG.
340) *Fischer,* in: Boos/Fischer/Schulte-Mattler, KWG, § 23 a Rn. 15.

Notwendigkeit der Stützung einer Landesbank/Girozentrale – der Girozentralleiterkonferenz.[341] Infolgedessen bestand zumindest theoretisch die Möglichkeit, dass Stützungsmaßnahmen versagt blieben. Auch wenn angesichts der Praxis grundsätzlich davon ausgegangen werden konnte, dass die Sparkassen-Finanzgruppe zur Vermeidung einer negativen Öffentlichkeitswirkung ihre Institute im Krisenfall stützte,[342] war auf Grund der »moral hazard«-Problematik die Verweigerung einer Institutsstützung nicht auszuschließen. Der aus dem Versicherungswesen stammende Begriff des »moral hazard« bezeichnet den Umstand, dass das Wissen um eine Schadensregulierung durch eine Versicherung im Versicherungsfall zu einer erhöhten Risikobereitschaft oder zumindest einem weniger sorgfältigen Verhalten der Versicherten führt.[343] Können die Institute dementsprechend faktisch auf eine Stützung durch die institutssichernden Einrichtungen vertrauen, ist eine Steigerung ihres Risikoverhaltens bis zur missbräuchlichen Ausnutzung der Sicherungseinrichtungen nicht auszuschließen.[344] Um diesen Effekt zu vermeiden, war die Sparkassen-Finanzgruppe gehalten, in Fällen besonders risikoorientierter Geschäftspolitik die Stützung eines Instituts zu verweigern.[345]

Fraglich ist jedoch, ob eine Ausgestaltung der Institutssicherung als diskretionäre, d. h. im Ermessen des jeweiligen Gremiums stehende Entscheidung, den Anforderungen des EAG genügt. § 12 Abs. 1 EAG setzt wie oben dargestellt voraus, dass die Sicherungseinrichtungen der Sparkassen- und Giroverbände »auf Grund ihrer Satzungen die angeschlossenen Institute selbst schützen, insbesondere deren Liquidität und Solvenz gewährleisten, und über die dazu erforderlichen Mittel verfügen«. Im Gegensatz zu den Entschädigungseinrichtungen, die eine zumindest teilweise Befriedigung der Ein- bzw. Anleger im Fall der Insolvenz eines Kreditinstituts gewährleisten, müssen die institutssichernden Einrichtungen der Sparkassen- und Giroverbände demnach auf die Aufrechterhaltung der Zahlungsfähigkeit der

341) Siehe dazu 2. Teil A. II. 1. a), c).

342) Siehe dazu 2. Teil B.

343) *Schöner,* Einlagensicherung und Wettbewerb, S. 34 f.; *Kleinert,* Einlagensicherungssysteme, S. 48; *Zimmermann/Barbrock,* in: Gehrig, Banken und Bankrecht im Wandel, S. 261 (278).

344) Vgl. in Bezug auf die freiwillige Sicherungseinrichtung des Bundesverbandes deutscher Banken e. V. (BdB): *Keller,* Einlagensicherung durch den Garantieverbund, S. 156.

345) Zu anderweitigen Möglichkeiten der »moral-hazard«-Problematik zu begegnen siehe 2. Teil C. III. 3. b) sowie 3. Teil B. IV. 2.

Institute ausgerichtet sein. In Umsetzung dieser Zielvorgabe sind ausreichende Mittel vorzuhalten, d. h. die Sicherungseinrichtungen müssen quantitativ in der Lage sein, den notwendigen Sanierungsbetrag aufzubringen. Weitere Vorgaben hinsichtlich der konkreten Ausgestaltung der Sicherungseinrichtungen bestehen jedoch nicht. Ob die Institutssicherung durch die Sparkassen- und Giroverbände dementsprechend als objektive Rechtspflicht ausnahmslos in jedem Stützungsfall zu erfolgen hat bzw. ob den Instituten gegenüber den Sicherungseinrichtungen ein subjektiver Anspruch auf Stützung zustehen muss, ist dem Wortlaut des § 12 Abs. 1 EAG nicht zu entnehmen.

Eröffnet das auf der Umsetzung von europäischen Richtlinien basierende nationale Recht Auslegungsspielräume, entspricht es dem Gebot der richtlinienkonformen Interpretation, mit den Vorgaben der Richtlinien unvereinbare Interpretationsergebnisse auszuschließen.[346] Insoweit stellt sich die Frage, ob nach den dem EAG zu Grunde liegenden Richtlinien die von der Mitgliedschaft in einem Einlagensicherungs- bzw. Anlegerentschädigungssystem befreienden Institutssicherungssysteme objektiv oder subjektiv verpflichtend sein müssen.

Der Wortlaut der EG-Einlagensicherungsrichtlinie und der des nationalen Umsetzungsrechts entsprechen sich inhaltlich hinsichtlich der Sicherung der Institute und der Gewährleistung von Liquidität und Solvenz. Über den Wortlaut des § 12 Abs. 1 EAG hinausgehend setzt Art. 3 Abs. 1 S. 3 der Richtlinie jedoch voraus, dass durch die Institutssicherung *»den Einlegern in einem Einlagensicherungssystem zumindest gleichwertiger Schutz geboten wird«*. Art. 2 Abs. 1 S. 3 EG-Anlegerentschädigungsrichtlinie verlangt unter Bezugnahme auf die Einlagensicherungsrichtlinie, dass *»ein Schutz gewährt wird, der dem von einem Anlegerentschädigungssystem gebotenen Schutz zumindest gleichwertig ist.«* Fraglich ist, ob diese Voraussetzung eine zusätzliche Anforderung an die Institutssicherung stellt oder ob der Institutssicherung der den Ein- bzw. Anlegern durch ein Einlagensicherungs- bzw. Anlegerentschädigungssystem vermittelte Schutz immanent ist.

Grundsätzlich bewirkt die Institutssicherung neben der primären Sicherung der Institute einen vollumfänglichen Schutz der Einleger. Wird die Zahlungsfähigkeit des Kreditinstituts aufrechterhalten, können die Gläubiger die ihnen zustehenden Forderungen weiterhin in voller Höhe durchsetzen.

---

346) *Nettesheim*, in: Grabitz/Hilf, Recht der EU, Art. 249 Rn. 153; *Streinz*, Europarecht, Rn. 456; *Zuleeg*, VVDStRL 53 (1994), 154 (165 f.).

Insofern sind sie im Vergleich zu den Gläubigern eines Instituts, das einem Einlagensicherungs- bzw. Anlegerentschädigungssystem angeschlossen ist, besser gestellt. Wird jedoch im Rahmen der Institutssicherung von der Sanierung eines Instituts abgesehen, entfällt auch der mittelbare Schutz der Gläubiger. Diese können ihre Ansprüche nur noch im Rahmen des Insolvenzverfahrens anmelden und eine quotenmäßige Befriedigung erlangen. Die Kunden eines einem Institutssicherungssystem angeschlossenen Kreditinstituts sind folglich nur dann »gleichwertig« bzw. besser als die eines einem Einlagensicherungs- bzw. Anlegerentschädigungssystems zugehörigen Instituts geschützt, wenn der Institutsschutz objektiv oder subjektiv verbindlich ist.

Allerdings könnte ein den Ein- bzw. Anlegern in einem Einlagensicherungs- bzw. Anlegerentschädigungssystem »zumindest gleichwertiger Schutz« auch dadurch gewährleistet werden, dass den Kunden eines einem Institutssicherungssystem angeschlossenen Kreditinstituts im Fall der Verweigerung von institutsstützenden Leistungen seitens des Sicherungssystems der Schutzstandard gewährt wird, der auch den Kunden eines einem Einlagensicherungs- bzw. Anlegerentschädigungssystem zugeordneten Instituts zusteht. An die Stelle des umfassenden Schutzes der Ein- bzw. Anleger durch Sicherung der Zahlungsfähigkeit des Instituts würde ein in Umfang und Höhe der gesetzlichen Einlagensicherung bzw. der Sicherung der Verbindlichkeiten aus Wertpapiergeschäften entsprechender Anspruch gegen die institutssichernde Einrichtung treten. Die Ein- bzw. Anleger eines einem Institutssicherungssystem angeschlossenen Instituts wären damit auch im Rahmen der ausnahmsweise in Betracht zu ziehenden Versagung der Stützung eines Instituts gleichwertig geschützt.

Diese Auslegung des Wortlauts des Art. 3 Abs. 1 S. 3 EG-Einlagensicherungsrichtlinie bzw. Art. 2 Abs. 1 S. 3 EG-Anlegerentschädigungsrichtlinie trägt Sinn und Zweck der Richtlinien Rechnung. Die EG-Einlagensicherungsrichtlinie und die EG-Anlegerentschädigungsrichtlinie bezwecken neben der Vollendung des Binnenmarktes einen harmonisierten Mindestschutz vornehmlich der privaten Ein- bzw. Anleger und damit einhergehend eine Stärkung des Vertrauens in das Finanzsystem.[347] Bereits die Möglichkeit des vollständigen Ausfalls eines Sicherungssystems liefe der Zielsetzung der Richtlinien entgegen. Andererseits ist es im Sinne der Richtlinien aber auch ausreichend, dass in Bezug auf Einlagen und Verbindlichkeiten

347) Siehe dazu 2. Teil C. II. 3. a) aa).

aus Wertpapiergeschäften ein Mindestschutz von grundsätzlich jeweils 20.000 Euro gewährt wird. Insofern würde eine verpflichtende Institutssicherung zur Sicherung der Ein- bzw. Anleger über die Zielsetzung der Richtlinien hinausgehen.

Fraglich ist, inwieweit sich dieses Ergebnis im Wege der richtlinienkonformen Interpretation auf § 12 Abs. 1 EAG übertragen lässt. Die Pflicht zur richtlinienkonformen Interpretation findet ihre Grenze in der Auslegungsfähigkeit des nationalen Rechts.[348] Der Wortlaut des § 12 Abs. 1 EAG ist, wie oben dargelegt, offen. Auch die weiteren nationalen Auslegungskriterien stehen einer Interpretation des Art. 12 Abs. 1 EAG im Sinne der Art. 3 Abs. 1 S. 3 EG- Einlagensicherungsrichtlinie und Art. 2 Abs. 1 S. 3 EG-Anlegerentschädigungsrichtlinie nicht entgegen. Bei der Umsetzung von Richtlinien in nationales Recht ist vielmehr grundsätzlich davon auszugehen, dass der Gesetzgeber richtlinienkonform umsetzen will.[349] In der konkreten Ausgestaltung intendierte der Gesetzgeber eine Umsetzung der Mindeststandards unter Ausschöpfung der eröffneten Ausnahmemöglichkeiten.[350] Dementsprechend sind nach dem Gebot der richtlinienkonformen Interpretation solche Deutungen auszuschließen, die mit den Inhalten der Richtlinien unvereinbar sind. Mit Art. 3 Abs. 1 S. 3 EG-Einlagensicherungsrichtlinie bzw. Art. 2 Abs. 1 S. 3 EG-Anlegerentschädigungsrichtlinie unvereinbar wäre eine Interpretation des § 12 Abs. 1 EAG dahingehend, dass die institutssichernden Einrichtungen weder objektiv noch subjektiv zur Stützung der ihnen angeschlossenen Institute verpflichtet sind, ohne dass den Ein- bzw. Anlegern bei Verweigerung institutsstützender Leistungen ein ersatzweiser Anspruch gegen die jeweilige Sicherungseinrichtung zusteht. Die Sicherungseinrichtungen müssen demnach in ihren Satzungen entweder eine Rechtspflicht zur Stützung der Institute festschreiben oder den Ein- bzw. Anlegern für den Fall der Verweigerung der Institutsstützung einen Anspruch zuerkennen, der dem Schutzstandard der Einlagensicherungs- bzw. Anlegerentschädigungssysteme entspricht.

---

348) *Streinz,* Europarecht, Rn. 456; *Nettesheim,* in: Grabitz/Hilf, Recht der EU, Art. 249 Rn. 153; *Zuleeg,* VVDStRL 53 (1994), 154 (165 f.).

349) *Di Fabio,* NJW 1990, 947 (953); *Jarass,* EuR 1991, 211 (217); *Lutter,* JZ 1992, 593 (598); *Brechmann,* Die richtlinienkonforme Auslegung, S. 128. Die Frage nach dem Vorrang nationalen Auslegungsrechts kann damit hier dahinstehen (vgl. dazu *Di Fabio,* NJW 1990, 947 ff.; *Jarass,* EuR 1991, 211 ff. sowie allgemein *Brechmann,* Die richtlinienkonforme Auslegung, S. 128 ff.).

350) BR-Drs. 257/98, S. 19.

In ihrer bisherigen Ausgestaltung sahen die Satzungen der Sicherungseinrichtungen der Sparkassen-Finanzgruppe für den Fall der Verweigerung einer Institutsstützung keine anderweitige Entschädigung der Ein- bzw. Anleger der Sparkassen und Landesbanken/Girozentralen vor. Ein Anspruch entsprechend dem der Gläubiger eines einer Entschädigungseinrichtung zugeordneten Instituts konnte den Satzungen auch nicht im Wege der Auslegung entnommen werden. Auf Grund der detaillierten Ausgestaltung der Satzungen in Bezug auf den Zweck und die Aufgabe der Sicherungseinrichtungen sowie den den Verbandsvorständen bzw. der Girozentralleiterkonferenz zustehenden Entscheidungsrahmen bestanden keine Auslegungsspielräume.

Die bislang geltenden Satzungen der Sicherungseinrichtungen der Sparkassen-Finanzgruppe entsprachen damit nicht den Anforderungen des § 12 Abs. 1 EAG. In der Praxis wurde dieser Mangel bis zum 18.07.2005 durch die staatlichen Haftungsinstitute der Anstaltslast und Gewährträgerhaftung kompensiert. Das theoretische Risiko der Insolvenz einer Sparkasse oder Landesbank/Girozentrale im Rahmen des Institutssicherungssystems der Sparkassen-Finanzgruppe war durch die Anstaltslast ausgeschlossen. Eine tatsächliche Benachteiligung der Gläubiger der Sparkassen und Landesbanken/Girozentralen gegenüber denen eines einer Entschädigungseinrichtung zugeordneten Kreditinstituts bestand damit nicht. An der rechtlichen Bewertung des bisherigen Institutssicherungssystems der Sparkassen-Finanzgruppe vermögen die Institute der Anstaltslast und der Gewährträgerhaftung allerdings nichts zu ändern. Nach § 12 Abs. 1 EAG hat der Institutsschutz »auf Grund« der Satzungen der Sicherungseinrichtungen zu erfolgen, d. h. die Satzungen müssen aus sich heraus die Anforderungen des § 12 Abs. 1 EAG erfüllen. In Art. 3 Abs. 1 S. 3 3. Spiegelstrich EG-Einlagensicherungsrichtlinie ist zudem ausdrücklich normiert, dass eine staatliche Sicherung nicht von der Verpflichtung zur Sicherung der Einlagen befreit.[351]

Insgesamt bleibt festzuhalten, dass spätestens seit Ersetzung bzw. Wegfall von Anstaltslast und Gewährträgerhaftung in Hinblick auf die Satzungen der Sicherungseinrichtungen im oben genannten Umfang Änderungsbedarf bestand.

351) *Fischer,* in: Schimansky/Bunte/Lwowski, Bankrechts-Handbuch, § 133 Rn. 31.

(2) Annahme eines Stützungsfalls

Dieses Ergebnis lässt sich auch auf die in den bislang geltenden Satzungen normierten Voraussetzungen für die Annahme eines Stützungsfalls übertragen. Danach lag ein Stützungsfall ausschließlich dann vor, wenn der Sparkasse bzw. der Landesbank/Girozentrale bedingt durch ihre geschäftlichen Verhältnisse ein bestandsgefährdender oder entwicklungsbeeinträchtigender Verlustausweis drohte.[352] Wirtschaftliche Schwierigkeiten auf Grund einer allgemeinen Krise der Kreditwirtschaft vermochten hingegen keinen Stützungsfall zu begründen, so dass entsprechende Fälle aus dem Schutzbereich der Institutssicherung von vornherein ausgeschlossen waren. Den jeweiligen Gremien oblag nur die Einschätzung, ob eine allgemeine Krise der Kreditwirtschaft vorlag und diese die wirtschaftlichen Schwierigkeiten des Kreditinstituts bedingt hatte. War dies der Fall, lag kein Stützungsfall vor.

Wie oben dargestellt ist der Wortlaut des § 12 Abs. 1 EAG in richtlinienkonformer Interpretation dahingehend auszulegen, dass bei einer mangelnden Rechtspflicht zur Institutsstützung ein ersatzweiser Anspruch der Ein- bzw. Anleger bestehen muss. Ob die Versagung der Institutsstützung dabei auf einer Ermessensentscheidung des jeweiligen Gremiums beruht oder in der Satzung festgeschrieben ist, ist ohne Belang. Insofern wäre auch in Hinblick auf diese Ausnahme ein ersatzweiser Anspruch der Ein- bzw. Anleger in Umfang und Höhe der gesetzlichen Entschädigungseinrichtungen zu normieren gewesen.

(3) Finanzielle Ausstattung

Weiterhin ist fraglich, ob die bisherige finanzielle Ausstattung der Sicherungseinrichtungen ausreichend war. Gemäß § 12 Abs. 1 EAG müssen die in Betracht stehenden institutssichernden Einrichtungen über die für die Aufrechterhaltung der Zahlungsfähigkeit der Institute erforderlichen Mittel verfügen. Das Gesamtvolumen der regionalen Sparkassenstützungsfonds sowie der Sicherungsreserve der Landesbanken und Girozentralen betrug nach den bisherigen Satzungen 3 ‰ der Bemessungsgrundlage, die sich aus den Forderungen der Institute an Kunden nach Maßgabe der Bilanzwerte des jeweils letzten Jahres zusammensetzte.[353] Dabei waren solche

352) Siehe dazu 2. Teil A. II. 1. a), b).
353) Siehe dazu 2. Teil A. II. 1. a), c).

Forderungen ausgenommen, denen gemäß § 10 Abs. 1 KWG in Verbindung mit dem Grundsatz I ein Bonitätsgewicht von 0 % beigemessen wurde. Die zu erbringenden Barmittel und Nachschusspflichten konnten anteilig variieren, waren aber insgesamt auf das Gesamtvolumen begrenzt. In Zahlen ausgedrückt entsprach das auf dieser Grundlage berechnete Gesamtvolumen – unter Einschluss des Sicherungsfonds der Landesbausparkassen – einer Summe von ca. 2,7 Mrd. Euro.[354] Dabei betrug das eingezahlte Fondsvolumen der elf regionalen Sparkassenstützungsfonds im Jahr 2003 ca. 0,9 Mrd. Euro, das der Sicherungsreserve der Landesbanken und Girozentralen 0,6 Mrd. Euro und das Fondsvolumen des Sicherungsfonds der Landesbausparkassen wies ein Barvolumen im zweistelligen Mio.-Euro-Bereich auf.

Das Stützungsvolumen im Fall der Hessischen Landesbank Mitte der siebziger Jahre betrug ca. 2,55 Mrd. DM. Die Mittel wurden durch ihre damaligen Gewährträger, das Land Hessen und den Hessischen Sparkassen- und Giroverband, letzterer unter Beteiligung des auf der Grundlage seines besonderen Verfügungsrechts agierenden Deutschen Sparkassen- und Giroverbandes, erbracht.[355] Unter Beachtung des allgemeinen Preisniveauanstiegs zeigt allein dieser Vergleich, dass der bisherige Umfang der Sicherungseinrichtungen der Sparkassen-Finanzgruppe den gesetzlichen Anforderungen nicht genügte.[356] Insbesondere in Hinblick auf die Landesbanken/Girozentralen und die nicht auszuschließende Konstellation von zeitlich eng aufeinander folgenden Stützungsfällen wären die Fondsvolumina aufzustocken gewesen.

b) Wirtschaftliche Auswirkungen

Die positive Beurteilung der Landesbanken/Girozentralen durch die Ratingagenturen wurde bislang einvernehmlich mit den Instituten der Anstaltslast und der Gewährträgerhaftung begründet.[357] Den Sicherungseinrichtungen der Sparkassen-Finanzgruppe wurde trotz maßgeblicher Beteiligung an der Sanierung von Stützungsfällen innerhalb der Sparkassenorganisation

354) *Mußler,* FAZ v. 18.07.2005 (Nr. 164), S. 16.

355) Siehe dazu 2. Teil B.

356) Der Betrag von 2,55 Mrd. DM im Jahr 1976 entspricht unter Berücksichtigung der Inflation einem heutigen Wert von etwa 2,73 Mrd. Euro (berechnet nach dem Preisindex für die Lebenshaltung aller privaten Haushalte im früheren Bundesgebiet [1976-1991] bzw. Verbraucherpreisindex [1991- Dezember 2005]).

357) Siehe dazu 2. Teil A. I. 3.

hingegen kaum Bedeutung beigemessen.[358] Soweit diese nunmehr die Grundlage für hohe Bonitätseinstufungen bilden sollen, sind sie unter Ratingaspekten so zu gestalten, dass eine höchstmögliche Annäherung an den durch die Institute der Anstaltslast und Gewährträgerhaftung vermittelten Schutz bewirkt wird.

An die Stelle der Anstaltslast müsste eine objektive Rechtspflicht zur Stützung der Institute treten. Der mit dem Wissen um eine ausnahmslose Stützung zu befürchtenden Steigerung des Risikoverhaltens (so genannte »moral hazard-Problematik«)[359] müsste durch eine sorgfältige Ausgestaltung des Sicherungssystems begegnet werden.[360] Insbesondere über die Beitragsstruktur kann Einfluss auf das Risikoverhalten der Institute genommen werden. So wäre der bisher praktizierte Einheitsbeitrag zugunsten eines von der Risikoposition eines Instituts abhängigen Beitrags zu ersetzen.[361] Mit einer Koppelung der Beiträge an das jeweilige Insolvenzrisiko würde gleichsam eine verstärkte Kontrolle der Institute durch die Sicherungseinrichtungen einhergehen. Einer finanziellen Überforderung des Institutssicherungssystems könnte durch eine Begrenzung des gleichwohl aufzustockenden Haftungsumfangs begegnet werden. Dadurch würde auch dem Umstand Rechnung getragen, dass im Rahmen der Sicherungseinrichtungen mangels Trägerschaft keine unmittelbare Möglichkeit besteht, ein unrentables Institut aufzulösen.

In Hinblick auf den Wegfall der Gewährträgerhaftung wäre den Gläubigern für den Fall der insolvenzbedingten Auflösung eines Instituts ein unmittelbarer Anspruch gegen die Sicherungseinrichtungen zuzuerkennen. Ein subsidiärer Anspruch der Gläubiger gegen die Sicherungseinrichtungen würde, soweit man von einer objektiven Pflicht zur Institutsstützung weiterhin absähe, gleichsam den Anforderungen des § 12 Abs. 1 EAG entsprechen. In Abweichung von den gesetzlichen Voraussetzungen würde eine Kompensation der Gewährträgerhaftung allerdings bedingen, dass die Ansprüche in voller Höhe befriedigt werden müssten. Dabei ist zu beachten, dass die Finanzkraft der Kommunen und Länder auch nicht durch eine höchstmögliche Aufstockung der Sicherungseinrichtungen erreicht werden

---

358) Siehe dazu 2. Teil A. II. 3. sowie 2. Teil B.

359) Siehe dazu 2. Teil C. II. 3. a) cc) (1).

360) *Burghof/Rudolf,* Bankenaufsicht, S. 47 ff.; *Schöner,* Einlagensicherung und Wettbewerb, S. 35 f.; *Kleinert,* Einlagensicherungssysteme, S. 50.

361) *Burghof/Rudolf,* Bankenaufsicht, S. 48; *Schöner,* Einlagensicherung und Wettbewerb, S. 36.

kann. Demnach ist zwischen den finanziellen Auswirkungen eines sich verschlechternden Ratings und der Belastung der Kreditinstitute durch maximale Beitragszahlungen abzuwägen.

Festzuhalten bleibt, dass die Ersetzung bzw. der Wegfall von Anstaltslast und Gewährträgerhaftung auch durch eine Modifikation des bisherigen Sicherungssystems nicht gänzlich kompensiert werden kann. Durch eine Erhöhung des Schutzstandards der Sicherungseinrichtungen können die wirtschaftlichen Folgen jedoch minimiert werden. Unabdingbar ist eine Aufstockung der zur Verfügung stehenden Sicherungsmittel, deren Höhe sich in Hinblick auf die durch die Institute zu erbringenden Beiträge in einem wirtschaftlich tragbaren Rahmen halten muss. Den Mitgliedsinstituten sowie ihren Gläubigern sollten – begrenzt oder unbegrenzt – rechtsverbindliche Ansprüche zuerkannt werden.

Unabhängig von der Einführung einer Rechtspflicht zur Institutsstützung sollte ein risikoorientiertes Beitragssystem etabliert werden. Auch im Rahmen von diskretionären Entscheidungen sind die Sicherungseinrichtungen in der Regel gehalten, entsprechende Mittel zur Vermeidung einer negativen Öffentlichkeitswirkung bereitzustellen. Insoweit sind zur Förderung einer risikoaversen Geschäftspolitik und zur besseren Kontrolle der Mitgliedsinstitute risikoadäquate Beiträge festzusetzen.

c) Ergebnis

Mit Ersetzung bzw. Wegfall von Anstaltslast und Gewährträgerhaftung ist das bisherige Sicherungssystem der Sparkassen-Finanzgruppe zu modifizieren. Als institutssichernde Einrichtung unterliegt das Sicherungssystem den Anforderungen des § 12 Abs. 1 EAG. Dieser setzt in richtlinienkonformer Interpretation voraus, dass im Rahmen der Institutssicherung entweder eine Rechtspflicht zur Institutsstützung bestehen muss oder den Ein- bzw. Anlegern im Fall der Möglichkeit der Verweigerung von Institutsstützungen ein ersatzweiser Anspruch gegen die Sicherungseinrichtung zuzuerkennen ist. Nach den Satzungen der Sicherungseinrichtungen der Sparkassen-Finanzgruppe beruhte sowohl die Stützung eines Instituts als auch der Überregionale Ausgleich und der Haftungsverbund auf diskretionären, d. h. im Ermessen der jeweiligen Gremien stehenden Entscheidungen. Zudem waren Institute, die sich auf Grund einer allgemeinen Krise der Kreditwirtschaft in wirtschaftlichen Schwierigkeiten befanden, gänzlich von der Institutssicherung ausgeschlossen. Ein ersatzweiser Anspruch der Ein- bzw. Anleger der

Kreditinstitute bestand weder bei Verweigerung der Institutsstützung noch im Fall ihres satzungsmäßigen Ausschlusses.

Darüber hinaus war auch die bisherige finanzielle Ausstattung des Sicherungssystems der Sparkassen-Finanzgruppe mit den gesetzlichen Voraussetzungen nicht vereinbar. Nach § 12 Abs. 1 EAG müssen die institutssichernden Einrichtungen über die für die Sicherung der Institute erforderlichen Mittel verfügen. Die bislang in den Sicherungseinrichtungen vorgehaltenen Mittel sind ohne nebenstehende staatliche Haftung insbesondere in Hinblick auf die Landesbanken/Girozentralen als nicht ausreichend zu erachten.

Auch auf Grund der wirtschaftlichen Auswirkungen der Ersetzung bzw. des Wegfalls von Anstaltslast und Gewährträgerhaftung sind die Sicherungseinrichtungen aufzustocken. Zur Förderung eines risikoaversen Verhaltens und zur besseren Kontrolle der Institute ist ein risikoorientiertes Beitragssystem einzuführen. Ebenfalls im Einklang mit den gesetzlichen Anforderungen ist das Institutssicherungssystem bzw. die ersatzweise Sicherung der Gläubiger verbindlich auszugestalten. Im Übrigen sind die Kreditinstitute gehalten, unabhängig von den Sicherungseinrichtungen Umstrukturierungsmaßnahmen durchzuführen, da allein auf Grundlage eines modifizierten Sicherungssystems die bisherigen Bonitätseinstufungen nicht aufrechterhalten werden können.

3. Teil: Das neue Sicherungssystem der Sparkassen-Finanzgruppe

A. Grundlagen des neuen Sicherungssystems

Das in Reaktion auf die Ersetzung bzw. den Wegfall von Anstaltslast und Gewährträgerhaftung neu gefasste Sicherungssystem der Sparkassen-Finanzgruppe ist am 01.01.2006 in Kraft getreten. Unter Bezugnahme auf das obige Ergebnis zum bisherigen Sicherungssystem lässt sich damit bereits vor Darstellung und Analyse der modifizierten Satzungen feststellen, dass für den Zeitraum vom 19.07.05 bis zum 31.12.05 kein adäquater Schutz der Mitgliedsinstitute bestand. In seinem Aufbau entspricht das neue Sicherungssystem dem bisherigen System. Die einzelnen Sicherungseinrichtungen nebst Überregionalem Ausgleich im Rahmen der Sparkassenstützungsfonds sowie der Haftungsverbund zwischen den Sicherungseinrichtungen bleiben bestehen. Neu eingeführt wurden Grundsätze für eine risikoorientierte Beitragsbemessung und Grundsätze für das Risikomonitoring.

I. Mustersatzung für die Sparkassenstützungsfonds der Regionalverbände

1. Aufgaben der Sparkassenstützungsfonds, Mitglieder, Stützungsfall

Gemäß § 1 der Mustersatzung für die Sparkassenstützungsfonds der Regionalverbände[362] werden entsprechend der bisherigen Mustersatzung bzw. den hierauf basierenden Satzungen der regionalen Sparkassenstützungsfonds zur Sicherung der Mitgliedssparkassen Stützungsfonds als Bestandteil des jeweiligen Verbandsvermögens unterhalten. Die Mittel werden von den Mitgliedssparkassen im Rahmen der Verbandsumlage aufgebracht. In Abweichung zur bisherigen Satzungslage wird die Sicherung der Mitgliedssparkassen dabei ausdrücklich als Institutssicherung gemäß § 12 EAG bezeichnet.

---

362) Beschlossen in der DSGV-Mitgliederversammlung vom 11.12.1975, neu gefasst durch Beschluss der DSGV-Mitgliederversammlung vom 18.12.2003 mit Wirkung zum 01.01.2006, zuletzt geändert durch Beschluss der DSGV-Mitgliederversammlung vom 01.12.2004.

Neu in die Mustersatzung eingefügt wurde eine Definition der Aufgabe und des Schutzzwecks der Sparkassenstützungsfonds. Nach § 2 der Mustersatzung, der in Hinblick auf die Anforderungen des § 12 Abs. 1 EAG noch näher erläutert werden wird,[363] sind neben den Instituten in gewissem Umfang auch Einlagen und Verbindlichkeiten aus Wertpapiergeschäften unmittelbar geschützt.

Ein Stützungsfall liegt nach § 3 Abs. 1 der Mustersatzung bei drohenden oder bestehenden wirtschaftlichen Schwierigkeiten einer Mitgliedssparkasse vor. Die Sparkasse darf aus eigener Kraft nicht in der Lage sein, einen den eigenen Bestand gefährdenden Verlustausweis oder eine Zahlungseinstellung zu vermeiden. In Konkretisierung dieser Voraussetzung nennt Abs. 2 mehrere Regelbeispiele.[364] Die Feststellung eines Stützungsfalls obliegt wie bisher dem Verbandsvorstand, der hierüber nach vorheriger Einschaltung der Prüfungsstelle mit einer Mehrheit von zwei Dritteln seiner Mitglieder entscheidet und darüber hinaus den DSGV zu unterrichten hat.[365]

In § 3 Abs. 4 der Mustersatzung ist zusätzlich geregelt, dass Stützungsmaßnahmen mit dem Abschluss eines Sanierungsvertrags einhergehen müssen. Werden während der Laufzeit eines solchen Vertrags erneut Stützungsmaßnahmen beantragt, liegt satzungsrechtlich ein neuer Stützungsfall vor. Hiervon abweichende vertragliche Vereinbarungen unterliegen bei Inanspruchnahme des Überregionalen Ausgleichs einer Erforderlichkeitskontrolle durch den Gemeinsamen Ausschuss.[366]

2. Präventivmaßnahmen

Im Abschnitt über Präventivmaßnahmen wird die Früherkennung von Risiken als Ziel der Sicherungseinrichtungen der Sparkassen-Finanzgruppe definiert und zuvorderst auf die als Bestandteil der Satzungen ausgewiesenen Grundsätze für das Risikomonitoring verwiesen.[367] Nach § 18 der Mustersatzung ist ein Monitoringausschuss zu bilden. Die Ergebnisse des Risikomonitorings sind gemäß § 4 Abs. 3 der Mustersatzung in Verbindung mit § 11 Abs. 3 der Satzung für den Haftungsverbund zwischen den

363) Siehe dazu 3. Teil B. I. 2.

364) Siehe dazu 3. Teil B. I. 3.

365) § 3 Abs. 3 Mustersatzung für die Sparkassenstützungsfonds der Regionalverbände.

366) Siehe dazu 3. Teil A. II.

367) § 4 Abs. 1 S. 1, Abs. 2 Mustersatzung für die Sparkassenstützungsfonds der Regionalverbände. Zu den Grundsätzen für das Risikomonitoring siehe 3. Teil A. VII.

Sparkassenstützungsfonds, der Sicherungsreserve der Landesbanken und Girozentralen sowie dem Sicherungsfonds der Landesbausparkassen dem Transparenzausschuss zu melden.[368] Parallel hierzu findet mindestens jährlich eine Prüfung der Mitgliedssparkassen durch die Prüfungsstelle des jeweiligen Verbandes statt.[369]

Erstmalig wurden in den Satzungen der Sparkassenstützungsfonds auch allgemeine Sorgfaltspflichten, deren Einhaltung im Rahmen der Abschlussprüfung zu bewerten ist, exemplarisch aufgelistet.[370] Eigenständig normiert ist die Pflicht, den Verband über bestimmte risikorelevante Ereignisse unverzüglich zu unterrichten[371] und auf dessen Verlangen im Rahmen von besonderen Risikolagen umfassend Auskunft zu erteilen[372] sowie Prüfungen zuzulassen.[373] Der Verband ist zudem berechtigt, bei besonderen Ereignissen bei den Trägern der Mitgliedsinstitute, der BaFin, der Deutschen Bundesbank, den Abschlussprüfern der Mitgliedsinstitute und den nach dem KWG oder den Stützungsfondssatzungen tätigen Prüfern alle für ihn als Träger des Sparkassenstützungsfonds bedeutsamen Informationen einzuholen.[374]

Wird eine besondere Risikolage festgestellt, hat der Verbandsvorsteher den Verbandsvorstand oder den Stützungsfondsausschuss[375] zu unterrichten.[376] Diese können eine Sitzung mit den Mitgliedern des Verwaltungsrats und des Vorstands der Mitgliedssparkasse einberufen und die Erarbeitung eines Konzepts zur Neustrukturierung der Mitgliedssparkasse oder die Einleitung zweckdienlicher Maßnahmen verlangen.[377] Zur Abwendung von Stützungsmaßnahmen können sie die Umsetzung personeller oder sachlicher Maßnahmen fordern.[378]

---

368) Siehe dazu 3. Teil A. V.

369) § 5 Mustersatzung für die Sparkassenstützungsfonds der Regionalverbände.

370) § 6 Mustersatzung für die Sparkassenstützungsfonds der Regionalverbände.

371) § 7 Abs. 1 Mustersatzung für die Sparkassenstützungsfonds der Regionalverbände.

372) § 8 Mustersatzung für die Sparkassenstützungsfonds der Regionalverbände.

373) § 9 Mustersatzung für die Sparkassenstützungsfonds der Regionalverbände.

374) § 7 Abs. 2 Mustersatzung für die Sparkassenstützungsfonds der Regionalverbände.

375) Der Stützungsfondsausschuss kann gemäß § 17 der Mustersatzung durch den Verbandsvorstand errichtet werden und sollte mindestens aus dem Vorsitzenden der Verbandsversammlung, dem Verbandsvorsteher und dem Landesobmann bestehen.

376) § 10 S. 1 Mustersatzung für die Sparkassenstützungsfonds der Regionalverbände.

377) § 10 S. 2, 3 Mustersatzung für die Sparkassenstützungsfonds der Regionalverbände.

378) § 10 S. 4 Mustersatzung für die Sparkassenstützungsfonds der Regionalverbände.

3. Abwicklung von Stützungsfällen

Gemäß § 12 Abs. 1 S. 1 der Mustersatzung entscheidet der Verbandsvorstand mit einer Mehrheit von zwei Dritteln seiner Mitglieder über Art und Umfang der durchzuführenden Stützungsmaßnahmen und etwaige Auflagen. Dabei ist Basis aller Stützungsmaßnahmen die Erstellung eines Restrukturierungs- und Sanierungskonzepts, das im Auftrag des Verbandes durch die Mitgliedssparkasse oder einen sachkundigen Dritten erstellt wird.[379] In Abweichung zur bisherigen Satzungslage werden die regelmäßig in Betracht kommenden Stützungsmaßnahmen explizit genannt. Zur Disposition stehen die Zuwendung von Haftungsmitteln, auch in Form verlorener Zuschüsse, die Übernahme von Garantien oder Bürgschaften sowie verzinslicher Schuldversprechen und die Erfüllung gegen die Mitgliedssparkasse gerichteter Ansprüche Dritter gegen Übertragung der Ansprüche auf den Sparkassenstützungsfonds.[380] Die Gewährung verlorener Zuschüsse soll die Ausnahme darstellen und ist detaillierten Vorgaben unterworfen.[381] Zusätzlich ist geregelt, dass das Volumen sämtlicher übernommener Bilanzierungshilfen, d. h. Bürgschaften und/oder Garantien, grundsätzlich nicht mehr als 25 % des Gesamtvolumens des Sparkassenstützungsfonds betragen darf.[382] Als Auflagen kommen die in § 13 Abs. 2 der Mustersatzung genannten Verpflichtungen in Betracht.[383] Zwischen den Beteiligten ist ein Sanierungsvertrag zu schließen, in dem die Stützungsmaßnahmen, die aufzuwendenden Mittel, die Auflagen und die Dauer der Sanierungsphase sowie die Voraussetzungen, unter denen die Sparkasse zur Rückgewähr von Sanierungsmitteln verpflichtet ist, zu regeln sind.[384]

4. Aufbringung der Mittel zum Stützungsfonds

Die Bemessung der von den Mitgliedssparkassen an die Stützungsfonds zu erbringenden Beiträge ist im Vergleich zum bisherigen Beitragssystem grundlegend modifiziert worden. Gemäß § 15 der Mustersatzung wird der

379) § 13 Abs. 1 Mustersatzung für die Sparkassenstützungsfonds der Regionalverbände.

380) § 12 Abs. 1 S. 2 Mustersatzung für die Sparkassenstützungsfonds der Regionalverbände.

381) § 12 Abs. 2 Mustersatzung für die Sparkassenstützungsfonds der Regionalverbände.

382) § 12 Abs. 3 Mustersatzung für die Sparkassenstützungsfonds der Regionalverbände.

383) Siehe dazu 3. Teil C. II.

384) § 14 Mustersatzung für die Sparkassenstützungsfonds der Regionalverbände.

entsprechende Anteil an der Verbandsumlage nach den Grundsätzen für die risikoorientierte Beitragsbemessung der Sicherungseinrichtungen der Sparkassen-Finanzgruppe[385] bestimmt. Das sich hieraus ergebende Gesamtvolumen der Sparkassenstützungsfonds muss mindestens zu einem Drittel aus Barmitteln bestehen und ist in verbleibender Höhe durch eine Nachschusspflicht zu gewährleisten.[386] Die jährliche Auffüllungspflicht der Mitgliedssparkassen beträgt 15 % des Einzahlungs-Solls bis dieses 65 % erreicht hat.[387] Im Übrigen sind bis zu dessen vollständiger Bewirkung jährliche Barzahlungen in Höhe von 7,5 % zu erbringen.[388] Eine besondere Auffüllungspflicht besteht, wenn das Einzahlungs-Soll noch nicht erreicht ist und die im Fonds vorhandenen Barmittel zur Abwicklung eines Stützungsfalls nicht ausreichen.[389]

Übersteigen die für die Stützung eines Instituts notwendigen Aufwendungen die in Höhe des Einzahlungs-Solls aufgebrachten Mittel, greift die Nachschusspflicht.[390] Soweit auch diese Mittel nicht ausreichen und damit das Gesamtvolumen des Sparkassenstützungsfonds erreicht ist, kann der Überregionale Ausgleich angerufen werden.[391] Diese Leistungsreihenfolge im Rahmen der Stützung einer Sparkasse weicht von der bisherigen Ausgestaltung des Verhältnisses zwischen den regionalen Sparkassenstützungsfonds und dem Überregionalen Ausgleich ab. Nach der bisherigen Satzung für den Überregionalen Ausgleich der Sparkassenstützungsfonds tritt ein Überregionaler Ausgleich zwischen den Sparkassenstützungsfonds bereits dann ein, wenn die zur Stützung einer Mitgliedssparkasse notwendigen Aufwendungen den Barmittelanteil des betroffenen Fonds übersteigen.[392]

Stellt die Inanspruchnahme aus der Auffüllungs- oder Nachschusspflicht eine substanzielle Gefährdung einer Mitgliedssparkasse dar, kann diese

385) Siehe dazu 3. Teil A. VI.

386) § 16 Abs. 1 S. 1-3 Mustersatzung für die Sparkassenstützungsfonds der Regionalverbände.

387) § 16 Abs. 2 S. 1 Mustersatzung für die Sparkassenstützungsfonds der Regionalverbände.

388) § 16 Abs. 2 S. 2 Mustersatzung für die Sparkassenstützungsfonds der Regionalverbände.

389) § 16 Abs. 3 Mustersatzung für die Sparkassenstützungsfonds der Regionalverbände.

390) § 16 Abs. 4 S. 1 Mustersatzung für die Sparkassenstützungsfonds der Regionalverbände.

391) § 16 Abs. 4 S. 3 Mustersatzung für die Sparkassenstützungsfonds der Regionalverbände.

392) Siehe dazu 2. Teil A. II. 1. b).

durch den Verbandsvorstand von ihren Pflichten ganz oder teilweise befreit werden.[393] Sind mehrere Sparkassen substanziell gefährdet, kann durch den Verband die vorzeitige Übernahme von Stützungsmaßnahmen im Überregionalen Ausgleich beantragt werden.[394]

5. Sonstige Vorschriften

Im Rahmen der sonstigen Vorschriften ist in Abweichung zu den bisherigen Satzungen für die regionalen Sparkassenstützungsfonds ausdrücklich geregelt, dass den Mitgliedssparkassen kein Rechtsanspruch auf Stützungsmaßnahmen zusteht.[395] Im Übrigen sind die Verschwiegenheitspflicht,[396] die Mitwirkung am Überregionalen Ausgleich und im Haftungsverbund,[397] die Verwaltung der Fondsmittel,[398] der Jahresabschluss und der Geschäftsbericht[399] sowie die Auflösung des Stützungsfonds[400] normiert. Änderungen der Mustersatzung sind von der Mitgliederversammlung des DSGV mit einer Dreiviertelmehrheit der vertretenen Stimmen zu beschließen.[401] Die Voraussetzungen für Änderungen der Satzungen der regionalen Sparkassenstützungsfonds sind in den einzelnen Verbandssatzungen geregelt.

II. Satzung für den Überregionalen Ausgleich der Sparkassenstützungsfonds

Nach § 1 Abs. 2 der Satzung für den Überregionalen Ausgleich der Sparkassenstützungsfonds[402] tritt ein Überregionaler Ausgleich unter den Sparkassenstützungsfonds ein, wenn bei einem regionalen Sparkassen- und Giroverband die für die Regelung eines Stützungsfalls notwendigen

393) § 16 Abs. 5 S. 3 Mustersatzung für die Sparkassenstützungsfonds der Regionalverbände.

394) § 16 Abs. 6 Mustersatzung für die Sparkassenstützungsfonds der Regionalverbände.

395) § 20 Mustersatzung für die Sparkassenstützungsfonds der Regionalverbände.

396) § 19 Mustersatzung für die Sparkassenstützungsfonds der Regionalverbände.

397) § 21 Mustersatzung für die Sparkassenstützungsfonds der Regionalverbände.

398) § 22 Mustersatzung für die Sparkassenstützungsfonds der Regionalverbände.

399) § 23 Mustersatzung für die Sparkassenstützungsfonds der Regionalverbände.

400) § 24 Mustersatzung für die Sparkassenstützungsfonds der Regionalverbände.

401) § 25 Mustersatzung für die Sparkassenstützungsfonds der Regionalverbände.

402) Beschlossen in der DSGV-Mitgliederversammlung vom 11.12.1975, neu gefasst durch Beschluss der DSGV-Mitgliederversammlung vom 18.12.2003 mit Wirkung zum 01.01.2006, zuletzt geändert durch Beschluss der DSGV-Mitgliederversammlung vom 01.12.2004.

Aufwendungen die nach der Mustersatzung für die Sparkassenstützungsfonds einzusetzenden Mittel des regionalen Sparkassenstützungsfonds übersteigen und die Bestimmungen der Mustersatzung für die Sparkassenstützungsfonds eingehalten worden sind. In Entsprechung zu § 16 Abs. 6 der Mustersatzung für die Sparkassenstützungsfonds der Regionalverbände kann der betroffene Regionalverband den Überregionalen Ausgleich auch unmittelbar anrufen und die vorzeitige Übernahme von Stützungsmaßnahmen beantragen, wenn Leistungen aus der Nachschuss- und insbesondere der Auffüllungspflicht bei mehreren Mitgliedssparkassen zu einer substanziellen Gefährdung führen.[403] Unter Bezugnahme auf § 1 Abs. 3 der Satzung für die Sicherungsreserve der Landesbanken und Girozentralen ist zudem bestimmt, dass der Überregionalen Ausgleich dann eintritt, wenn zur Stützung eines im überwiegenden Interesse der Sparkassen tätigen, über einen separaten Fonds an die Sicherungsreserve angeschlossenen Instituts, die in diesem Fonds vorhandenen Mittel nicht ausreichen.[404]

Der Vorstand des DSGV stellt auf der Grundlage eines zustimmenden Beschlusses des Gemeinsamen Ausschusses mit einfacher Mehrheit der vertretenen Stimmen fest, ob die Voraussetzungen für den Überregionalen Ausgleich erfüllt und welche Maßnahmen zu treffen sind.[405] Der Gemeinsame Ausschuss, der aus dem Präsidenten des DSGV, dem Bundesobmann, den Verbandsvorstehern und den Landesobmännern der Regionalverbände besteht, beschließt mit einer Dreiviertelmehrheit der vertretenen Stimmen.[406] Kommt ein zustimmender Beschluss nicht zustande, kann der Vorstand des DSGV mit einer Mehrheit von zwei Dritteln der vertretenen Stimmen den Vorgang einmal zur erneuten Beschlussfassung an den Gemeinsamen Ausschuss zurückverweisen.[407]

Die Mittel aus dem Überregionalen Ausgleich werden aus den Sparkassenstützungsfonds der Regionalverbände aufgebracht und dem beantragenden

403) § 1 Abs. 3 S. 1 Satzung für den Überregionalen Ausgleich der Sparkassenstützungsfonds.

404) § 1 Abs. 4 Satzung für den Überregionalen Ausgleich der Sparkassenstützungsfonds.

405) § 1 Abs. 5 Satzung für den Überregionalen Ausgleich der Sparkassenstützungsfonds.

406) § 2 S. 1, 2 Satzung für den Überregionalen Ausgleich der Sparkassenstützungsfonds.

407) § 1 Abs. 6 Satzung für den Überregionalen Ausgleich der Sparkassenstützungsfonds.

Regionalverband vom DSGV übermittelt.[408] Der auf den einzelnen regionalen Sparkassenstützungsfonds bzw. die einzelne Mitgliedssparkasse entfallende Anteil wird anhand des Einzahlungs-Solls ermittelt.[409] Die Sparkassenstützungsfonds haben entsprechend den Pflichten ihrer Mitgliedssparkassen zunächst Barmittel in Höhe ihres Einzahlungs-Solls und – soweit auch diese nicht zum Ausgleich des Stützungsfalls führen – im Wege der Nachschusspflicht Mittel bis zur Höhe des Gesamtvolumens des Fonds zu erbringen.[410] Sind die Mittel der regionalen Sparkassenstützungsfonds insgesamt erschöpft, tritt der Haftungsverbund nach Maßgabe der Satzung für den Haftungsverbund zwischen den Sparkassenstützungsfonds und der Sicherungsreserve der Landesbanken und Girozentralen sowie dem Sicherungsfonds der Landesbausparkassen ein.[411]

Den beantragenden Sparkassen- und Giroverband treffen umfassende Mitteilungs- und Informationspflichten.[412] Der Vorstand des DSGV kann nach vorheriger Zustimmung des Gemeinsamen Ausschusses die erforderlichen Stützungsmaßnahmen anordnen.[413] Die maßgeblich in Betracht kommenden Maßnahmen stimmen mit denen der Mustersatzung für die Sparkassenstützungsfonds überein, sind jedoch keinen Beschränkungen in Hinblick auf die Gewährung verlorener Zuschüsse und die Übernahme von Bilanzierungshilfen unterworfen.[414] In Hinblick auf eventuelle Auflagen sowie den Abschluss eines Sanierungsvertrags wird ausdrücklich auf die Mustersatzung für die Sparkassenstützungsfonds verwiesen.[415] Ein Rechtsanspruch der Mitgliedssparkassen und der regionalen Sparkassenstützungsfonds auf Stützungsmaßnahmen wird auch im Rahmen der Satzung für den Überregionalen Ausgleich ausdrücklich verneint.[416]

Dem DSGV steht wie bereits nach der bisherigen Satzung für Stützungsfälle innerhalb der Sparkassen-Finanzgruppe ein besonderes Verfügungsrecht

---

408) § 4 Satzung für den Überregionalen Ausgleich der Sparkassenstützungsfonds.

409) § 3 Abs. 2 S. 3, Abs. 3 S. 2 Satzung für den Überregionalen Ausgleich der Sparkassenstützungsfonds.

410) § 3 Abs. 2 S. 1, Abs. 3 S. 1 Satzung für den Überregionalen Ausgleich der Sparkassenstützungsfonds.

411) § 3 Abs. 4 Satzung für den Überregionalen Ausgleich der Sparkassenstützungsfonds.

412) §§ 5, 6 Satzung für den Überregionalen Ausgleich der Sparkassenstützungsfonds.

413) § 7 S. 1 Satzung für den Überregionalen Ausgleich der Sparkassenstützungsfonds.

414) § 7 S. 2 Satzung für den Überregionalen Ausgleich der Sparkassenstützungsfonds.

415) §§ 8, 9 Satzung für den Überregionalen Ausgleich der Sparkassenstützungsfonds.

416) § 10 Satzung für den Überregionalen Ausgleich der Sparkassenstützungsfonds.

über 15 % des Gesamtvolumens der Sparkassenstützungsfonds zu, wenn dies zur Wahrung sparkassenpolitischer Interessen von besonderer Bedeutung ist oder zur Erhaltung des bestehenden gruppenspezifischen Sicherungssystems geboten erscheint.[417] Die Mitgliederversammlung kann zudem nach wie vor mit einer Mehrheit von neun Zehnteln ihrer Mitglieder beschließen, dass entsprechende Mittel auch für Hilfsmaßnahmen außerhalb der Sparkassenorganisation verwendet werden, wenn dies der Förderung des Sparkassenwesens dient und insbesondere zur Vermeidung schwerwiegender Nachteile für die Sparkassenorganisation unumgänglich ist.[418]

Landesbanken und Girozentralen wird im Rahmen der Neufassung der Satzung für den Überregionalen Ausgleich die Möglichkeit eröffnet, sich einem regionalen Sparkassen- und Giroverband anzuschließen, wenn die Mitgliederversammlung des DSGV auf Grund eines mit Vierfünftelmehrheit gefassten Beschlusses zustimmt.[419] In diesem Fall gilt das betreffende Institut als Mitgliedssparkasse im Sinne dieser Satzung und der Mustersatzung für die Sparkassenstützungsfonds der Regionalverbände.[420]

Änderungen der Satzung werden von der Mitgliederversammlung des DSGV mit einer Dreiviertelmehrheit der vertretenen Stimmen beschlossen.[421]

III. Satzung für die Sicherungsreserve der Landesbanken und Girozentralen

1. Aufgabe der Sicherungsreserve, Mitglieder, Stützungsfall

Nach § 1 Abs. 1 der Satzung für die Sicherungsreserve der Landesbanken und Girozentralen[422] stellt die Sicherungsreserve eine institutssichernde

417) § 11 Abs. 1 Satzung für den Überregionalen Ausgleich der Sparkassenstützungsfonds.

418) § 11 Abs. 2 Satzung für den Überregionalen Ausgleich der Sparkassenstützungsfonds.

419) § 13 S. 1 Satzung für den Überregionalen Ausgleich der Sparkassenstützungsfonds.

420) § 13 S. 2 Satzung für den Überregionalen Ausgleich der Sparkassenstützungsfonds.

421) § 16 S. 1 Satzung für den Überregionalen Ausgleich der Sparkassenstützungsfonds.

422) Beschlossen in der DSGV-Mitgliederversammlung vom 11.12.1975, neu gefasst durch Beschluss der DSGV-Mitgliederversammlung vom 18.12.2003 mit Wirkung zum 01.01.2006, zuletzt geändert durch Beschluss der DSGV-Mitgliederversammlung vom 01.12.2004.

Einrichtung dar, die beim DSGV als Bestandteil des Verbandsvermögens eingerichtet ist. Auf § 12 EAG wird – entsprechend der Mustersatzung für die Sparkassenstützungsfonds – ausdrücklich Bezug genommen.

Die Satzung differenziert zwischen den so genannten ordentlichen Mitgliedsinstituten, die in der Satzung enumeriert sind und den angeschlossenen Mitgliedsinstituten, die einzeln oder über einen gesonderten Fonds an die Sicherungsreserve angeschlossen werden.[423] Voraussetzung für einen Anschlussvertrag ist, dass das betreffende Institut der Sparkassen-Finanzgruppe nahe steht und seine Sicherheit gewährleistet ist.[424] Ein Institut, das sich überwiegend im Interesse der Sparkassen betätigt, ist über einen gesonderten Fonds anzuschließen, dessen Mittel mit denen der Sicherungsreserve erst auf der Stufe des Haftungsverbundes zum Ausgleich kommen.[425]

Über die Aufnahme von Mitgliedsinstituten entscheidet nach Zustimmung der ordentlichen Mitgliedsinstitute die Mitgliederversammlung des DSGV mit einer Dreiviertelmehrheit der vertretenen Stimmen.[426] Gemäß § 26 Abs. 1 S. 1 der Satzung der Sicherungsreserve sind Beschlüsse der ordentlichen Mitgliedsinstitute grundsätzlich mit einer Vierfünftelmehrheit der vertretenen Stimmen zu treffen. Jedes ordentliche Mitgliedsinstitut hat eine Grundstimme und erhält pro angefangenem 10 % Anteil am Gesamtvolumen der Sicherungsreserve eine Zusatzstimme.[427] Maßgebend für die Anteilsberechnung ist der Stand am 31. Dezember des Vorjahres.[428] Die Beschlüsse gelten als solche eines Ausschusses des DSGV.[429] Der Präsident des DSGV nimmt mit insgesamt drei Stimmen an der Beschlussfassung teil.[430] Den Vorsitz hat der Vorsitzende der Girozentralleiter-Konferenz.[431]

---

423) § 1 Abs. 1, Abs. 2 S. 1 Satzung für die Sicherungsreserve der Landesbanken und Girozentralen.

424) § 1 Abs. 2 S. 1, 2 Satzung für die Sicherungsreserve der Landesbanken und Girozentralen.

425) § 1 Abs. 3 Satzung für die Sicherungsreserve der Landesbanken und Girozentralen.

426) § 26 Abs. 2 S. 1 Satzung für die Sicherungsreserve der Landesbanken und Girozentralen.

427) § 26 Abs. 1 S. 2, 3 Satzung für die Sicherungsreserve der Landesbanken und Girozentralen.

428) § 26 Abs. 1 S. 4 Satzung für die Sicherungsreserve der Landesbanken und Girozentralen.

429) § 26 Abs. 1 S. 5 Satzung für die Sicherungsreserve der Landesbanken und Girozentralen.

430) § 26 Abs. 1 S. 6 Satzung für die Sicherungsreserve der Landesbanken und Girozentralen.

Die Regelungen über Aufgabe und Schutzzweck der Sicherungsreserve sowie über den Eintritt eines Stützungsfalls sind mit denen der Mustersatzung für die Sparkassenstützungsfonds identisch.[432]

2. Präventivmaßnahmen

Auch die Vorschriften über Präventivmaßnahmen[433] entsprechen im Wesentlichen denen der Mustersatzung für die Sparkassenstützungsfonds. Abweichungen ergeben sich nur insoweit, als dass der Prüfungsstelle des jeweiligen Sparkassenverbandes obliegende Prüfungen durch den entsprechend zu beauftragenden Abschlussprüfer vorzunehmen sind.[434]

3. Abwicklung von Stützungsfällen

Die Entscheidung über Art und Umfang der durchzuführenden Stützungsmaßnahmen und die entsprechenden Auflagen treffen die ordentlichen Mitgliedsinstitute.[435] In Abweichung zur Mustersatzung für die regionalen Sparkassenstützungsfonds und in Übereinstimmung mit der Satzung für den Überregionalen Ausgleich ist die Gewährung verlorener Zuschüsse keinen gesonderten Anforderungen unterworfen. Auch in Bezug auf übernommene Bilanzierungshilfen bestehen keinerlei Beschränkungen. Im Übrigen kann hinsichtlich der weiteren Regelungen zur Abwicklung von Stützungsfällen auf die der Mustersatzung für die Sparkassenstützungsfonds verwiesen werden.

4. Aufbringung der Mittel zur Sicherungsreserve

Die Beiträge zur Sicherungsreserve werden auf der Grundlage der Grundsätze für die risikoorientierte Beitragsbemessung der Sicherungseinrichtungen der Sparkassen-Finanzgruppe berechnet.[436] Der Baranteil am Gesamtvolumen muss mindestens ein Drittel betragen und wird über eine jährliche

431) § 26 Abs. 1 S. 7 Satzung für die Sicherungsreserve der Landesbanken und Girozentralen.
432) §§ 2, 3 Satzung für die Sicherungsreserve der Landesbanken und Girozentralen.
433) §§ 4 ff. Satzung für die Sicherungsreserve der Landesbanken und Girozentralen.
434) §§ 5, 6 Abs. 1 Satzung für die Sicherungsreserve der Landesbanken und Girozentralen.
435) § 12 S. 1 Satzung für die Sicherungsreserve der Landesbanken und Girozentralen.
436) § 15 Satzung für die Sicherungsreserve der Landesbanken und Girozentralen.

Einzahlungs- bzw. besondere Auffüllungspflicht gewährleistet.[437] Führen Leistungen aus der Auffüllungs- oder Nachschusspflicht zu einer substanziellen Gefährdung mehrerer Mitgliedsinstitute, kann unmittelbar beim Haftungsverbund die vorzeitige Übernahme von Stützungsmaßnahmen beantragt werden.[438]

5. Ausscheiden von Mitgliedsinstituten

Das Ausscheiden von Mitgliedsinstituten ist – im Gegensatz zur Mustersatzung für die Sparkassenstützungsfonds – in der Satzung für die Sicherungsreserve ausdrücklich normiert. In § 17 der Satzung ist bestimmt, dass ein Mitgliedsinstitut aus der Sicherungsreserve ausscheidet, wenn seine Mitgliedschaft im DSGV endet, es seine Mitgliedschaft in der Sicherungsreserve kündigt oder es aus der Sicherungsreserve ausgeschlossen wird. Das Verfahren sowie die Folgen des Ausscheidens sind in den §§ 18 und 19 der Satzung detailliert geregelt und werden im Rahmen der Einzelfragen des neuen Sicherungssystems näher erläutert.[439]

6. Sonstige Vorschriften

Die sonstigen Vorschriften[440] entsprechen denen der Mustersatzung für die Sparkassenstützungsfonds und in Hinblick auf das besondere Verfügungsrecht des DSGV[441] denen der Satzung für den Überregionalen Ausgleich der Sparkassenstützungsfonds. Änderungen der Satzung sind von der Mitgliedsversammlung des DSGV auf der Grundlage eines Beschlusses der ordentlichen Mitgliedsinstitute mit einer Dreiviertelmehrheit der vertretenen Stimmen zu beschließen.[442]

---

437) § 16 Abs. 1 S. 2, Abs. 2, 3 Satzung für die Sicherungsreserve der Landesbanken und Girozentralen.

438) § 16 Abs. 6 Satzung für die Sicherungsreserve der Landesbanken und Girozentralen.

439) Siehe dazu 3. Teil C. III. 2.

440) § 20 ff. Satzung für die Sicherungsreserve der Landesbanken und Girozentralen.

441) § 24 Satzung für die Sicherungsreserve der Landesbanken und Girozentralen.

442) § 29 S. 1 Satzung für die Sicherungsreserve der Landesbanken und Girozentralen.

IV. Satzung für den Sicherungsfonds der Landesbausparkassen

Die Vorschriften der Satzung für den Sicherungsfonds der Landesbausparkassen[443] sind mit denen der Satzung für die Sicherungsreserve der Landesbanken und Girozentralen nahezu deckungsgleich. Im Rahmen der Regelung der Mitgliedschaft ist lediglich die Möglichkeit ausgespart, sich einzeln oder über einen gesonderten Fonds der Sicherungseinrichtung anzuschließen. Darüber hinaus bestehen Abweichungen hinsichtlich der Bestimmungen zum Ausscheiden aus der Sicherungseinrichtung. Nach § 17 Abs. 1 der Satzung für den Sicherungsfonds kann die Mitgliedschaft im Sicherungsfonds durch schriftliche Erklärung bis zum 30. Juni eines jeden Kalenderjahres mit Wirkung zum Ende des übernächsten Kalenderjahres gekündigt werden. In § 18 Abs. 1 ist geregelt, dass ein Mitgliedsinstitut aus dem Sicherungsfonds ausgeschlossen werden kann, wenn es die ihm nach der Satzung obliegenden Pflichten erheblich verletzt oder aus der Sparkassen-Finanzgruppe ausscheidet. Weitergehende Verfahrensvorschriften, insbesondere hinsichtlich eines Ausschlusses wegen Verstoßes gegen die satzungsmäßigen Pflichten, wurden im Gegensatz zur Satzung für die Sicherungsreserve nicht getroffen. Der Ausschluss aus der Sparkassen-Finanzgruppe führt zudem nicht auch automatisch zum Ausschluss aus der Sicherungseinrichtung, sondern ist durch die Bausparkassenkonferenz gesondert zu beschließen. Diese fasst Beschlüsse mit einer Dreiviertelmehrheit der vertretenen Stimmen, wobei jedes der Mitgliedsinstitute über eine Stimme verfügt.[444] Schließlich besteht eine Abweichung zur Satzung der Sicherungsreserve der Landesbanken und Girozentralen dahingehend, dass hinsichtlich der Rechtsfolgen eines Ausschlusses eine Regelung in Bezug auf bereits erbrachte Beitragszahlungen getroffen wurde. Die von dem ausscheidenden Mitgliedsinstitut erbrachten Mittel werden nicht zurückgezahlt.[445]

443) Beschlossen in der DSGV-Mitgliederversammlung vom 11.12.1975, neu gefasst durch Beschluss der DSGV-Mitgliederversammlung vom 18.12.2003 mit Wirkung zum 01.01.2006, zuletzt geändert durch Beschluss der DSGV-Mitgliederversammlung vom 01.12.2004.

444) § 24 Satzung für den Sicherungsfonds der Landesbausparkassen.

445) § 17 Abs. 2, § 18 Abs. 2 Satzung für den Sicherungsfonds der Landesbausparkassen.

V. Satzung für den Haftungsverbund zwischen den Sparkassenstützungsfonds und der Sicherungsreserve der Landesbanken und Girozentralen sowie dem Sicherungsfonds der Landesbausparkassen

Nach § 1 Abs. 1 der Satzung für den Haftungsverbund zwischen den Sparkassenstützungsfonds und der Sicherungsreserve der Landesbanken und Girozentralen sowie dem Sicherungsfonds der Landesbausparkassen[446] bilden die Sicherungseinrichtungen der Sparkassen-Finanzgruppe einen Haftungsverbund, in dem die Mittel gegenseitig für Stützungsmaßnahmen eingesetzt werden. Voraussetzung der Inanspruchnahme ist, dass die für die Regelung eines Stützungsfalls notwendigen Aufwendungen die Mittel der beantragenden Sicherungseinrichtung übersteigen.[447] Darüber hinaus ist entsprechend dem Verhältnis von Sparkassenstützungsfonds und Überregionalem Ausgleich bestimmt, dass die vorzeitige Übernahme von Sanierungsleistungen im Haftungsverbund beantragt werden kann, wenn die satzungsmäßige Auffüllungspflicht bei mehreren Mitgliedsinstituten einer Sicherungseinrichtung zu einer substanziellen Gefährdung führt.[448]

Der Vorstand des DSGV setzt die Mittel der anderen Sicherungseinrichtungen im Verhältnis des Gesamtvolumens zueinander für die Stützungsmaßnahme ein.[449] Ob die Voraussetzungen für den Eintritt des Haftungsverbundes erfüllt und welche Maßnahmen zu treffen sind, stellt er mit einfacher Mehrheit der vertretenen Stimmen fest.[450] Dabei ist er an einen zustimmenden Beschluss des Gemeinsamen Ausschusses, der ordentlichen Mitgliedsinstitute der Sicherungsreserve der Landesbanken und Girozentralen und/oder der Bausparkassenkonferenz gebunden.[451] Sofern ein erforderlicher Gremienbeschluss nicht die erforderliche Dreiviertelmehrheit erreicht, kann der Vorstand des DSGV mit einer Mehrheit von zwei Dritteln der vertretenen Stimmen den Vorgang einmal zur erneuten Beschlussfassung an das zuständige Gremium zurückverweisen.[452]

---

446) Beschlossen in der DSGV-Mitgliederversammlung vom 11.12.1975, neu gefasst durch Beschluss der DSGV-Mitgliederversammlung vom 18.12.2003 mit Wirkung zum 01.01.2006, zuletzt geändert durch Beschluss der DSGV-Mitgliederversammlung vom 01.12.2004.

447) § 1 Abs. 2 Satzung für den Haftungsverbund.

448) § 2 Abs. 2 S. 1 Satzung für den Haftungsverbund.

449) § 2 Abs. 1 S. 2 Satzung für den Haftungsverbund.

450) § 2 Abs. 3 S. 1, 2 1. Halbs. Satzung für den Haftungsverbund.

451) § 2 Abs. 3 S. 2 2. Halbs. Satzung für den Haftungsverbund.

452) § 2 Abs. 4 Satzung für den Haftungsverbund.

Die weiteren Vorschriften betreffend Mitteilungs- und Informationspflichten, Sicherungsmaßnahmen, Auflagen, den Abschluss eines Sanierungsvertrags sowie den Ausschluss von Rechtsansprüchen in Bezug auf Mitgliedsinstitute und Sicherungseinrichtungen[453] entsprechen denen der Satzung für den Überregionalen Ausgleich der Sparkassenstützungsfonds.

Gemäß § 11 Abs. 1 S. 1 der Satzung für den Haftungsverbund wird ein Transparenzausschuss eingerichtet, der sich ausschließlich mit der Risikosituation der zum Haftungsverbund zusammengeschlossenen Sicherungseinrichtungen befasst. Diesem gehören jeweils zwei Vertreter der Sparkassenstützungsfonds und der Sicherungsreserve der Landesbanken und Girozentralen sowie jeweils ein Vertreter des Sicherungsfonds der Landesbausparkassen und des DSGV an.[454] Aufgabe des Transparenzausschusses ist es, die Risikosituation zwischen den Sicherungseinrichtungen transparent zu gestalten, die einheitliche Anwendung der Grundsätze für das Risikomonitoring sowie die Aktualität der Konzeption sicherzustellen und Impulse zur Weiterentwicklung des Risikomonitoring zu geben.[455] Nach § 11 Abs. 3 S. 1 ist jede Sicherungseinrichtung verpflichtet, den Transparenzausschuss regelmäßig über ihre Risikosituation zu informieren und angeforderte Informationen und Stellungnahmen zu erteilen. Dazu zählen insbesondere die Verteilung der Mitgliedsinstitute auf die Monitoringstufen, der Stand aktueller Stützungsmaßnahmen sowie die Belegung der Fondsmittel mit Stützungszusagen oder Bürgschaften.[456] Der Transparenzausschuss tagt mindestens zweimal jährlich, auf Antrag einer Sicherungseinrichtung oder wenn die Summe der beschlossenen Stützungsvolumina aller Sicherungseinrichtungen aus den letzten zwölf Monaten ein Drittel des Gesamtvolumens des Haftungsverbundes übersteigt.[457]

Änderungen der Satzung werden von der Mitgliederversammlung des DSGV mit einer Dreiviertelmehrheit der vertretenen Stimmen beschlossen.[458]

---

453) §§ 4 ff. Satzung für den Haftungsverbund.
454) § 11 Abs. 1 S. 2 Satzung für den Haftungsverbund.
455) § 11 Abs. 2 Satzung für den Haftungsverbund.
456) 11 Abs. 3 S. 2 Satzung für den Haftungsverbund.
457) § 11 Abs. 4 S. 1, 6 Satzung für den Haftungsverbund.
458) § 13 S. 1 Satzung für den Haftungsverbund.

VI. Grundsätze der risikoorientierten Beitragsbemessung der Sicherungseinrichtungen der Sparkassen-Finanzgruppe

Die Grundsätze der risikoorientierten Beitragsbemessung der Sicherungseinrichtungen der Sparkassen-Finanzgruppe wurden in der DSGV-Mitgliederversammlung vom 18.12.2003 mit Wirkung zum 01.01.2006 beschlossen.[459] Nach den Grundsätzen, die Bestandteil der Satzungen sind, werden die Beiträge zu den Sicherungseinrichtungen nach dem Risiko der Mitgliedsinstitute differenziert und auf dieser Grundlage ein Gesamtvolumen für jedes Mitgliedsinstitut ermittelt.[460]

Das jeweilige Gesamtvolumen wird durch Multiplikation der Bemessungsgrundlage mit einem Beitragssatz bestimmt.[461] Bemessungsgrundlage ist die Summe anrechnungspflichtiger Positionen des Instituts nach Grundsatz I der Grundsätze über die Eigenmittel und die Liquidität der Institute in der Fassung der Bekanntmachung vom 29.10.1997.[462] Der Betrag ist der Meldung GB 1, Zeile 200, an die BaFin zu entnehmen.[463] Mit Umsetzung der Regelungen des neuen Baseler Kapitalakkords (Basel II) in deutsches Bankenaufsichtsrecht soll die Gesamtposition, die in der so genannten ersten Säule bestimmt wird, an die Stelle der Summe anrechnungspflichtiger Positionen treten.[464]

Der Beitragssatz ergibt sich aus der durch einen Quotienten abgebildeten Risikotragfähigkeit und einem Kalibrierungsfaktor, der der Ausrichtung des Fonds am Umstellungsstichtag dient:[465]

$$Beitragssatz = 0{,}0001 \bullet \left(5 + \frac{1}{RTQ}\right) \bullet Kalibrierungsfaktor$$

Der Risikotragfähigkeitsquotient (RTQ) ist die Summe aus haftendem Eigenkapital und ungebundenen, nicht als haftendes Eigenkapital anerkannten Vorsorgereserven, die durch die Summe der anrechnungsfähigen Positio-

459) Redaktionell bearbeitet zum 01.12.2005.
460) Ziffer I Grundsätze der risikoorientierten Beitragsbemessung.
461) Ziffer II Abs. 1 S. 1 Grundsätze der risikoorientierten Beitragsbemessung.
462) Ziffer II Abs. 2 S. 1 Grundsätze der risikoorientierten Beitragsbemessung.
463) Ziffer II Abs. 2 S. 2 Grundsätze der risikoorientierten Beitragsbemessung.
464) Ziffer II Abs. 2 S. 3 Grundsätze der risikoorientierten Beitragsbemessung.
465) Ziffer II Abs. 3, 4 S. 1, 5 Grundsätze der risikoorientierten Beitragsbemessung.

nen geteilt wird.[466] Dabei ist das haftende Eigenkapital der Meldung GB 1, Zeile 210, an die BaFin zu entnehmen.[467] Die ungebundenen, nicht als haftendes Eigenkapital anerkannten Vorsorgereserven bestimmen sich nach § 340 f HGB bzw. § 26 a KWG a. F.[468]

Unter dem Abschnitt »Einbeziehung von Tochterunternehmen« ist geregelt, dass das Gesamtvolumen eines Tochterinstituts, das nicht Mitglied einer Sicherungseinrichtung ist, zum Gesamtvolumen des Mitgliedsinstituts zu addieren ist, wenn zugunsten des Tochterunternehmens eine harte Patronatserklärung ausgesprochen wurde, ein Ergebnisabführungsvertrag zwischen ihnen besteht oder die Sicherungseinrichtung des Tochterinstituts vom Mitgliedsinstitut von der Haftung freigestellt wurde.[469]

Im Sinne einer verursachungsgerechten Beitragserhebung erfassen die Sicherungseinrichtungen für jedes Mitgliedsinstitut »gedanklich« das Gesamtvolumen und die geleisteten Barmittel.[470] Die erstmalige Zuweisung der Barmittel richtet sich nach dem Anteil des Gesamtvolumens des Mitgliedsinstituts am Gesamtvolumen der Sicherungseinrichtung.[471] In Ausnahmefällen kann eine andere Berechnungsmethode der Zuweisung gewählt werden, soweit dies nicht zu Nachteilen für andere Sicherungseinrichtungen führt.[472]

Die Umstellung von der bisherigen Beitragsbemessung auf die risikoorientierte Beitragsbemessung ab dem 31.12.2005 erfolgt über einen Zeitraum von sechs Jahren, währenddessen das Gesamtvolumen eines Mitgliedsinstituts nach beiden Bemessungssystemen berechnet und anteilig in ein zusammengefasstes Gesamtvolumen eingebracht wird.[473] Während der Anteil des bisherigen Gesamtvolumens stufenweise sinkt, wächst der Anteil des risikoorientierten Gesamtvolumens.[474] Dabei ist zu beachten, dass auch nach Ende der Übergangszeit die Sicherungswirkung von gegen Entgelt

466) Ziffer II Abs. 4 S. 2 Grundsätze der risikoorientierten Beitragsbemessung.

467) Ziffer II Abs. 4 S. 3 Grundsätze der risikoorientierten Beitragsbemessung.

468) Ziffer II Abs. 4 S. 4 Grundsätze der risikoorientierten Beitragsbemessung. § 26 a KWG i. d. F. vom 11.07.1985 ist im Wesentlichen in § 340 f HGB aufgegangen. Nach § 31 Abs. 2 S. 2 EGHGB können nach § 26 a Abs. 1 KWG gebildete Vorsorgen weitergeführt werden.

469) Ziffer III Abs. 1, 2 S. 1 Grundsätze der risikoorientierten Beitragsbemessung.

470) Ziffer IV S. 1-3 Grundsätze der risikoorientierten Beitragsbemessung.

471) Ziffer IV S. 4 Grundsätze der risikoorientierten Beitragsbemessung.

472) Ziffer IV S. 5 Grundsätze der risikoorientierten Beitragsbemessung.

473) Ziffer V Abs. 1 S. 1, 2 Grundsätze der risikoorientierten Beitragsbemessung.

474) Ziffer V Abs. 1 S. 3, 4 Grundsätze der risikoorientierten Beitragsbemessung.

staatlich avalierten Verbindlichkeiten bei der Beitragsbemessung angemessen berücksichtigt werden soll, worüber die jeweiligen Gremien der Sicherungseinrichtungen auf Antrag entscheiden.[475] Wird während des Übergangszeitraums die Notwendigkeit der Stützung eines Mitgliedsinstituts der Sicherungsreserve der Landesbanken und Girozentralen festgestellt, ist gesondert geregelt, dass die Berechnung des Gesamtvolumens für alle Mitgliedsinstitute zu diesem Zeitpunkt vollständig auf die risikoorientierte Beitragsbemessung umzustellen ist.[476]

Das Gesamtvolumen der Sicherungseinrichtungen wird so ausgerichtet, dass das zusammengefasste risikoorientierte Gesamtvolumen aller Sparkassenstützungsfonds und der Sicherungsreserve der Landesbanken und Girozentralen zum Umstellungszeitpunkt 31.12.2005 dem 1,5-fachen des bisherigen Gesamtvolumens entspricht.[477] Zum Zwecke dieser Ausrichtung wird ein Kalibrierungsfaktor berechnet, der einheitlich für die Sicherungseinrichtungen von Sparkassen und Landesbanken/Girozentralen gilt.[478] Auch der Sicherungsfonds der Landesbausparkassen wird mittels eines Kalibrierungsfaktors so ausgerichtet, dass das risikoorientierte Gesamtvolumen zum Umstellungszeitpunkt das 1,5-fache des bisherigen Gesamtvolumens beträgt.[479]

Die Grundsätze der risikoorientierten Beitragsbemessung sollen spätestens im Jahre 2008 überprüft und eventuelle Modifikationen bis zum 31.12.2010 umgesetzt werden.[480] In die Überprüfung sind insbesondere die Auswirkungen der sich durch die Einführung von Basel II ergebenden differenzierteren Risikoabbildung sowie zusätzliche Möglichkeiten der Risikoorientierung einzubeziehen.[481]

---

475) Ziffer V Abs. 1 S. 5, 6 Grundsätze der risikoorientierten Beitragsbemessung.

476) Ziffer V Abs. 2 S. 1 Grundsätze der risikoorientierten Beitragsbemessung.

477) Ziffer V Abs. 3 S. 1 Grundsätze der risikoorientierten Beitragsbemessung.

478) Ziffer V Abs. 3 S. 2, 3 Grundsätze der risikoorientierten Beitragsbemessung.

479) Ziffer V Abs. 3 S. 4 Grundsätze der risikoorientierten Beitragsbemessung.

480) Ziffer VI Abs. 1 S. 1, 2 Grundsätze der risikoorientierten Beitragsbemessung.

481) Ziffer VI Abs. 1 S. 3 Grundsätze der risikoorientierten Beitragsbemessung.

VII. Grundsätze für das Risikomonitoring der Sparkassen-Finanzgruppe

1. Ziel und Anwendungsbereich

Die ebenfalls in der DSGV-Mitgliederversammlung vom 18.12.2003 mit Wirkung zum 01.01.2006 beschlossenen Grundsätze für das Risikomonitoring der Sparkassen-Finanzgruppe[482] beinhalten einheitliche Mindeststandards für die Früherkennung besonderer Risikolagen bei den Mitgliedsinstituten der Sicherungseinrichtungen.[483] Durch die Früherkennung sollen rechtzeitige Interventionsmöglichkeiten gegeben und die Belastungen der Sicherungseinrichtungen im Interesse aller Mitgliedsinstitute gering gehalten werden.[484]

2. Monitoringstufen

Das Risikomonitoring unterscheidet die Monitoringstufen »Grün«, »Gelb« und »Rot«, die in Bezug auf die ihnen im Einzelnen zuzuordnenden Institute bestimmte Informations- und Einwirkungsrechte beinhalten.[485] Die Verpflichtung bei begründeten Hinweisen auf eine besondere Risikolage jederzeit Prüfungen der Sicherungseinrichtungen zuzulassen, bleibt hiervon unberührt.[486]

Die Stufe »Grün« bedeutet, dass es keine Anhaltspunkte für eine erhöhte Risikolage des Instituts gibt.[487] Das Institut ist dementsprechend lediglich verpflichtet, alle Informationen bereitzustellen, die zur Durchführung des Risikomonitoring erforderlich sind und die jeweilige Sicherungseinrichtung unverzüglich über besondere Ereignisse zu unterrichten.[488] In letzterem Fall steht den Sicherungseinrichtungen zusätzlich das Recht zu, sich

482) 1. Überarbeitung (Stand: 01.09.2004).
483) Ziffer I S. 1, 3 Grundsätze für das Risikomonitoring.
484) Ziffer I S. 2 Grundsätze für das Risikomonitoring.
485) Ziffer II Abs. 1 S. 1, 2 Grundsätze für das Risikomonitoring.
486) Ziffer II Abs. 1 S. 3 Grundsätze für das Risikomonitoring i. V. m. § 9 der Satzungen der Sicherungseinrichtungen.
487) Ziffer II Abs. 2 S. 1 Grundsätze für das Risikomonitoring.
488) Ziffer II Abs. 2 S. 2, 3 Grundsätze für das Risikomonitoring i. V. m. § 7 Abs. 1 der Satzungen der Sicherungseinrichtungen.

weitergehend bei anderen Stellen, wie den Trägern oder der BaFin, zu informieren.[489]

Eine Zuordung zur Stufe »Gelb« erfolgt bei Anhaltspunkten für eine erhöhte Risikolage des Instituts.[490] Das Institut wird unter besondere Beobachtung gestellt und hat auf Anforderung über die Ursachen für die erhöhte Risikolage zu berichten.[491] Der entsprechenden Sicherungseinrichtung ist ab dieser Stufe der Risikobericht an die Kontrollorgane gemäß Ziffer 84 und 85 der Mindestanforderungen an das Kreditgeschäft (MaK-Risikobericht) vorzulegen.[492]

Der Stufe »Rot« ist ein Institut zuzuordnen, bei dem konkrete Merkmale für eine besondere Risikolage vorliegen.[493] Das Institut ist verpflichtet, über die Ursachen für die besondere Risikolage zu berichten und alle Informationen bereitzustellen, die zur Aufhellung und Erklärung beitragen.[494] Neben regelmäßigen Berichten zur Entwicklung des Eigenkapitals, der Großkreditobergrenzen oder einzelner Geschäfte sowie der Darstellung der Eigenkapitalplanung kann die Sicherungseinrichtung – soweit das Institut nachhaltig der Monitoringstufe »Rot« zuzurechnen ist – die vollständigen Prüfungsberichte der Abschlussprüfer und, sofern vorhanden, Sonderprüfungsberichte nach § 44 KWG anfordern.[495] Das in § 9 der Satzungen der Sicherungseinrichtungen geregelte Prüfungsrecht bei besonderen Risikolagen ist bei der Monitoringstufe »Rot« stets gegeben.[496] Ferner kann nach § 10 der jeweiligen Satzungen eine Sitzung mit den Mitgliedern des Aufsichtsgremiums und des Vorstands einberufen und die Erarbeitung und Umsetzung eines Konzepts zur Neustrukturierung des Mitgliedsinstituts oder die Einleitung zweckdienlicher Maßnahmen verlangt werden.[497] Zur Abwendung von

---

489) Ziffer II Abs. 2 S. 3 Grundsätze für das Risikomonitoring i. V. m. § 7 Abs. 2 der Satzungen der Sicherungseinrichtungen.

490) Ziffer II Abs. 3 S. 1 Grundsätze für das Risikomonitoring.

491) Ziffer II Abs. 3 S. 2, 3 Grundsätze für das Risikomonitoring.

492) Ziffer II Abs. 3 S. 4 Grundsätze für das Risikomonitoring. In Bezug auf die Mindestanforderungen an das Kreditgeschäft (vgl. Rundschreiben 34/2002 (BA) der BaFin v. 20.12.2002 – I 4 – 44 – 5/2001 –).

493) Ziffer II Abs. 4 S. 1 Grundsätze für das Risikomonitoring.

494) Ziffer II Abs. 4 S. 3, 4 Grundsätze für das Risikomonitoring i. V. m. § 8 der Satzungen der Sicherungseinrichtungen.

495) Ziffer II Abs. 4 S. 5, 6 Grundsätze für das Risikomonitoring.

496) Ziffer II Abs. 4 S. 7 Grundsätze für das Risikomonitoring.

497) Ziffer II Abs. 4 S. 8, 9 Grundsätze für das Risikomonitoring.

Stützungsmaßnahmen kann die Sicherungseinrichtung die Umsetzung personeller oder sachlicher Maßnahmen fordern.[498]

3. Instrumente des Risikomonitorings

Die Zuordnung eines Instituts zu einer Monitoringstufe erfolgt grundsätzlich anhand eines Kennzahlensystems.[499] Unter Bezugnahme auf § 4 Abs. 1 und 2 der Satzungen der Sicherungseinrichtungen sind die Institute verpflichtet, alle erforderlichen Informationen zur Bestimmung der Kennzahlenwerte zur Verfügung zu stellen.[500] Das Kennzahlensystem umfasst die Ertrags- und Risikolagekennziffer, das Gesamtunternehmensurteil, die Gesamtkennziffer nach Grundsatz I und die Liquiditätskennziffer nach dem Liquiditätsgrundsatz.[501] Dabei setzt sich die Ertrags- und Risikolagekennziffer aus der Cost-Income-Ratio, der Risikoaufwandsquote, der Eigenkapitalrentabilität, der Deckungspotenzialquote, der Lasten-Reserven-Relation, den Großkreditgesamtobergrenzen und der Zinsänderungsquote zusammen.

Die Kennzahlen werden in Anlage 1 der Grundsätze für das Risikomonitoring näher definiert.[502] Ein Institut wird insgesamt der Monitoringstufe »Gelb« zugewiesen, wenn mindestens eine der vier übergeordneten Kennzahlen »Gelb« ausgeprägt ist.[503] Eine Zuordung zur Monitoringstufe »Rot« erfolgt, wenn sich mindestens drei Kennzahlen »Gelb« bzw. eine Kennzahl »Rot« darstellen.[504]

Den Kennzahlen sind die Zahlen der Institutsgruppe bzw. des handelsrechtlichen Konsolidierungskreises zu Grunde zu legen.[505] Die Werte des einzelnen Mitgliedsinstituts sind nur heranzuziehen, soweit keine Gruppenmeldung erfolgt.[506] Bei Instituten, deren Gruppenmeldung auch gesondert dem Risikomonitoring unterliegende Institute umfasst, kann der Konsolidierungskreis etwa durch die Einbeziehung von Teilkonzernen verändert werden.[507] Eine Gewichtung der Kennzahlen bei der Verdichtung ist

498) Ziffer II Abs. 4 S. 10 Grundsätze für das Risikomonitoring.
499) Ziffer II Abs. 5 S. 1 Grundsätze für das Risikomonitoring.
500) Ziffer III Abs. 1 S. 2 Grundsätze für das Risikomonitoring.
501) Ziffer III Abs. 1 S. 3 Grundsätze für das Risikomonitoring.
502) Ziffer III Abs. 1 S. 4 Grundsätze für das Risikomonitoring i. V. m. Anlage 1.
503) Ziffer III Abs. 1 S. 7 Grundsätze für das Risikomonitoring.
504) Ziffer III Abs. 1 S. 6 Grundsätze für das Risikomonitoring.
505) Ziffer III Abs. 1 S. 9 Grundsätze für das Risikomonitoring.
506) Ziffer III Abs. 1 S. 10 Grundsätze für das Risikomonitoring.
507) Ziffer III Abs. 1 S. 11 Grundsätze für das Risikomonitoring.

möglich.[508] Schwellenwerte, Erhebungsfrequenz und Gewichtung von Kennzahlen werden auf Vorschlag des jeweiligen Gremiums der Sicherungseinrichtung bzw. – bei Sparkassenstützungsfonds – des Gemeinsamen Ausschusses durch den Vorstand des DSGV mit einfacher Mehrheit, die Abschwächung von Schwellenwerten einstimmig beschlossen.[509] Für alle Sicherungseinrichtungen sind möglichst einheitliche Schwellenwerte anzustreben.[510]

Auf der Grundlage des Risikoberichts des Abschlussprüfers an die Sicherungseinrichtung und des Risikoberichts an die Aufsichtsorgane gemäß Ziffern 84 und 85 der Mindestanforderungen an das Kreditgeschäft (MaK-Risikobericht) kann das beschlussfassende Gremium bzw. der Monitoringausschuss ein Institut auch ausnahmsweise einer höheren Monitoringstufe zuordnen.[511] Bei den Sparkassenstützungsfonds entspricht der Risikobericht des Abschlussprüfers für die Sicherungseinrichtung dem jährlichen Prüfungsbericht des Abschlussprüfers zum Jahresabschluss.[512] In Bezug auf die Sicherungsreserve der Landesbanken und Girozentralen sowie den Sicherungsfonds der Landesbausparkassen hat der Abschlussprüfer des jeweiligen Mitgliedsinstituts einen Bericht auf Grundlage der zusammenfassenden Schlussbemerkung des Prüfungsberichts gemäß § 18 der Prüfungsberichtsverordnung der BaFin (PrüfbV)[513] zu erstellen, wobei besondere Erkenntnisse zur Vermögens-, Ertrags- und Risikolage des Instituts zu berücksichtigen sind.[514] Der vierteljährlich vorzulegende MaK-Risikobericht ist insbesondere in Hinblick auf die Häufung bestimmter Risikoarten bzw. Kreditnehmer und die Übereinstimmung von Kreditrisikostrategie gemäß Textziffern 9-13 der MaK und der tatsächlich eingegangenen Risiken auszuwerten.[515] Bei Instituten, die der Monitoringstufe »Grün« zugeordnet

508) Ziffer III Abs. 1 S. 12 Grundsätze für das Risikomonitoring.

509) Ziffer III Abs. 1 S. 13, 14 Grundsätze für das Risikomonitoring.

510) Ziffer III Abs. 1 S. 15 Grundsätze für das Risikomonitoring.

511) Ziffer II Abs. 5 S. 2 i. V. m. Ziffer III Abs. 2 S. 1 Grundsätze für das Risikomonitoring.

512) Ziffer III Abs. 2 S. 2 Grundsätze für das Risikomonitoring. Zum Jahresabschluss vgl. § 23 Mustersatzung für die Sparkassenstützungsfonds der Regionalverbände.

513) Verordnung über die Prüfung der Jahresabschlüsse und Zwischenabschlüsse der Kreditinstitute und Finanzdienstleistungsinstitute und über die Prüfung nach § 12 Abs. 1 S. 3 des Gesetzes über Kapitalanlagegesellschaften sowie darüber zu erstellende Berichte (Prüfberichtsverordnung – PrüfbV) vom 17.12.1998, BGBl. I, S. 3690.

514) Ziffer III Abs. 2 S. 3, 4 Grundsätze für das Risikomonitoring.

515) Ziffer III Abs. 2 S. 6, 7 Grundsätze für das Risikomonitoring.

sind, kann die jeweilige Sicherungseinrichtung auf die Vorlage des MaK-Risikoberichts verzichten.[516]

In die Bewertung der Risikolage des einzelnen Instituts hat die Sicherungseinrichtung auch Besonderheiten wie zum Beispiel entgeltliche Avalierungen durch die öffentliche Hand einzubeziehen.[517] Als weitere Ergänzung der Informationsbasis befragt der Monitoringausschuss den Leiter der Prüfstelle, ob über das Kennzahlensystem hinaus weitere Erkenntnisse über qualitative risikorelevante Sachverhalte aus der Abschlussprüfung oder aus sonstigen Prüfungen zum Institut vorliegen.[518]

4. Monitoringausschuss

Die Sicherungseinrichtungen der Sparkassen-Finanzgruppe sind gehalten, mindestens drei Mitglieder umfassende und zweimal jährlich tagende Monitoringausschüsse einzurichten.[519] Aufgabe dieser Ausschüsse ist es, die Monitoringergebnisse als Entscheidungsgrundlage für die beschlussfassenden Gremien zu bewerten und auszuarbeiten und vierteljährlich an den Transparenzausschuss zu berichten.[520] Dem Monitoringausschuss können vom beschlussfassenden Gremium Entscheidungsbefugnisse auf den unteren Eskalationsstufen übertragen werden.[521] Wird auf die Einrichtung eines Monitoringausschusses verzichtet, so verbleiben seine Aufgaben beim beschlussfassenden Gremium.[522]

5. Ergänzende Richtlinien

Im Rahmen von ergänzenden Richtlinien für die Sicherungsreserve der Landesbanken und Girozentralen sowie den Sicherungsfonds der Landesbausparkassen sind die Besetzung und die Kompetenzen des Monitoringausschusses, die Beauftragung von Wirtschaftsprüfern und die Handhabung der

516) Ziffer III Abs. 2 S. 8 Grundsätze für das Risikomonitoring.

517) Ziffer II Abs. 5 S. 3 Grundsätze für das Risikomonitoring.

518) Ziffer III Abs. 2 S. 11 Grundsätze für das Risikomonitoring.

519) Ziffer IV S. 1, 3 Grundsätze für das Risikomonitoring.

520) Ziffer IV S. 2, 5 Grundsätze für das Risikomonitoring i. V. m. § 11 Abs. 3 Satzung für den Haftungsverbund.

521) Ziffer IV S. 6 Grundsätze für das Risikomonitoring.

522) Ziffer IV S. 7 Grundsätze für das Risikomonitoring.

Unterlagen, die Verschwiegenheitspflicht sowie die Kosten detailliert geregelt.[523]

B. Analyse des neuen Sicherungssystems

I. Untersuchung der Gesetzeskonformität

Die Anforderungen des Einlagensicherungs- und Anlegerentschädigungsgesetzes in Bezug auf institutssichernde Einrichtungen sind bereits im Rahmen der Einwirkungen des Europarechts auf das bisherige Institutssicherungssystem aufgezeigt worden.[524] Spätestens seit Ersetzung bzw. Wegfall von Anstaltslast und Gewährträgerhaftung ist das bisherige Institutssicherungssystem der Sparkassen-Finanzgruppe in Hinblick auf seine Verbindlichkeit, die Voraussetzungen für die Annahme eines Stützungsfalls und die finanzielle Ausstattung zu modifizieren.[525] Nach Darstellung der Grundlagen des neuen Sicherungssystems ist nunmehr zu prüfen, ob die vorgenommenen Änderungen den gesetzlichen Anforderungen entsprechen und die notwendige Gesetzeskonformität herstellen. Dabei ist zu beachten, dass das auf den Sicherungseinrichtungen der regionalen Sparkassen- und Giroverbänden beruhende Institutssicherungssystem – soll der Ausnahmestatus nach § 12 Abs. 1 EAG aufrechterhalten bleiben – inhaltlich nicht grundlegend verändert werden darf.

1. Umfang der Satzungsänderungen

Gemäß Art. 3 Abs. 1 S. 3 1. Spiegelstrich EG-Einlagensicherungsrichtlinie ist Voraussetzung für die Befreiung eines Instituts von der Pflichtmitgliedschaft in einem Einlagensicherungssystem, dass dieses einem Institutssicherungssystem angeschlossen ist, das zum Zeitpunkt der Annahme der Richtlinie bereits bestand und amtlich anerkannt war. Entsprechend der damaligen Ausgestaltung der Sicherungseinrichtungen sind nur die Institute, die den Sicherungseinrichtungen der regionalen Sparkassen- und Giroverbände oder der Sicherungseinrichtung des Bundesverbandes der Deutschen Volksbanken- und Raiffeisenbanken angeschlossen sind, gemäß § 12 Abs. 1 EAG

523) Ziffer V, VI Grundsätze für das Risikomonitoring.
524) Siehe dazu 2. Teil C. II. 3. a) bb).
525) Siehe dazu 2. Teil C. II. 3. a) cc).

von der Mitgliedschaft in einer Entschädigungseinrichtung ausdrücklich ausgenommen worden.[526] Der Wortlaut der Richtlinie schließt sowohl aus, dass durch neu geschaffene Institutssicherungssysteme nachträglich ein Befreiungstatbestand geschaffen wird, als auch, dass die bestehenden institutssichernden Einrichtungen im Rahmen ihres Ausnahmestatus in ihrem Wesensgehalt verändert werden.

Wie bereits festgestellt, wurde der grundsätzliche Aufbau des Sicherungssystems der Sparkassen-Finanzgruppe beibehalten. Die regionalen Sparkassenstützungsfonds, die Sicherungsreserve der Landesbanken und Girozentralen sowie der Sicherungsfonds der Landesbausparkassen bleiben auf der Primärebene zunächst allein für die Stützung ihrer Mitgliedsinstitute zuständig. Soweit die in einer Sicherungseinrichtung vorhandenen Mittel nicht ausreichen, greift der Überregionale Ausgleich der Sparkassenstützungsfonds bzw. der Haftungsverbund mit den übrigen Sicherungseinrichtungen ein. Im Vergleich mit dem bisherigen Sicherungssystem der Sparkassen-Finanzgruppe wurde lediglich die Reihenfolge der Inanspruchnahme bei der Stützung einer Sparkasse geändert.[527] Sind die Barmittel eines durch einen Stützungsfall betroffenen regionalen Sparkassenstützungsfonds in Höhe des Einzahlungs-Solls aufgebraucht, besteht für dessen Mitgliedsinstitute zunächst eine Nachschusspflicht und es werden nicht wie bisher unmittelbar die Barmittel der übrigen Sparkassenstützungsfonds herangezogen.[528] In der Konsequenz kommt der Überregionale Ausgleich später zur Anwendung, wodurch die regionale Verantwortung der Sparkassenstützungsfonds gestärkt werden soll.[529] Das Verhältnis der Sicherungseinrichtungen untereinander und damit das Institutssicherungssystem der Sparkassen-Finanzgruppe in seiner Gesamtheit werden dadurch jedoch nicht wesentlich verändert. Dasselbe gilt in Bezug auf die im Folgenden noch detaillierter zu prüfenden Satzungsnormen, durch die Veränderungen innerhalb der einzelnen Sicherungseinrichtungen vorgenommen werden. Die Vorgabe der Richtlinie kann nicht dazu führen, dass die Institutssicherungssysteme an die im Zeitpunkt der Annahme der Richtlinie bestehenden Regelungen unabänderlich gebundenen sind. Es muss die Möglichkeit bestehen, die Sicherungssysteme – bei Beibehaltung ihres grundsätzlichen Aufbaus – inhaltlich fortzuschreiben. Wie mit Einbezug der Grundsätze der risikoorientierten

526) Siehe dazu 2. Teil C. II. 3. a) bb).
527) Siehe dazu 3. Teil A. I. 4.
528) *Berndt,* Sparkasse 2004, 74 (75).
529) *Berndt,* Sparkasse 2004, 74 (75).

Beitragsbemessung und der Grundsätze für das Risikomonitoring in das Sicherungssystem geschehen, müssen neue Erkenntnisse bzw. Erfahrungswerte in die bestehenden Systeme einfließen können. Auch müssen gesetzlich notwendige Modifikationen nachträglich zur Veränderung der Satzungen führen dürfen.

2. Verbindlichkeit des Sicherungssystems

Die Verbindlichkeit des Sicherungssystems kann entweder über eine objektive Pflicht zur Sicherung der Zahlungsfähigkeit der Sparkassen und Landesbanken/Girozentralen bzw. einen entsprechenden Anspruch der Institute oder über eine unmittelbare subjektive Sicherung der Ein- bzw. Anleger hergestellt werden.[530]

a) Institutssicherung

Die Institutssicherung ist auch in den neu gefassten Satzungen primäres Ziel der Sicherungseinrichtungen. § 2 S. 1, 2 der Satzungen bestimmt, dass der Sparkassenstützungsfonds bzw. die Sicherungsreserve oder der Sicherungsfonds die Aufgabe hat, die Mitgliedssparkassen bzw. Mitgliedsinstitute selbst zu schützen, insbesondere deren Liquidität und Solvenz zu gewährleisten, und bei drohenden oder bestehenden wirtschaftlichen Schwierigkeiten Hilfe leistet. Dabei sind entsprechend der Auslegung der bislang geltenden Satzungen Ansprüche der Institute gegenüber den Sicherungseinrichtungen ausdrücklich ausgeschlossen. § 20 der Mustersatzung für die Sparkassenstützungsfonds stellt klar: *»Die Mitgliedssparkassen haben keinen Rechtsanspruch auf Stützungsmaßnahmen«*. In § 10 der Satzung für den Überregionalen Ausgleich der Sparkassenstützungsfonds ist zusätzlich geregelt: *»Die Mitgliedssparkassen und die regionalen Sparkassenstützungsfonds haben keinen Anspruch auf Stützungsmaßnahmen im Rahmen des Überregionalen Ausgleichs.«* Entsprechende Formulierungen finden sich in § 22 der Satzung für die Sicherungsreserve der Landesbanken und Girozentralen, in § 21 der Satzung für den Sicherungsfonds der Landesbausparkassen und in § 9 der Satzung für den Haftungsverbund.

Wie bisher obliegt die Entscheidung über Art und Umfang der durchzuführenden Stützungsmaßnahmen und etwaige Auflagen dem jeweiligen Verbandsvorstand bzw. den ordentlichen Mitgliedsinstituten der Sicherungs-

530) Siehe dazu 2. Teil II. 3. a) cc) (1).

reserve oder der Bausparkassenkonferenz.[531] Das Vorliegen eines Stützungsfalls ist vorab anhand objektiver Voraussetzungen festzustellen.[532] Demnach ist die Entscheidung über die Gewährung von Stützungsmaßnahmen in das Ermessen des jeweiligen Gremiums gestellt, und es besteht grundsätzlich weder ein subjektiver Anspruch noch eine objektive Pflicht hinsichtlich der Gewährung von Stützungsmaßnahmen.[533]

b) Sicherung der Ein- bzw. Anleger

Im Rahmen der Normierung von Aufgabe und Schutzzweck der Sicherungseinrichtungen ist neben der Institutssicherung folgende Ergänzung in die Mustersatzungen für die Sparkassenstützungsfonds aufgenommen worden:

»Er [der Sparkassenstützungsfonds] schützt stets die Einlagen der Kunden bei den Mitgliedssparkassen (Bilanzposition »Verbindlichkeiten gegenüber Kunden«, d. h. gegenüber Privatpersonen, Wirtschaftsunternehmen, öffentlichen Stellen) und die Schuldverschreibungen der Mitgliedssparkassen im Besitz von Kunden. Einlagen der Kunden sind insbesondere Spareinlagen, Sparbriefe, Termineinlagen und Sichteinlagen. Geschützt werden auch Verbindlichkeiten gegenüber Kapitalanlagegesellschaften und deren Depotbanken (aus der Bilanzposition »Verbindlichkeiten gegenüber Kreditinstituten«), soweit es sich um Teile des Fondvermögens handelt, und Mittel, die den Mitgliedssparkassen von Kreditinstituten außerhalb der Sparkassen-Finanzgruppe für öffentlich geförderte Zwecke (z. B. von der Kreditanstalt für Wiederaufbau) zur Verfügung gestellt werden.«[534]

Eine entsprechende Regelung findet sich auch im Rahmen der Satzung der Sicherungsreserve der Landesbanken und Girozentralen und dem Sicherungsfonds der Landesbausparkassen.[535]

Während der Institutsschutz wie dargestellt bereits in den bisherigen Satzungen festgeschrieben war, werden Einlagen und Schuldverschreibungen sowie

---

531) § 12 Abs. 1 S. 1 Mustersatzung für die Sparkassenstützungsfonds der Regionalverbände sowie Satzung für die Sicherungsreserve der Landesbanken und Girozentralen und Satzung für den Sicherungsfonds der Landesbausparkassen.

532) § 3 Abs. 1-3 Mustersatzung für die Sparkassenstützungsfonds der Regionalverbände sowie Satzung für die Sicherungsreserve der Landesbanken und Girozentralen und Satzung für den Sicherungsfonds der Landesbausparkassen.

533) Zu den Ausnahmen von diesem Grundsatz siehe 3. Teil C. I.

534) § 2 S. 3-5 Mustersatzung für die Sparkassenstützungsfonds der Regionalverbände.

535) § 2 S. 3-5 Satzung für die Sicherungsreserve der Landesbanken und Girozentralen sowie Satzung für den Sicherungsfonds der Landesbausparkassen.

bestimmte sonstige Verbindlichkeiten durch diese Ergänzung erstmals ausdrücklich in den Schutzbereich der Sicherungseinrichtungen einbezogen. Fraglich ist, ob der Schutzzweck der Sicherungseinrichtungen dadurch erweitert wird oder nur der der Institutssicherung immanente Schutz der Ein- bzw. Anleger verdeutlicht werden soll.

Auf Grund des ausdrücklichen Ausschlusses eines Rechtsanspruchs der Institute sowie der den Gremien der Sicherungseinrichtungen gewährten Entscheidungsspielräume, besteht zumindest theoretisch die Möglichkeit der Verweigerung der Stützung eines Instituts. In diesem Fall entfällt auch der mittelbare Schutz der Ein- bzw. Anleger. Wird in diesem Zusammenhang ein stetiger Schutz bestimmter Verbindlichkeiten normiert, kommt diesem eine eigenständige Bedeutung zu, die über eine deklaratorische Feststellung hinausgeht. Dafür spricht auch die detaillierte Ausgestaltung des Gläubigerschutzes, die sich nicht auf einen allgemeinen Verweis auf Einlagen und Verbindlichkeiten aus Wertpapiergeschäften im Sinne des EAG beschränkt, sondern die im Einzelnen geschützten Positionen eingrenzt. Unter Bezugnahme auf die oben aufgezeigte Notwendigkeit, ein diskretionäres Institutssicherungssystem durch einen ersatzweisen Anspruch der Gläubiger im Sinne des EAG zu ergänzen,[536] ist damit im Weiteren zu prüfen, ob die Erweiterung des Schutzbereichs als ausreichend zu erachten ist.

aa) Bestimmung des Schutzbereichs

Die durch die Satzungen der Sicherungseinrichtungen unmittelbar geschützten Einlagen, Schuldverschreibungen und sonstigen Verbindlichkeiten werden unter Verweis auf die Verordnung über die Rechnungslegung der Kredit- und Finanzdienstleistungsinstitute (RechKredV)[537] eigenständig definiert und sind insofern mit den Begriffsbestimmungen des EAG abzugleichen. Darüber hinaus wird die satzungsmäßige Bestimmung des Schutzbereichs einer inhaltlichen Bewertung unterzogen.

536) Siehe dazu 2. Teil C. II. 3. a) cc) (1).

537) Verordnung über die Rechnungslegung der Kreditinstitute und Finanzdienstleistungsinstitute (Kreditinstituts-Rechnungslegungsverordnung – RechKredV) in der Fassung der Bekanntmachung vom 11.12.1998 (BGBl. I S. 3658), zuletzt geändert durch Art. 7 des Gesetzes vom 10.12.2001 (BGBl. I S. 3414).

(1) Regelungsgehalt des EAG

§ 1 Abs. 2 S. 1 EAG definiert Einlagen als Guthaben, die sich aus auf einem Konto verbliebenen Beträgen oder aus Zwischenpositionen im Rahmen der Geschäftstätigkeit eines Einlagenkreditinstituts ergeben und von diesem auf Grund gesetzlicher oder vertraglicher Bestimmungen zurückzuzahlen sind. Dazu zählen nach S. 2 auch Forderungen, die das Institut durch Ausstellung einer Urkunde verbrieft hat, jedoch nicht Inhaber- und Orderschuldverschreibungen, Schuldverschreibungen, welche die Voraussetzungen des Art. 22 Abs. 4 der Investmentrichtlinie[538] erfüllen, d. h. von einem besonderer staatlicher Aufsicht unterstehenden Kreditinstitut ausgegeben werden und durch gesetzliche Vorschriften besonders gedeckt sind,[539] sowie Verbindlichkeiten aus eigenen Wechseln. Hervorzuheben ist, dass in Abgrenzung zur Definition des Einlagengeschäfts in § 1 Abs. 1 Nr. 1 KWG zum einen nicht auf Gelder des Publikums abgestellt wird und zum anderen das Kontoguthaben nicht notwendigerweise auf das Betreiben des Einlagengeschäfts zurückgeführt werden muss, sondern im Rahmen der gesamten Geschäftstätigkeit des Instituts entstanden sein kann.[540] Da nur unbedingt rückzahlbare Gelder Einlagen darstellen, sind Guthaben, die zu den Eigenmitteln eines Instituts gehören, ausgenommen.[541]

Gemäß § 2 EAG sind die in § 1 Abs. 1 EAG bezeichneten Kredit- und Finanzdienstleistungsinstitute verpflichtet, neben Einlagen auch Verbindlichkeiten aus Wertpapiergeschäften durch Zugehörigkeit zu einer Entschädigungseinrichtung zu sichern. Wertpapiergeschäfte sind nach § 1 Abs. 3 EAG Bankgeschäfte im Sinne des § 1 Abs. 1 S. 2 Nr. 4, 5 oder 10 KWG, d. h. Finanzkommissions-, Depot-, und Emissionsgeschäfte oder Finanzdienstleistungen im Sinne des § 1 Abs. 1 a S. 2 Nr. 1 bis 4 KWG, d. h. Anlage- und Abschlussvermittlungen, Finanzportfolioverwaltung und Eigenhandel. Als Verbindlichkeiten aus Wertpapiergeschäften gelten gemäß § 1 Abs. 4 S. 1 EAG die Verpflichtungen eines Instituts zur Rückzahlung von

538) Richtlinie 85/611/EWG des Rates vom 20.12.1985 zur Koordinierung der Rechts- und Verwaltungsvorschriften betreffend bestimmte Organismen für gemeinsame Anlagen in Wertpapieren (OGAW), ABl. EG L 375 vom 31.12.1985, S. 3 sowie Richtlinie 88/220/EWG des Rates vom 22.03.1988 zur Änderung der Richtlinie 85/611/EWG in Bezug auf die Anlagepolitik bestimmter OGAW, ABl. EG L 100 vom 19.04.1988, S. 31.

539) Vgl. hierzu *Scherer,* in: Brinkhaus/Scherer, KAGG, § 8 a Rn. 15 ff.

540) Gesetzentwurf der Bundesregierung, BR-Drs. 257/98, S. 23; *Wagner,* Einlagensicherung bei Banken und Sparkassen, S. 82.

541) Gesetzentwurf der Bundesregierung, BR-Drs. 257/98, S. 23.

Geldern, die Anlegern aus Wertpapiergeschäften geschuldet werden oder gehören und die für deren Rechnung im Zusammenhang mit Wertpapiergeschäften gehalten werden. Nach § 1 Abs. 4 S. 2 EAG gehören hierzu auch Ansprüche von Anlegern auf Herausgabe von Instrumenten, dessen Eigentümer diese sind und die für deren Rechnung im Zusammenhang mit Wertpapiergeschäften gehalten oder verwahrt werden. Entscheidend ist, dass der Anspruch auf Verschaffung von Rechten, Besitz oder Eigentum an Geldern oder Finanzinstrumenten durch das Institut infolge seiner Insolvenz nicht erfüllt werden kann.[542] Dabei ist unerheblich, auf welcher Grundlage der Verschaffungsanspruch basiert, so dass auch die Veruntreuung von Geldern oder Wertpapieren einen entsprechenden Anspruch begründet.[543] Nicht erfasst sind dagegen der Ersatz entgangenen Gewinns oder der Ausgleich von Verlusten, etwa auf Grund fehlerhafter Beratung, gegen die Absprache getätigter Anlagen oder nicht ausgeführter Wertpapiergeschäfte.[544]

Nach § 3 Abs. 2 S. 1 EAG sind bestimmte Ein- bzw. Anleger vom Kreis der Entschädigungsberechtigten ausgenommen.[545] Hierbei handelt es sich vornehmlich um professionelle und institutionelle Kunden einer Bank, die in der Lage sind, die für das eigene Vermögen entstehenden Risiken selbst einzuschätzen sowie Personenkreise, die zu den finanziellen Schwierigkeiten des Instituts beigetragen haben oder deren Ansprüche im Zusammenhang mit strafrechtlichen Handlungen stehen.[546] Ein Entschädigungsanspruch besteht zudem nicht, soweit Einlagen oder Gelder nicht auf die Währung eines EU-Mitgliedstaats oder auf Euro lauten.[547] Schließlich ist der Entschädigungsanspruch auf 90 % der Einlagen bzw. 90 % der Verbindlichkei-

542) *Sethe,* ZBB 1998, 305 (324 f.); *Wagner,* Einlagensicherung bei Banken und Sparkassen, S. 83 ff.; Finanzinstrumente sind gemäß § 1 Abs. 11 S. 1 KWG Wertpapiere, Geldmarktinstrumente, Devisen oder Rechnungseinheiten sowie Derivate.

543) Gesetzentwurf der Bundesregierung, BR-Drs. 257/98, S. 24; *Sethe,* ZBB 1998, 305 (325); *Wagner,* Einlagensicherung bei Banken und Sparkassen, S. 84 f.; *Fischer,* in: Boos/Fischer/Schulte-Mattler, KWG, § 23 a Rn. 5.

544) Gesetzentwurf der Bundesregierung, BR-Drs. 257/98, S. 24 sowie BT-Drs. 14/8017, S. 140 (Änderung des § 1 Abs. 4 EAG durch das Vierte Finanzmarktförderungsgesetz); *Sethe,* ZBB 1998, 305 (325); *Fischer,* in: Boos/Fischer/Schulte-Mattler, KWG, § 23 a Rn. 5 i. V. m. § 46 a Rn. 63; *Wagner,* Einlagensicherung bei Banken und Sparkassen, S. 84 f.

545) Vgl. im Einzelnen *Dreymann/Schnattmeyer,* EAG, S. 72 ff.

546) Gesetzentwurf der Bundesregierung, BR-Drs. 257/98, S. 25.

547) § 4 Abs. 1 S. 2 EAG.

ten aus Wertpapiergeschäften und den Gegenwert von jeweils 20.000 Euro begrenzt.[548]

(2) Regelungsgehalt der Satzungen der Sicherungseinrichtungen

Nach dem Wortlaut des § 2 S. 3 1. Halbs. der Satzungen der Sicherungseinrichtungen sind zunächst die Einlagen der Kunden bei den Mitgliedssparkassen bzw. Mitgliedsinstituten geschützt. Zur näheren Bestimmung des zu Grunde gelegten Einlagenbegriffs wird auf die Bilanzposition »Verbindlichkeiten gegenüber Kunden« verwiesen und werden Spareinlagen, Sparbriefe, Termineinlagen und Sichteinlagen exemplarisch aufgelistet. Die durch Kredit- und Finanzdienstleistungsinstitute nach Formblatt 1[549] zur Jahresbilanz auszuweisende Bilanzposition »Verbindlichkeiten gegenüber Kunden« umfasst nach § 21 Abs. 2 S. 1 RechKredV alle Arten von Verbindlichkeiten gegenüber in- und ausländischen Nichtbanken, sofern es sich nicht um verbriefte Verbindlichkeiten handelt. Als solche gelten gemäß § 22 Abs. 1 RechKredV Schuldverschreibungen und diejenigen Verbindlichkeiten, für die nicht auf den Namen lautende übertragbare Urkunden ausgestellt sind. Dabei wird zwischen begebenen Schuldverschreibungen, d. h. Inhaberschuldverschreibungen sowie Orderschuldverschreibungen, die Teile einer Gesamtemission sind und anderen verbrieften Verbindlichkeiten, wie Geldmarktpapieren und eigenen Akzepten und Solawechseln im Umlauf, unterschieden.[550] Damit sind nach § 21 Abs. 2 S. 2 RechKredV Verbindlichkeiten aus Namensschuldverschreibungen, Orderschuldverschreibungen, die nicht Teile einer Gesamtemission sind, Namensgeldmarktpapieren, Sperrguthaben und Abrechnungsguthaben der Anschlussfirmen im Teilzahlungsfinanzierungsgeschäft, soweit der Ausweis nicht unter dem Posten »Verbindlichkeiten gegenüber Kreditinstituten« vorzunehmen ist, sowie Anweisungen im Umlauf ebenfalls als »Verbindlichkeiten gegenüber Kunden« auszuweisen und durch die Verweisung vom Schutzumfang der Satzungen erfasst.

Neben den Einlagen der Kunden unterliegen nach § 2 S. 3 2. Halbs. der Satzungen der Sicherungseinrichtungen auch Schuldverschreibungen der Mitgliedssparkassen bzw. Mitgliedsinstitute im Besitz von Kunden dem unmittelbaren Schutz des Sicherungssystems der Sparkassen-Finanzgruppe.

548) § 4 Abs. 2 S. 1 EAG.

549) Vgl. § 2 Abs. 1 S. 1 RechKredV.

550) § 22 Abs. 2-4 RechKredV i. V. m. Position 3. der Passivseite des Formblatts 1.

Unter Verweis auf die Bilanzposition »Verbindlichkeiten gegenüber Kreditinstituten« werden darüber hinaus Verbindlichkeiten gegenüber Kapitalanlagegesellschaften und deren Depotbanken, soweit es sich um Teile des Fondsvermögens handelt, geschützt. Nach § 21 Abs. 1 S. 1 RechKredV sind »Verbindlichkeiten gegenüber Kreditinstituten« alle Arten von Verbindlichkeiten aus Bankgeschäften sowie alle Verbindlichkeiten von Finanzdienstleistungsinstituten gegenüber in- und ausländischen Kreditinstituten, sofern es sich – in Entsprechung zu den »Verbindlichkeiten gegenüber Kunden« – nicht um verbriefte Verbindlichkeiten handelt. Im Einzelnen sind damit auch Verbindlichkeiten aus Namensschuldverschreibungen, Orderschuldverschreibungen, die nicht Teile einer Gesamtemission sind, Namensgeldmarktpapiere, Haben-Salden aus Effektengeschäften und aus Verrechnungskonten sowie Verbindlichkeiten aus verkauften Wechseln einschließlich eigener Ziehungen, die Kreditnehmern nicht abgerechnet worden sind, erfasst. Schließlich werden Mittel, die den Mitgliedssparkassen von Kreditinstituten außerhalb der Sparkassen-Finanzgruppe, z. B. von der Kreditanstalt für Wiederaufbau, für öffentlich geförderte Zwecke zur Verfügung gestellt werden, ausdrücklich geschützt.

(3) Abgleich

Wie die Gegenüberstellung des Schutzbereichs des EAG und der unmittelbaren Ein- bzw. Anlegersicherung im Rahmen der Satzungen der Sicherungseinrichtungen zeigt, sind diese nicht deckungsgleich. Dies ist unproblematisch, soweit der Schutzbereich der Sicherungseinrichtungen der Sparkassen-Finanzgruppe über die Anforderungen des EAG hinausgeht. So werden durch die Sicherungseinrichtungen in Abweichung zum EAG Schuldverschreibungen der Mitgliedssparkassen bzw. Mitgliedsinstitute im Besitz von Kunden geschützt. Einen im Vergleich mit dem EAG weitergehenden Schutz gewähren die Satzungen der Sicherungseinrichtungen ebenfalls in Bezug auf den Kreis der Entschädigungsberechtigten. Durch den Verweis auf § 21 Abs. 2 S. 1 RechKredV, der »Verbindlichkeiten gegenüber Kunden« mit Verbindlichkeiten gegenüber in- und ausländischen Nichtbanken gleichsetzt, werden neben Privatpersonen ausnahmslos auch Wirtschaftsunternehmen und öffentliche Stellen geschützt. Darüber hinaus sind bestimmte Verbindlichkeiten gegenüber Kapitalanlagegesellschaften und deren Depotbanken sowie Mittel, die den Mitgliedssparkassen von Kreditinstituten außerhalb der Sparkassen-Finanzgruppe für öffentlich geförderte Zwecke zur Verfügung gestellt werden, erfasst. Auch in Hinblick auf den Schutzumfang gehen die Satzungen der Sicherungseinrichtungen über den des EAG hinaus. Während nach dem EAG Einlagen oder Gelder auf die Währung eines EU-Mitgliedstaates oder auf Euro lauten müssen und der Entschädigungsanspruch auf 90 % der Einlagen bzw. 90 % der Verbindlichkeiten aus Wertpapiergeschäften sowie den Gegenwert von jeweils 20.000 Euro begrenzt ist, unterliegen die nach den Satzungen der Sicherungseinrichtungen geschützten Einlagen und sonstigen Verbindlichkeiten keinerlei Beschränkungen.

Eine negative Abweichung in der Form, dass die Satzungen der Sicherungseinrichtungen hinter den Anforderungen des EAG zurückbleiben, besteht hingegen in Bezug auf den über den Begriff der Einlagen gewährten Schutz. Grundsätzlich werden durch die Satzungen auf Grund des Verweises auf die Bilanzposition »Verbindlichkeiten gegenüber Kunden« alle Arten von Verbindlichkeiten gegenüber in- und ausländischen Nichtbanken geschützt. Während nach dem EAG jedoch auch urkundlich verbriefte Forderungen dem Einlagenbegriff unterfallen, sind nach den Satzungen der Sicherungseinrichtungen durch die Verweisung alle verbrieften Verbindlichkeiten ausgenommen. Allerdings sind nach dem bilanzrechtlichen Verständnis verbriefte Verbindlichkeiten nur diejenigen Verbindlichkeiten, für die nicht auf den Namen lautende übertragbare Urkunden ausgestellt sind. Demnach sind Namenspapiere in Abhängigkeit vom Gläubiger unter den »Verbindlichkeiten gegenüber Kunden« bzw. »Verbindlichkeiten gegenüber Kreditinstituten« auszuweisen und über die Verweisung in den Satzungen vom Einlagenbegriff erfasst. Im Rahmen des EAG sind Inhaber- und Orderschuldverschreibungen, bestimmte besonders geschützte Schuldverschreibungen sowie Verbindlichkeiten aus eigenen Wechseln vom Einlagenschutz ausgeklammert. Letztlich bleiben jedoch auch unter Berücksichtigung dieser Besonderheiten verbriefte Forderungen bzw. Verbindlichkeiten, die unter die Begriffsbestimmung des EAG fallen, durch die Satzungen unerfasst. Es besteht eine Lücke in Bezug auf Inhaber- und Orderpapiere, die nicht zu den Inhaber- und Orderschuldverschreibungen sowie den Solawechseln zählen.

Die Praxisrelevanz dieser sich aus dem Abgleich des Wortlauts ergebenden Lücke erschließt sich durch einen Rückgriff auf den Passivposten »3. Verbriefte Verbindlichkeiten« der Jahresbilanz. Dieser unterteilt sich in »a) begebene Schuldverschreibungen« und »b) andere verbriefte Verbindlichkeiten« mit den Ausgliederungsvermerken »Geldmarktpapiere« und »eigene Akzepte und Solawechsel im Umlauf«. Im Unterposten Nr. 3 b) sind alle verbrieften Verbindlichkeiten auszuweisen, für die nicht auf den

Namen lautende übertragbare Urkunden ausgestellt und die nicht bereits im Unterposten Nr. 3 a) einzustellen sind, d. h. keine begebenen Schuldverschreibungen darstellen.[551] Dabei sind gemäß § 22 Abs. 3 RechKredV als Geldmarktpapiere nur Inhaberpapiere oder Orderpapiere, die Teile einer Gesamtemission sind, unabhängig von ihrer Börsenfähigkeit, zu vermerken. Als eigene Akzepte sind nach § 22 Abs. 3 RechKredV ausschließlich solche zu vermerken, die vom Institut zur eigenen Refinanzierung ausgestellt worden sind und bei denen es erster Zahlungspflichtiger ist.

Nach Art. 20 EG-Bankbilanzrichtlinie[552] sind Beispiele für »andere verbriefte Verbindlichkeiten« – neben Verbindlichkeiten aus eigenen Akzepten und Solawechseln – »certificates of deposit« und »bons de caisse«. Da diese jedoch ebensowenig wie »commercial papers«, »euro-notes«, »medium term notes« und ähnliche Finanzierungstitel eindeutig definiert sind, insbesondere keine juristisch klar abgrenzbaren Vertragsgestaltungen bezeichnen, und sich aus dem jeweiligen nationalen Recht Unterschiede ergeben können, ist grundsätzlich anhand der in den Papieren enthaltenen Angaben zu prüfen, ob sie unter Nr. 3 b) auszuweisen sind oder als Schuldverschreibungen im Sinne von § 793 BGB der Bilanzposition Nr. 3 a) unterfallen.[553] Dem gesonderten Ausweis unter Nr. 3 b) unterliegen damit im Wesentlichen nach ausländischem Recht begebene Geldmarktpapiere.[554] Zusammen mit den eigenen Akzepten sind sie gleichsam Beispiele für von den Satzungen nicht erfasste Verbindlichkeiten.

Die Jahresbilanzen der Landesbanken/Girozentralen wiesen für das Jahr 2004 unter dem Unterposten »3. b) andere verbriefte Verbindlichkeiten« Summen bis zu 24 Mrd. Euro auf.[555] Allerdings wird in der Praxis – entgegen den obigen Ausführungen – die Zuordnung zu »a) begebene Schuldverschreibungen« und »b) andere verbriefte Verbindlichkeiten« in Anleh-

---

551) *Krumnow/Sprißler/Bellavite-Hövermann u. a.*, Rechnungslegung der Kreditinstitute, § 22 Rn. 3, 13; *Scharpf*, Handbuch Bankbilanz, S. 606; *Bieg*, Die externe Rechnungslegung, S. 285.

552) Richtlinie 86/635/EWG des Rates vom 08.12.1986 über den Jahresabschluss und den konsolidierten Abschluss von Banken und anderen Finanzinstituten, ABl. EG L 372 vom 31.12.1986, S. 1.

553) *Krumnow/Sprißler/Bellavite-Hövermann u. a.*, Rechnungslegung der Kreditinstitute, § 22 Rn. 13; Auskunft der Deutschen Bundesbank vom 20.04.2005.

554) *Krumnow/Sprißler/Bellavite-Hövermann u. a.*, Rechnungslegung der Kreditinstitute, § 22 Rn. 13; Auskunft der Deutschen Bundesbank vom 20.04.2005.

555) Vgl. Finanzreport 2004 der WestLB AG, S. 43.

nung an den Ausweis auf der Aktivseite[556] teilweise auf Grund der Ursprungslaufzeiten und nicht anhand der rechtlichen Ausgestaltung der einzelnen Verbindlichkeiten vollzogen.[557] Insofern bezeichnen die unter »b) andere verbriefte Verbindlichkeiten« ausgewiesenen Zahlen nicht den tatsächlichen Umfang aller Inhaber- und Orderpapiere, die nicht zugleich Inhaber- und Orderschuldverschreibungen sind. Darüber hinaus ist zu beachten, dass innerhalb der Bilanzposition »3. Verbriefte Verbindlichkeiten« gerade keine Differenzierung nach den Gläubigern vorgenommen wird und damit insbesondere auch Verbindlichkeiten solcher Ein- bzw. Anleger erfasst sind, die nach dem EAG vom Kreis der Entschädigungsberechtigten ausgenommen sind.[558] Eigene Akzepte werden – soweit ein entsprechender Ausgliederungsvermerk überhaupt vorliegt[559] – im Zusammenhang mit den Solawechseln im Umlauf ausgewiesen, die durch das EAG ebenfalls nicht geschützt sind. Dementsprechend können extern keine genauen Zahlen in Hinblick auf jene Verbindlichkeiten genannt werden, die in Abweichung zum EAG von den Satzungen nicht geschützt sind. Nichtsdestotrotz verbleiben – insbesondere auf Grund des Umstands, dass seitens der Landesbanken/Girozentralen Inhaber- und Orderpapiere auch nach ausländischem Recht begeben werden – bestimmte verbriefte Verbindlichkeiten unerfasst.

Verbindlichkeiten aus Wertpapiergeschäften sind in den Satzungen der Sicherungseinrichtungen nicht als eigenständiger Schutzbereich ausgewiesen. Über den Verweis auf die Bilanzposition »Verbindlichkeiten gegenüber Kunden« werden jedoch grundsätzlich alle Arten von Verbindlichkeiten gegenüber in- und ausländischen Nichtbanken geschützt, so dass diese dem satzungsmäßigen Einlagenbegriff unterfallen.

---

556) Nach dem den Aktivposten Nr. 5 a) näher erläuternden § 16 Abs. 2 a RechKredV gelten als Geldmarktpapiere alle Schuldverschreibungen und anderen festverzinslichen Wertpapiere unabhängig von ihrer Bezeichnung, sofern ihre ursprüngliche Laufzeit ein Jahr nicht überschreitet.

557) Auskunft der Bayerischen Landesbank vom 08.03.2005, der Landesbank Baden-Württemberg vom 17.05.2005 sowie der Helaba vom 16.08.2005. Vgl. auch die Geschäftsberichte 2004 der Landesbank Saar, S. 87 u. 97 sowie der Landesbank Rheinland-Pfalz, S. 61 u. 79 (http://www.saarlb.de/mediathek/defaultScripts/PHP/download.php?code=NTg5Ny5wZGYjR0JfMjAwNF9CLnBkZg== und http://www.lrp.de/fs_m52a.html (Stand: 01.01.2006)).

558) Gemäß § 3 S. 1 Nr. 3, 4 RechKredV sind in der Bilanz oder im Anhang nur die Verbindlichkeiten gegenüber verbundenen Unternehmen bzw. Unternehmen mit denen ein Beteiligungsverhältnis besteht, gesondert auszuweisen.

559) Vgl. z. B. Geschäftsberichts 2004 der Bayerischen Landesbank, S. 129 (http://www.bayernlb.de/p/_de/downloads/offen/1320_konzernkommunikation/Geschaefts-bericht_2004_D.pdf (Stand: 01.01.2006)).

(4) Bewertung des Satzungsinhalts

Auch die Satzungen des Einlagensicherungsfonds des Bundesverbandes deutscher Banken e. V. und des Bundesverbandes Öffentlicher Banken e. V. sowie das Statut der Sicherungseinrichtung des Bundesverbandes der Deutschen Volksbanken- und Raiffeisenbanken e. V. verweisen – wie noch näher dargelegt werden wird[560] – auf die Passivposten des Formblatts 1 zur Jahresbilanz der Kredit- und Finanzdienstleistungsinstitute. Die Definition der geschützten Einlagen über die Rechnungslegungsverordnung ist darauf zurückzuführen, dass der Begriff der Einlagen bis zum In-Kraft-Treten des EAG gesetzlich nicht geregelt war.[561] Im Rahmen des § 1 Abs. 1 S. 2 Nr. 1 KWG wird lediglich das Einlagengeschäft definiert und die Frage, ob die Annahme fremder Gelder als Einlage zu qualifizieren ist, auf Grund der Wertung aller Umstände des Einzelfalls unter Berücksichtigung der bankwirtschaftlichen Verkehrsauffassung beurteilt.[562] Mit Definition der Einlagen sowie der Verbindlichkeiten aus Wertpapiergeschäften durch das EAG ist jedoch eine Anknüpfung der Satzungen der Sicherungseinrichtungen an die spezialgesetzliche Regelung insbesondere insoweit vorzuziehen, als durch diese der gesetzliche Mindestschutz umgesetzt werden soll.

Die Lücke im Einlagenschutz im Rahmen der Satzungen der Sicherungseinrichtungen der Sparkassen-Finanzgruppe könnte durch Einbezug der im Besitz von Kunden befindlichen »Verbrieften Verbindlichkeiten« im Sinne des 3. Passivpostens der Jahresbilanz geschlossen werden.[563] Dadurch wären neben den Schuldverschreibungen auch alle sonstigen verbrieften Verbindlichkeiten der Mitgliedsinstitute im Besitz von Kunden durch die Satzungen geschützt. Doch auch unabhängig von den Anforderungen des EAG ist der Verweis auf die Verordnung über die Rechnungslegung der Kredit- und Finanzdienstleistungsinstitute zur Definition des Begriffs der Einlagen und Bestimmung der sonstigen geschützten Verbindlichkeiten nur bedingt geeignet. Die Rechnungslegungsverordnung basiert im Wesentlichen auf der EG-Bankbilanzrichtlinie, nach der Kreditinstitute rechtsformunabhängig zu verpflichten sind, ihren Jahresabschluss, bestehend aus der Bilanz, der

560) Siehe dazu 3. Teil B. III.

561) *Weber,* in Gößmann/Wagner-Wieduwilt/Weber, Allgemeine Geschäftsbedingungen der Banken, Rn. 1/617.

562) *Fülbier,* in: Boos/Fischer/Schulte-Mattler, KWG, § 1 Rn. 36.

563) Vgl. insoweit den Schutzumfang des Sicherungssystems des Bundesverbandes der Deutschen Volksbanken und Raiffeisenbanken e. V. (3. Teil B. III. 3.).

Gewinn- und Verlustrechnung und dem Anhang, nach weitgehend übereinstimmenden Gliederungs-, Bilanzansatz- und Bewertungsvorschriften aufzustellen.[564] Entsprechend der Zielsetzung der Richtlinie, innerhalb der EU die Vergleichbarkeit der Jahresabschlüsse von Kreditinstituten für Gläubiger, Schuldner, Gesellschafter und Öffentlichkeit zu verbessern, wurden ein einheitliches, auf Universalkreditinstitute zugeschnittenes Formblatt für die Bilanz und zwei alternativ anzuwendende Formblätter für die Gewinn- und Verlustrechnung in Staffel- bzw. Kontoform sowie entsprechende Zuordnungsvorschriften geschaffen.[565] In den Formblättern wird – mit Ausnahme der Spareinlagen – ganz davon abgesehen, den Einlagenbegriff zu verwenden[566] und vielmehr zwischen Verbindlichkeiten gegenüber Kunden, Verbindlichkeiten gegenüber Kreditinstituten und verbrieften Verbindlichkeiten unterschieden. Die Unterscheidung zwischen Verbindlichkeiten gegenüber Kunden bzw. Kreditinstituten und verbrieften Verbindlichkeiten ist dabei darauf zurückzuführen, dass letztere zum Zeitpunkt der Bilanzierung gewöhnlich nicht zugeordnet werden können.[567]

Die Bilanzpositionen sind – auch unter Rückgriff auf Zuordnungsvorschriften der Rechnungslegungsverordnung – nicht immer hinreichend klar definiert. Der für die Abgrenzung zwischen den Bilanzpositionen entscheidende Begriff des Kreditinstituts ist in der Rechnungslegungsverordnung nicht selbstständig geregelt, sondern kann nur unter Heranziehung der EG-Bankbilanzrichtlinie bestimmt werden.[568] Auch die im Rahmen der Bilanzposition »Verbindlichkeiten gegenüber Kreditinstituten« vorzunehmende Abgrenzung zwischen Verbindlichkeiten aus Bankgeschäften und Nichtbankgeschäften ist nicht näher normiert.[569] Darüber hinaus stellt sich die Frage,

564) Gesetzentwurf der Bundesregierung zur Durchführung der Richtlinie des Rates der Europäischen Gemeinschaften über den Jahresabschluss und den konsolidierten Abschluss von Banken und anderen Finanzinstituten (Bankbilanzrichtlinie-Gesetz), BR-Drs. 616/89, S. 13.

565) Erwägungsgrund Nr. 3 EG-Bankbilanzrichtlinie; *Bieg,* Die externe Rechnungslegung, S. 61.

566) Vgl. bereits *Birck/Meyer,* Die Bankbilanz, S. 301, in Bezug auf die vor Umsetzung der Richtlinie bestehenden Formblätter.

567) Erläuterungen zu § 21 des Richtlinienvorschlags der EG-Bankbilanzrichtlinie, abgedruckt bei *Mayer/Maiß,* EG-Bankbilanzrichtlinie, S. 178 f.

568) *Krumnow/Sprißler/Bellavite-Hövermann u. a.,* Rechnungslegung der Kreditinstitute, § 21 Rn. 3 i. V. m. § 14 Rn. 5 f.; *Bieg,* Die externe Rechnungslegung, S. 271 i. V. m. 208 ff.; *Scharpf,* Handbuch Bankbilanz, S. 567 f. i. V. m. S. 387 f.

569) *Krumnow/Sprißler/Bellavite-Hövermann u. a.,* Rechnungslegung der Kreditinstitute, § 21 Rn. 4 i. V. m. § 14 Rn. 2; *Bieg,* Die externe Rechnungslegung, S. 271 i. V. m. 210 f.

ob die insoweit ausgenommenen Nichtbankgeschäfte unter der Bilanzposition »Verbindlichkeiten gegenüber Kunden« oder »Sonstige Verbindlichkeiten« auszuweisen sind.[570] Hinsichtlich der Bilanzposition »Verbindlichkeiten gegenüber Kunden« ist zudem umstritten, ob die unterbliebene Eingrenzung auf Verbindlichkeiten aus Bankgeschäften tatsächlich zu einer Ausweitung der Summe der aufzuführenden Verbindlichkeiten führt oder ob nicht über den banktypischen Begriff des Kunden letztlich Nichtbankgeschäfte ebenfalls ausgenommen und unter die Position »Sonstige Verbindlichkeiten« zu fassen sind.[571]

Aus bilanzrechtlicher Sicht sind die Abgrenzungsschwierigkeiten insofern von eher theoretischer Bedeutung, als der betragsmäßige Umfang der in Frage stehenden Verbindlichkeiten als vergleichsweise gering einzustufen ist.[572] Maßgeblich ist, dass jedes Institut eine generelle Festlegung trifft und die Gebote der Willkürfreiheit und Stetigkeit beachtet.[573] Soweit über den Verweis auf die Bilanzposition »Verbindlichkeiten gegenüber Kunden« der Begriff der Einlagen definiert werden soll, ist jedoch relevant, welche Verbindlichkeiten von dieser Position im Einzelnen erfasst sind. Für den Ein- bzw. Anleger ist im Schadensfall, d. h. der Versagung der Institutssicherung durch die Sicherungseinrichtungen, entscheidend, ob seine Forderungen den »Verbindlichkeiten gegenüber Kunden« zuzurechnen sind und

---

570) Nach *Bieg,* Die externe Rechnungslegung, S. 271 i. V. m. 210 f. sind Verbindlichkeiten gegenüber Kreditinstituten aus Nichtbankengeschäften unter der Bilanzposition »Verbindlichkeiten gegenüber Kunden« auszuweisen, da nach dem parallel heranzuziehenden § 15 Abs. 2 der EG-Bankbilanzrichtlinie für Forderungen, die die Kriterien für »Forderungen an Kreditinstitute« nicht erfüllen, der Ausweis als »Forderungen an Kunden« vorgesehen ist. Dagegen hat nach *Krumnow/Sprißler/Bellavite-Hövermann u. a.,* Rechnungslegung der Kreditinstitute, § 21 Rn. 4 i. V. m. § 14 Rn. 3, der Ausweis unter der Bilanzposition »sonstige Verbindlichkeiten« zu erfolgen, da allein durch den Umstand, dass eine Forderung bzw. Verbindlichkeit nicht aus dem Bankgeschäft stammt, das betroffene Kreditinstitut nicht zur Nichtbank wird. Für einen Ausweis unter den »sonstigen Verbindlichkeiten« auch *Scharpf,* Handbuch Bankbilanz, S. 566 i. V. m. 386 f.

571) *Krumnow/Sprießler/Bellavite-Hövermann u. a.,* Rechnungslegung der Kreditinstitute, § 21 Rn. 7 i. V. m. § 15 Rn. 2 f. i. V. m. Erl. zu Passivposten Nr. 5 Rn. 1 sowie *Scharpf,* Handbuch Bankbilanz, S. 579 f. i. V. m 403 f. A. A. *Bieg,* Die externe Rechnungslegung, S. 275 i. V. m. 214 f., der unter Hinweis auf die Definition des Kunden in § 21 Abs. 1 S. 1 RechKredV als in- und ausländische Nichtbanken einen Ausweis nicht bankgeschäftlicher Verbindlichkeiten unter der Bilanzposition »sonstige Verbindlichkeiten« ablehnt.

572) *Bieg,* Die externe Rechnungslegung, S. 271 i. V. m. 210 f. sowie S. 275 i. V. m. 214; *Scharpf,* Handbuch Bankbilanz, S. 566 i. V. m. 386 f.

573) *Krumnow/Sprißler/Bellavite-Hövermann u. a.,* Rechnungslegung der Kreditinstitute, § 21 Rn. 7 i. V. m. § 15 Rn. 3.

damit vom unmittelbaren Schutz der Satzungen der Sicherungseinrichtungen erfasst oder ob sie vielmehr den »Sonstigen Verbindlichkeiten« unterfallen und damit vom Schutzbereich ausgenommen sind. Dies gilt insbesondere unter Berücksichtigung der im Gegensatz zum EAG nicht beschränkten Höhe eventueller Entschädigungsleistungen. Unter diesem Aspekt ist auch für die Kreditinstitute von Interesse, ob über den Einlagenbegriff bzw. die Bilanzposition »Verbindlichkeiten gegenüber Kunden« deren Nichtbankgeschäfte, d. h. vornehmlich Verbindlichkeiten aus Grundstücksgeschäften und der Vermietung von Gebäuden,[574] geschützt sind. Insgesamt ist folglich eine Bezugnahme auf die Begriffsbestimmungen des EAG zur Konkretisierung des Schutzbereichs der Satzungen der Sparkassen-Finanzgruppe – auch soweit dieser aus Gründen der Konkurrenz zu den übrigen Kreditinstitutsgruppen letztlich über die gesetzlichen Anforderungen hinausgeht[575] – zu präferieren.

bb) Anspruchsberechtigung

Nach § 3 Abs. 1 i. V. m. § 4 Abs. 1 S. 1, Abs. 2 S. 1 EAG hat der Gläubiger eines Kreditinstituts im Entschädigungsfall gegen die zuständige Entschädigungseinrichtung einen – auf jeweils 20.000 Euro begrenzten – gerichtlich durchsetzbaren Anspruch auf 90 % seiner Einlagen bzw. der ihm gegenüber bestehenden Verbindlichkeiten aus Wertpapiergeschäften. In den neuen Satzungen der Sparkassen-Finanzgruppe ist – entsprechend der bisherigen Satzungslage – ein unmittelbarer Anspruch der Ein- bzw. Anleger trotz der Möglichkeit der Verweigerung einer Institutsstützung nicht ausdrücklich normiert. Allerdings könnte ein solcher den Satzungen im Rahmen der Auslegung zu entnehmen sein. Als körperschaftliche Verfassung ist die Satzung nach objektiven Gesichtspunkten aus sich bzw. ihrem Inhalt heraus auszulegen.[576] Wie bei der Gesetzesauslegung sind vom Wortlaut der Satzungsbestimmungen ausgehend Sinn und Zweck der

574) *Krumnow/Sprißler/Bellavite-Hövermann u. a.*, Rechnungslegung der Kreditinstitute, § 21 Rn. 4 i. V. m. § 14 Rn. 2; *Bieg*, Die externe Rechnungslegung, S. 271 i. V. m. 210.

575) Siehe dazu 3. Teil B. III.

576) BGHZ, Urt. v. 06.03.1967 – II ZR 231/64 –, 47, 172 (180); *Stöber*, Vereinsrecht, Rn. 44; *Reichert*, Vereins- und Verbandsrecht, Rn. 400; *Reuter*, in MüKo § 25 Rn. 22. Für eine rechtsgeschäftliche, gleichwohl aber »objektive« Auslegung der Satzung *Grunewald*, ZGR 1995, 68 (80 f.); *Hadding*, in Soergel, BGB, § 25 Rn. 32; Häuser/van Look, ZIP 1986, 749 (752 f.).

Regelung sowie ihr systematischer Bezug zu erforschen.[577] Satzungslücken können im Wege der ergänzenden Auslegung geschlossen werden, soweit dadurch die schon in der Satzung selbst angelegte Regelung zu einem sinnvollen Ganzen ergänzt wird.[578]

Nach den Satzungen sind lediglich Ansprüche der Mitgliedsinstitute ausdrücklich ausgeschlossen.[579] Darüber hinaus sind nur die Annahme eines Stützungsfalls sowie Art und Umfang der zur Disposition stehenden Stützungsmaßnahmen positiv geregelt und in das Ermessen der jeweiligen Entscheidungsgremien gestellt worden.[580] Dagegen wird die unmittelbare Sicherung der Ein- bzw. Anleger ausschließlich im Rahmen von Aufgabe und Schutzzweck der Sicherungseinrichtungen genannt, im Übrigen aber nicht weiter ausgeführt.[581] Diese Regelungslücke, die auf den Umstand zurückzuführen ist, dass in der Praxis eine Versagung von Mitteln nur ausnahmsweise zur Disposition steht, kann im Wege einer Auslegung nach Sinn und Zweck geschlossen werden. Es ist davon auszugehen, dass durch die Satzungen die Anforderungen des § 12 Abs. 1 EAG erfüllt werden sollen, um eine Freistellung von der Pflichtzugehörigkeit zu einer Entschädigungseinrichtung zu erreichen. Dies setzt voraus, dass durch die Satzungen ein Schutz gewährt wird, der dem des EAG zumindest gleichwertig ist. Insofern muss dem einzelnen Ein- bzw. Anleger für den Fall der Versagung der Institutssicherung ein Anspruch gegen die Sicherungseinrichtungen der Sparkassen-Finanzgruppe zustehen.

Zum selben Ergebnis führt eine systematische Auslegung. Kommen für eine Norm des niederrangigen Rechts zwei Auslegungsmöglichkeiten in Betracht, ist nach dem Grundsatz der »rangkonformen Auslegung als Inhaltsbestimmung« die Auslegung zu wählen, die dem höherrangigen Recht mehr entspricht.[582] Vorliegend lässt sich der Inhalt der Satzungen sowohl

577) *Stöber,* Vereinsrecht, Rn. 44; *Reichert,* Vereins- und Verbandsrecht, Rn. 400.

578) *Reichert,* Vereins- und Verbandsrecht, Rn. 401 unter Verweis auf BGH, Urt. v. 16.10.1989 – II ZR 2/89 –, NJW-RR 1990, 226 (227).

579) § 20 Mustersatzung für die Sparkassenstützungsfonds der Regionalverbände; § 22 Satzung für die Sicherungsreserve der Landesbanken und Girozentralen; § 21 Satzung für den Sicherungsfonds der Landesbausparkassen.

580) §§ 3, 12 Mustersatzung für die Sparkassenstützungsfonds der Regionalverbände sowie Satzung für die Sicherungsreserve der Landesbanken und Girozentralen und Satzung für den Sicherungsfonds der Landesbausparkassen.

581) § 2 Abs. S. 3-5 Mustersatzung für die Sparkassenstützungsfonds der Regionalverbände sowie Satzung für die Sicherungsreserve der Landesbanken und Girozentralen und Satzung für den Sicherungsfonds der Landesbausparkassen.

582) *Wank,* Auslegung von Gesetzen, S. 85.

dahingehend auslegen, dass den Ein- bzw. Anlegern in Bezug auf ihre Einlagen und den sonstigen aufgeführten Verbindlichkeiten ein subsidiärer Anspruch gegen die Sicherungseinrichtungen zusteht, als auch dass lediglich eine entsprechende objektive Rechtspflicht seitens der Sicherungseinrichtungen besteht. Unter Heranziehung des § 12 Abs. 1 EAG, der in richtlinienkonformer Auslegung im Fall der Verweigerung von Stützungsleistungen einen ersatzweisen Anspruch der Ein- bzw. Anleger voraussetzt, ist auch den Satzungen der Sicherungseinrichtungen ein entsprechender Anspruch zu entnehmen.

c) Ergebnis

Auch die Neufassung der Satzungen der Sicherungseinrichtungen der Sparkassen-Finanzgruppe basiert auf einem diskretionären Institutssicherungssystem. Der daneben vorgesehene unmittelbare Schutz von Kundeneinlagen, Schuldverschreibungen der Mitgliedsinstitute im Besitz von Kunden und sonstigen Verbindlichkeiten stellt eine wesentliche Verbesserung der Rechtsposition der Ein- bzw. Anleger dar, bleibt jedoch gleichwohl hinter den Anforderungen des EAG zurück. In Abweichung zu den durch das EAG über den Begriff der Einlagen geschützten Forderungen sind nach der satzungseigenen Definition der Einlagen durch Verweis auf die Rechnungslegungsverordnung verbriefte Verbindlichkeiten ausdrücklich ausgenommen. Auf Grund der Notwendigkeit den Ein- bzw. Anlegern der Sparkassen und Landesbanken/Girozentralen im Fall der Verweigerung einer Institutsstützung einen dem EAG vergleichbaren Schutz zu gewährleisten, ist die unmittelbare Sicherung der Ein- bzw. Anleger durch die Satzungen damit als nicht ausreichend zu erachten. Darüber hinaus wäre auch die ausdrückliche Normierung eines ersatzweisen Anspruchs der Ein- bzw. Anleger wünschenswert. Ein solcher lässt sich den Satzungen lediglich im Wege der Auslegung entnehmen.

Nach Maßgabe des EAG könnte der satzungsmäßige Schutz hinsichtlich der Höhe eventueller Zahlungen und des Kreises der Berechtigten dagegen auf das gesetzliche Mindestmaß beschränkt werden. Insoweit wären Entschädigungsleistungen vornehmlich an private Ein- bzw. Anleger zu erbringen sowie auf 90 % der Einlagen bzw. Verbindlichkeiten aus Wertpapiergeschäften und einen Gegenwert von jeweils maximal 20.000 Euro zu begrenzen. Allerdings würde eine auf die Mindestanforderungen des EAG reduzierte Sicherung der Einlagen bzw. Verbindlichkeiten aus Wertpapiergeschäften mit entsprechenden Informationspflichten der Sparkassen und

Landesbanken/Girozentralen einhergehen. Gemäß § 23 a Abs. 1 S. 1 KWG, der durch das Gesetz zur Umsetzung der EG-Einlagensicherungsrichtlinie und der EG-Anlegerentschädigungsrichtlinie grundlegend neu gestaltet wurde, sind Institute, die das Einlagengeschäft, das Finanzkommissions- oder das Emissionsgeschäft betreiben bzw. Finanzdienstleistungen als Anlage- oder Abschlussvermittler, als Finanzportfolioverwalter oder im Eigenhandel anbieten, verpflichtet, Kunden, die nicht Institute sind, im Preisaushang über die Zugehörigkeit zu einer Einrichtung zur Sicherung der Ansprüche von Ein- und Anlegern zu informieren.[583] Neukunden sind vor Aufnahme der Geschäftsbeziehung schriftlich und in leicht verständlicher Form über die für die Sicherung geltenden Bestimmungen einschließlich Umfang und Höhe der Sicherung in Kenntnis zu setzen.[584] Auf nicht gesicherte Einlagen und andere nicht gesicherte rückzahlbare Gelder hat das Institut in den Allgemeinen Geschäftsbedingungen, im Preisaushang sowie an hervorgehobener Stelle in den Vertragsunterlagen vor Aufnahme der Geschäftsbeziehung hinzuweisen.[585] In letzterem Fall darf diese Information keine anderen Erklärungen enthalten und ist vom Kunden gesondert zu unterschreiben.[586] Außerdem müssen auf Anfrage Informationen über die Bedingungen der Sicherung einschließlich der für die Geltendmachung der Entschädigungsansprüche erforderlichen Formalitäten erhältlich sein.[587]

Der Anwendungsbereich des § 23 a KWG erstreckt sich auf alle Einrichtungen zur Sicherung der Ansprüche von Ein- und Anlegern, nicht nur auf die im EAG geregelten Entschädigungseinrichtungen.[588] Den Sparkassen und Landesbanken/Girozentralen wie auch den genossenschaftlich organisierten Kreditinstituten wird eine Pflicht zur Information über nicht gesicherte

583) *Fischer,* in: Boos/Fischer/Schulte-Mattler, KWG, § 23 a Rn. 1, 48.

584) § 23 a Abs. 1 S. 2 KWG. Nach *Sethe,* ZBB 1998, 305 (323), ist § 23 a Abs. 1 S. 2 KWG richtlinienkonform dahingehend auszulegen, dass auch Altkunden umfassend über die für die Sicherung geltenden Bestimmungen einschließlich Umfang und Höhe der Sicherung zu informieren sind. Nach *Fischer,* in: Boos/Fischer/Schulte-Mattler, KWG, § 23 a Rn. 50, 57, besteht auch eine Informationspflicht hinsichtlich ausgeschlossener Gläubigergruppen.

585) § 23 a Abs. 1 S. 3 1. Hs. KWG. Nach § 23 a Abs. 1 S. 3 2. Hs. KWG sind rückzahlbare Gelder, die in Pfandbriefen, Kommunalschuldverschreibungen oder anderen Schuldverschreibungen, welche die Voraussetzungen des Art. 22 Abs. 4 S. 1, 2 der Investmentrichtlinie erfüllen, verbrieft sind, ausgenommen.

586) § 23 a Abs. 1 S. 4. Nach *Fischer,* in: Boos/Fischer/Schulte-Mattler, KWG, § 23 a Rn. 61, bedeutet dies nicht, dass der Hinweis gesondert von den anderen vor Vertragsschluss zu erteilenden Informationen zu geben ist.

587) § 23 a Abs. 1 S. 5 KWG.

588) Gesetzentwurf der Bundesregierung, BR-Drs. 257/98, S. 41 f.

Einlagen bzw. andere nicht rückzahlbare Gelder auf Grund ihrer Zugehörigkeit zu einer institutssichernden Einrichtung allerdings tatsächlich erlassen.[589] Diese Praxis ist auf Grund des Umstands, dass die Institutssicherung in beiden Sicherungssystemen nicht verpflichtend ausgestaltet ist, zweifelhaft.[590] Zur Begründung kann lediglich der Umstand herangezogen werden, dass im Fall der Versagung einer Institutsstützung die Verbindlichkeiten gegenüber den Ein- bzw. Anlegern im Wesentlichen durch die direkte Einlagensicherung erfasst sind. Würde der Umfang der direkten Einlagensicherung jedoch auf die Mindestanforderungen des EAG reduziert, wäre eine ausschließliche Information über den grundsätzlichen Institutsschutz sowohl nach Sinn und Zweck des § 23 a Abs. 1 KWG als auch unter Vertrauensschutzgesichtspunkten nicht mehr vertretbar. Der Kunde würde, soweit er nicht von seinem Informationsrecht nach § 23 a Abs. 1 S. 5 KWG Gebrauch macht, d. h. weitergehende Informationen erfragt, darauf vertrauen, dass seine Einlagen bzw. Verbindlichkeiten aus Wertpapiergeschäften umfassend geschützt sind. Eine dem gegenüberstehende tatsächliche Entschädigung in Höhe von jeweils maximal 20.000 Euro ist damit, auch wenn sie auf den Ausnahmefall beschränkt ist, unvereinbar. Dies gilt ebenfalls für den Ausschluss einzelner Gläubiger, wobei ein Hinweis in Bezug auf die Ausnahmetatbestände des § 3 Abs. 2 Nr. 8 EAG (Gläubiger, die Mitverantwortung an der Insolvenz tragen) und § 3 Abs. 2 Nr. 10 EAG (Gläubiger von Geldwäscheansprüchen) mangels Schutzbedürftigkeit entbehrlich ist.[591] Infolgedessen müssten bei Reduktion des Sicherungsumfangs bzw. Begrenzung der Anspruchsberechtigung die Kunden hierüber im Preisaushang, den Allgemeinen Geschäftsbedingungen bzw. an hervorgehobener Stelle in den Vertragsunterlagen informiert werden. Eine solche Informationspflicht würde dazu führen, dass in der Bewertung Dritter die ersatzweise Sicherung der Einlagen bzw. Verbindlichkeiten aus Wertpapiergeschäften verstärkt in den Vordergrund tritt. Die Vorteile der Institutssicherung würden gleichsam relativiert. Ein verändertes Kundenverhalten sowie eine abweichende Bewertung der Ratingagenturen wären nicht auszuschließen. Dies gilt umso mehr als die Einlagensicherungsfonds des Bundesverband deutscher Banken und des Bundesverband Öffentlicher Banken ebenso wie die neben der Institutssicherung bestehende Einlagensicherung

589) *Fischer,* in: Boos/Fischer/Schulte-Mattler, KWG, § 23 a Rn. 48, 53; *Sethe,* ZBB 1998, 305 (322).

590) Zum Sicherungssystem des Bundesverbandes der Volksbanken und Raiffeisenbanken e. V. vgl. 3. Teil B. III. 3. a).

591) *Fischer,* in: Boos/Fischer/Schulte-Mattler, KWG, § 23 a Rn. 50.

der Genossenschaftsbanken einen über den Mindestumfang des EAG hinausgehenden Schutz vorsehen.[592] Dementsprechend ist die rechtliche Möglichkeit, die für den Ausnahmefall vorgehaltene Sicherung der Einlagen bzw. Verbindlichkeiten aus Wertpapiergeschäften auf das gesetzliche Mindestmaß zu reduzieren, von praktisch geringer Bedeutung.

3. Annahme eines Stützungsfalls

Nach der bisherigen Satzungslage ist eine allgemeine Krise der Kreditwirtschaft nicht geeignet, einen Stützungsfall zu begründen, was letztlich zu einem Ausfall der Institutssicherung führt.[593] Im Rahmen der neu gefassten Satzungen ist eine Einschränkung in der Form, dass die Ursache der wirtschaftlichen Schwierigkeiten in den geschäftlichen Verhältnissen der Sparkasse begründet sein muss, nicht gegeben. Ein Stützungsfall liegt bei drohenden oder bestehenden wirtschaftlichen Schwierigkeiten eines Mitgliedinstituts vor, insbesondere wenn dieses aus eigener Kraft nicht in der Lage ist, einen den Bestand gefährdenden Verlustausweis oder eine Zahlungseinstellung zu vermeiden.[594] Im Rahmen von Regelbeispielen wird an die fortdauernde Unterschreitung des Solvabilitätskoeffizienten nach § 2 Abs. 1 Grundsatz I und der Liquiditätskennzahl nach § 2 Abs. 2 S. 3 Grundsatz II, an einen als nachhaltig einzustufenden Bilanzverlust sowie an gemäß § 29 Abs. 3 KWG anzuzeigende, den Bestand des Instituts potenziell gefährdende Tatsachen angeknüpft.[595] Das Vorliegen eines Stützungsfalls ist durch den jeweiligen Verbandsvorstand bzw. die ordentlichen Mitgliedsinstitute der Sicherungsreserve oder die Bausparkassenkonferenz zu beschließen.[596] Dieser Beschluss stellt eine Verfahrenshandlung im Zuge der Entscheidung über die Gewährung von Stützungsmaßnahmen dar. Dementsprechend wäre eine ablehnende bzw. unterbleibende Entscheidung über das Vorliegen eines Stützungsfalls im Rahmen eines Rechtsbehelfs gegen die

---

592) Siehe dazu 3. Teil B. III.

593) Siehe dazu 2. Teil C. II. 3. a) cc) (2).

594) § 3 Abs. 1 Mustersatzung für die Sparkassenstützungsfonds der Regionalverbände sowie Satzung für die Sicherungsreserve der Landesbanken und Girozentralen und Satzung für den Sicherungsfonds der Landesbausparkassen.

595) § 3 Abs. 2 Mustersatzung für die Sparkassenstützungsfonds der Regionalverbände sowie Satzung für die Sicherungsreserve der Landesbanken und Girozentralen und Satzung für den Sicherungsfonds der Landesbausparkassen.

596) § 3 Abs. 3 Mustersatzung für die Sparkassenstützungsfonds der Regionalverbände sowie Satzung für die Sicherungsreserve der Landesbanken und Girozentralen und Satzung für den Sicherungsfonds der Landesbausparkassen.

Ablehnung von Stützungsmaßnahmen bzw. ein dahingehendes Untätigbleiben geltend zu machen.[597]

4. Finanzielle Ausstattung

§ 12 Abs. 1 EAG setzt neben einem satzungsmäßig verankerten Institutsschutz voraus, dass die Sicherungseinrichtungen der regionalen Sparkassen- und Giroverbände über die hierfür erforderlichen finanziellen Mittel verfügen. Da auf Grund des Haftungsverbundes auch die Landesbanken/Girozentralen als Institute, »die den regionalen Sparkassen- und Giroverbänden ... angeschlossen sind«, angesehen werden,[598] ist insbesondere auch die Sicherungsreserve der Landesbanken und Girozentralen miteinzubeziehen, d. h. zu prüfen, ob deren Mittel gemeinsam mit denen der im Überregionalen Ausgleich verbundenen Sparkassenstützungsfonds zur Stützung der ihnen angeschlossenen Institute als ausreichend zu erachten sind.[599] Grundsätzlich ist festzustellen, dass eine absolute Sicherung der Institute wie auch der Einlagen nicht möglich ist.[600] Insbesondere im Rahmen eines Bankruns, d. h. einem massenhaften Abzug von Einlagen, der zu Liquiditätsproblemen und schließlich zur Insolvenz eines Instituts führt, besteht die Gefahr einer Kettenreaktion in Form von zeitlich eng aufeinander folgenden Stützungsfällen und damit der wirtschaftlichen Überforderung der Sicherungssysteme.[601] Die Sicherungseinrichtungen der Sparkassenfinanzgruppe müssen aber in der Lage sein, auch größere Landesbanken/Girozentralen aufzufangen sowie mehr als einem Stützungsfall auch bei zeitlicher Kohärenz durch adäquate Maßnahmen zu begegnen.

Das bisherige Gesamtvolumen der Sicherungseinrichtungen wurde – unter vergleichender Heranziehung des Stützungsvolumens für die Hessische Landesbank Mitte der siebziger Jahre – in diesem Sinne als nicht

597) Siehe dazu 3. Teil C. I. 1.

598) Siehe dazu 2. Teil C. II. 3. a) bb).

599) Die Mittel des Sicherungsfonds der Landesbausparkassen können im Vergleich mit denen der beiden anderen Sicherungseinrichtungen vernachlässigt werden (Siehe dazu 2. Teil C. II. 3. a) cc) (3)).

600) *Schmidt,* Sparkasse 1976, 47 (50).

601) *Zimmermann/Barbrock,* in: Gehrig, Banken und Bankrecht im Wandel, S. 261 (270 ff.), die darauf hinweisen, dass »Runs« durch Einlagensicherungssysteme nur dann verhindert werden können, wenn sie auf eine Deckungsobergrenze verzichten und gleichsam alle Einleger schützen; *Kleinert,* Einlagensicherungssysteme, S. 26 ff.; *Schöner,* Einlagensicherung und Wettbewerb, S. 32 f.; *Burghof/Rudolf,* Bankenaufsicht, S. 20 ff.

ausreichend erachtet.[602] Nach V. 3. S. 1 der Grundsätze der risikoorientierten Beitragsbemessung der Sicherungseinrichtungen der Sparkassen-Finanzgruppe wird das Gesamtvolumen der Sicherungseinrichtungen nunmehr so ausgerichtet, dass das zusammengefasste risikoorientierte Gesamtvolumen aller Sparkassenstützungsfonds und der Sicherungsreserve der Landesbanken und Girozentralen zum Umstellungszeitpunkt 31. Dezember 2005 dem 1,5-fachen des bisherigen Gesamtvolumens entspricht. Nach Angaben des DSGV wird das vorhandene und für jeden Einzelfall zur Verfügung stehende Haftungsvolumen der Sicherungseinrichtungen der Sparkassen und Landesbanken/Girozentralen damit auf rund 4,2 Mrd. Euro erhöht.[603]

Dies bedeutet zunächst, dass die für einen Stützungsfall zur Verfügung gestellten Mittel durch die Satzungen begrenzt sind. Da der Begriff des Stützungsfalls jedoch nicht gegenständlich oder zeitlich ausgerichtet ist, sondern an den zwischen den Beteiligten zu schließenden Sanierungsvertrag anknüpft, besteht – wie sich aus § 3 Abs. 4 S. 2 der Satzungen ergibt – die Möglichkeit, während der Laufzeit eines Sanierungsvertrags erneut Stützungsmaßnahmen zu beantragen und damit satzungsrechtlich einen neuen Stützungsfall zu begründen. In Übereinstimmung mit den Satzungen lässt sich den Angaben des DSGV darüber hinaus entnehmen, dass die Mitgliedsinstitute grundsätzlich in jedem satzungsmäßigen Stützungsfall in Höhe des Gesamtvolumens in der Pflicht stehen.

Nach § 16 Abs. 1 der Satzungen setzt sich das auf der Grundlage der Grundsätze für die risikoorientierte Beitragsbemessung ermittelte Gesamtvolumen der Sicherungseinrichtungen zu mindestens einem Drittel aus Barmitteln und in verbleibender Höhe aus einer Nachschusspflicht zusammen. Neben einer jährlichen besteht eine besondere Auffüllungspflicht soweit das Einzahlungs-Soll noch nicht erreicht ist und die im Fonds vorhandenen Barmittel zur Abwicklung eines Stützungsfalls nicht ausreichen.[604] Übersteigen die für die Stützung eines Instituts notwendigen Aufwendungen die in Höhe des Einzahlungs-Solls aufgebrachten Barmittel,

---

602) Siehe dazu 2. Teil C. II. 3. a) cc) (3).

603) *DSGV*, Pressemitteilung 127/2003 v. 28.12.2003, S. 1.

604) § 16 Abs. 2, 3 Mustersatzung für die Sparkassenstützungsfonds der Regionalverbände sowie Satzung für die Sicherungsreserve der Landesbanken und Girozentralen und Satzung für den Sicherungsfonds der Landesbausparkassen.

greift die Nachschusspflicht.[605] Dabei bestehen die Auffüllungs- und Nachschusspflichten bis zur Höhe des Gesamtvolumens auch dann, wenn unmittelbar nach Inanspruchnahme der Sicherungseinrichtungen erneut ein Stützungsfall eintritt.

Naturgemäß sind die Mittel der Sicherungseinrichtungen allerdings durch die Leistungsfähigkeit ihrer Mitgliedsinstitute begrenzt. Dies kommt auch in den Satzungen zum Ausdruck, wonach die Inanspruchnahme aus der Nachschuss- bzw. Auffüllungspflicht nicht zu einer substanziellen Gefährdung der einzelnen Mitgliedsinstitute führen darf.[606] Wird eine solche durch das zuständige Gremium auf Antrag festgestellt, kann das Institut teilweise oder vollständig von der Pflicht befreit oder die Leistung gestundet und dies – soweit möglich – innerhalb der jeweiligen Sicherungseinrichtung ausgeglichen werden.[607] Führen Leistungen aus der Nachschuss- und insbesondere der Auffüllungspflicht dazu, dass es bei mehreren Mitgliedsinstituten zu einer substanziellen Gefährdung kommt, so kann die betroffene Sicherungseinrichtung unmittelbar den Überregionalen Ausgleich bzw. den Haftungsverbund anrufen und die vorzeitige Übernahme von Sanierungsleistungen beantragen.[608]

Im Ergebnis kann jedoch festgestellt werden, dass die Sicherungseinrichtungen der Sparkassen-Finanzgruppe über die zur Sicherung ihrer Mitgliedsinstitute erforderlichen Mittel verfügen. Soweit die Leistungen für den einzelnen Stützungsfall durch die Satzungen grundsätzlich begrenzt werden, ist zu beachten, dass das EAG in Übereinstimmung mit den ihm zu Grunde liegenden Richtlinien lediglich verlangt, dass entsprechende Mittel vorhanden sein müssen und – ebensowenig wie es eine verbindliche Institutssicherung vorsieht – nicht bestimmt, wie diese im Einzelfall einzusetzen

605) § 16 Abs. 4 S. 1 Mustersatzung für die Sparkassenstützungsfonds der Regionalverbände sowie Satzung für die Sicherungsreserve der Landesbanken und Girozentralen und Satzung für den Sicherungsfonds der Landesbausparkassen.

606) § 16 Abs. 5 S. 1 Mustersatzung für die Sparkassenstützungsfonds der Regionalverbände sowie Satzung für die Sicherungsreserve der Landesbanken und Girozentralen und Satzung für den Sicherungsfonds der Landesbausparkassen.

607) § 16 Abs. 5 S. 3, 4 Mustersatzung für die Sparkassenstützungsfonds der Regionalverbände sowie Satzung für die Sicherungsreserve der Landesbanken und Girozentralen und Satzung für den Sicherungsfonds der Landesbausparkassen.

608) § 16 Abs. 6 Mustersatzung für die Sparkassenstützungsfonds der Regionalverbände sowie Satzung für die Sicherungsreserve der Landesbanken und Girozentralen und Satzung für den Sicherungsfonds der Landesbausparkassen bzw.§ 1 Abs. 3 S. 1 Satzung für den Überregionalen Ausgleich der Sparkassenstützungsfonds sowie § 2 Abs. 2 S. 1 Satzung für den Haftungsverbund.

sind, solange der Sicherungszweck dadurch nicht prinzipiell in Frage gestellt wird. Begrenzungen, die sich auf Grund der Leistungsfähigkeit der Mitgliedsinstitute ergeben, sind systemimmanent und entsprechen der relativen Sicherheit von Sicherungssystemen.

Von den die Institutssicherung betreffenden finanziellen Anforderungen sind die im Rahmen einer direkten Sicherung der Einlagen bzw. Verbindlichkeiten aus Wertpapiergeschäften aufzubringenden Mittel zu unterscheiden. Grundsätzlich wird die Einlagensicherung bzw. die Sicherung der Verbindlichkeiten aus Wertpapiergeschäften im Stützungsfall als kostenintensiver als die Institutssicherung angesehen.[609] Allein die durch die Satzungen der Sicherungseinrichtungen geschützte Bilanzposition »Verbindlichkeiten gegenüber Kunden« enthält im Einzelfall Beträge, die deutlich im zweistelligen Milliarden-Euro-Bereich liegen.[610] Auch soweit ein Großteil der Verbindlichkeiten bzw. der Schuldverhältnisse auf ein oder mehrere andere Institute übertragen werden sollte, kann die für eine Institutsstützung vorgesehene Begrenzung der zur Verfügung stehenden Mittel damit nicht für den verbindlichen Anspruch der Ein- bzw. Anleger im Fall der Versagung der Stützung gelten. Vielmehr ist eine Leistungspflicht bis zur Grenze der Leistungsfähigkeit der Sicherungseinrichtungen bzw. ihrer Mitglieder zu konstatieren.

II. Ökonomische Betrachtung

Im unmittelbaren Anschluss an die Verständigung über Anstaltslast und Gewährträgerhaftung betreffend Landesbanken und Sparkassen wurde eine Verschlechterung der Bonitätseinstufung der Landesbanken/Girozentralen um mehrere Stufen prognostiziert.[611] Die Ankündigung seitens der Ratingagentur Standard & Poor's (S&P), bereits am 24.11.2003 ein so genanntes Schattenrating, d. h. ein fiktives Rating für die Zeit ab Ersetzung bzw. Wegfall von Anstaltslast und Gewährträgerhaftung zu veröffentlichen, stieß dementsprechend auf massiven Widerstand.[612] Die trotz des erklärten

609) *Hoppenstedt,* Betriebswirtschaftliche Blätter, 418 (419); *Schöner,* Einlagensicherung und Wettbewerb, S. 63, 105.

610) Vgl. z. B. Geschäftsbericht 2004 der Bayerischen Landesbank, S. 129 (http://www.bayernlb.de/p/_de/downloads/offen/1320_konzernkommunikation/Geschaeftsbericht_2004_D.pdf (Stand: 01.01.2006)).

611) *Papon,* FAZ v. 27.08.2001 (Nr. 198), S. 13.

612) *Dohmen/Knipper/Köhler,* HB v. 14.11.2003 (Nr. 220), S. 1, 21 u. v. 17.11.2003 (Nr. 221), S. 25.

Veröffentlichungsaufschubs bekannt gewordenen Einzelnoten lagen dann auch bis zu sieben Ratingstufen unter den bisherigen Bonitätsbeurteilungen und damit nur zwei Stufen über »Junk-Bond-Status.«[613]

Nach den Mitte des Jahres 2004 schließlich offiziell veröffentlichten Vorab-Ratings der Ratingagentur Fitch lagen die Landesbanken/Girozentralen – mit Ausnahme der Landesbank Berlin und der Landesbank Rheinland-Pfalz – im A-Bereich und damit deutlich höherrangiger als in Finanzkreisen erwartet.[614] Die Finanzgruppe Hessen-Thüringen, d. h. die Helaba und die mit ihr verbundenen 51 hessischen und thüringischen Sparkassen, wurde wenig später im Rahmen eines so genannten Verbundratings mit A+ bewertet.[615] Auch S&P, die nur zwei Drittel der Landesbanken/Girozentralen bewerteten, vergaben überwiegend Bewertungen im A-Bereich, die als Mindestgrenze gelten, um als Universalbank breit angelegt und profitabel arbeiten zu können.[616] Lediglich die Landesbank Sachsen und die WestLB wurden mit BBB+ eingestuft.[617]

Die Ratingagentur Moody's erstellte im Auftrag des Deutschen Sparkassen- und Giroverbandes für alle Sparkassen, Landesbanken/Girozentralen und Landesbausparkassen sowie die Deka-Bank und den Sparkassen-Broker einen so genannten Rating-Floor.[618] Die einbezogenen Institute verfügen danach über eine Mindestbonitätsnote von A1, die im Rahmen individueller Einzel- oder Gruppenratings ausschließlich Raum für darüber hinausgehende Bewertungen lässt.[619] Im Zuge der Ende des ersten Quartals 2005 von Moody's veröffentlichten Einzelratings für die Zeit nach Ersetzung bzw. Wegfall von Anstaltslast und Gewährträgerhaftung erhielt dementsprechend keine Landesbank eine Bewertung unterhalb dieser fünften von insgesamt einundzwanzig Ratingstufen.[620] Darüber hinaus wurde dem Westfälisch-Lippischen Sparkassen- und Giroverband (WLSGV) ein Emittenten-Rating von Aa3 erteilt, das auf Grund der begrenzten eigenen finanziellen

---

613) *Dohmen/Knipper/Köhler,* HB v. 14.11.2003 (Nr. 220), S. 1, 21 u. v. 17.11.2003 (Nr. 221), S. 25.

614) *Boehringer/Einecke,* SZ v. 02.07.2004 (Nr. 150), S. 21.

615) *Gries,* SZ v. 13.10.2004 (Nr. 238), S. 24.

616) *Boehringer/Einecke,* SZ v. 02.07.2004 (Nr. 150), S. 21.

617) *Boehringer/Einecke,* SZ v. 02.07.2004 (Nr. 150), S. 21.

618) *Schackmann-Fallis,* Sparkasse 01/2005, 8 (8); *Mußler,* FAZ v. 14.12.2004 (Nr. 292), S. 9; *Einecke,* SZ v. 14.12.2004 (Nr. 290) S. 32.

619) *Albacht/Gontermann,* Sparkasse 01/2005, 14 (14); *Mußler,* FAZ v. 14.12.2004 (Nr. 292), S. 9; *Einecke,* SZ v. 14.12.2004 (Nr. 290) S. 32.

620) *Drost,* HB v. 27.04.2005 (Nr. 81), S. 26.

Ressourcen des WLSGV durch die zusammengefasste Bonität seiner Mitgliedssparkassen bestimmt wurde.[621]

Die Ratingagentur Moody's nennt als Analysegrundlage für die Erteilung »nicht garantierter« Ratings an erster Stelle die »implizite Unterstützung« der öffentlichen Eigentümer, insbesondere der Bundesländer, d. h. deren Bereitschaft die Landesbanken/Girozentralen innerhalb des von der EU-Kommission vorgegebenen Rahmens zu unterstützen.[622] Daneben fließen die eigene Bonität der Landesbanken/Girozentralen sowie die systemimmanente Unterstützung der sektorübergreifenden Sicherungsmechanismen in die Bewertung ein.[623] Die Erteilung des Rating-Floor stützte Moody's auf die Annahme, »dass der Kohäsionsgrad zwischen den einzelnen Instituten nicht abnehmen wird, angeschlagene Banken auch künftig mit Unterstützungsleistungen über die sektorspezifischen Mechanismen rechnen können und auch das starke Geschäft sowie die gute aggregierte Finanzkraft nicht deutlich zurückgehen werden.«[624]

S&P bestimmt zunächst die Bonität der Landesbanken aus eigener Stärke und bezieht erst in einem zweiten Schritt die jeweiligen Eigentümer ein, wobei je nach Einzelfall entweder die Verbindung zu den Sparkassen oder zu den Ländern gewichtet wird.[625] Dabei ist eine enge Verbindung zum Eigentümer maximal geeignet, die Bewertung um drei Stufen zu verbessern.[626] Den Sicherungseinrichtungen wird auf Grund des zwischen den Landesbanken/Girozentralen bestehenden Wettbewerbs, den divergierenden Interessenlagen und dem fehlenden Leistungsanspruch kaum Bedeutung beigemessen.[627] Dementsprechend wurde die Erteilung eines überregionalen Rating-Floor seitens S&P mit dem Hinweis abgelehnt, dieser würde

621) *Gerlach,* ZkredW 2005, 125 (127).

622) *Dawson-Kropf/Theodore,* Aktualisierte Analysegrundlagen für die künftigen Ratings der deutschen Landesbanken ohne Berücksichtigung von Unterstützungsmechanismen, Moody's Special Comment Februar 2005, S. 2.

623) *Dawson-Kropf/Theodore,* Aktualisierte Analysegrundlagen für die künftigen Ratings der deutschen Landesbanken ohne Berücksichtigung von Unterstützungsmechanismen, Moody's Special Comment Februar 2005, S. 2.

624) Moody's, Pressemitteilung v. 13.12.2004, S 1.

625) Standard & Poor's, Credit FAQ: German Landesbanks' Unguaranteed Obligations; The Bottom-Up Approach, S. 2.

626) Standard & Poor's, Credit FAQ: German Landesbanks' Unguaranteed Obligations; The Bottom-Up Approach, S. 2; *Mußler,* FAZ v. 18.07.2005 (Nr. 164), S. 16.

627) Standard & Poor's, Credit FAQ: German Landesbanks' Unguaranteed Obligations; The Bottom-Up Approach, S. 4 f.; *Einecke,* SZ v. 14.12.2004 (Nr. 290) S. 32.

lediglich die Kreditwürdigkeit der schwächsten Region oder Landesbank widerspiegeln.[628]

Nach Fitch beruht das Rating der zwölf bewerteten Institute der Sparkassen-Finanzgruppe mit Ausnahme der Deka-Bank auf der erwarteten Unterstützung durch die Eigentümer.[629] Dabei werden die Wahrscheinlichkeit und der Umfang der Unterstützung anhand der Verbindung zwischen Bundesland und Landesbank, der Verankerung der Landesbank in der regionalen Wirtschaftsstruktur, der Stärke der Verbindung zu den regionalen Sparkassen, der finanziellen Verfassung des potenziellen Unterstützers und des politischen Willens zur Unterstützung analysiert.[630] Die Zukunft der einzelnen Landesbanken/Girozentralen wird davon abhängig gemacht, inwieweit diese in der Lage sind bei ihren Kunden risikogemäße Zinsen durchzusetzen, die Kooperation mit den Sparkassen zu stärken sowie Kosten und Kreditrisiken einzudämmen.[631] Dabei besteht nach Fitch unausgeschöpftes Ertragspotenzial vor allem in einer weitergehenden »vertikalen Integration«, wobei der Zusammenschluss mit den Sparkassen über direkte Fusionen, rahmenvertragliche Kooperationen oder gemeinsame Liquiditätsfonds erfolgen könne.[632]

Wie die Darstellung der Analysegrundlagen der Ratingagenturen zeigt, rangieren im Rahmen der Bewertung der Landesbanken/Girozentralen an erster bzw. zweiter Stelle die Unterstützung durch die Eigentümer bzw. die eigene Finanzstärke der Landesbanken/Girozentralen. Der Haftungsverbund in seiner Gesamtheit wird nur von Moody's positiv gewürdigt, was die Erteilung eines Rating-Floor auch auf überregionaler Ebene ermöglicht. Allerdings lehnt auch Moody's ein einheitliches Gruppenrating ab, da die Sparkassen-Finanzgruppe keine homogene wirtschaftliche Einheit bilde. Der Haftungsverbund, der Grad der Kooperation und der Zusammenhalt werden als nicht stark genug angesehen, um eine einheitliche Bonitätsnote für alle

---

628) Standard & Poor's, Credit FAQ: German Landesbanks' Unguaranteed Obligations; The Bottom-Up Approach, S. 5.

629) *Perney Guillot/von Lüpke,* ZKredW 2004, 1050 (1050).

630) *Perney Guillot/von Lüpke,* ZKredW 2004, 1050 (1050); *FitchRatings,* Landesbanks: Yesterday, Today, Tomorrow, Special Report, S. 2.

631) *Perney Guillot/von Lüpke,* ZKredW 2004, 1050 (1051); *FitchRatings,* Landesbanks: Yesterday, Today, Tomorrow, Special Report, S. 1; *Boehringer,* SZ v. 25.06.2004 (Nr. 144), S. 27.

632) *Perney Guillot/von Lüpke,* ZKredW 2004, S. 1050 ff.; *Einecke,* SZ v. 18.08.2005 (Nr. 189), S. 26.

Mitglieder vergeben zu können.[633] S&P lehnt aus eben diesen Gründen bereits eine Anhebung der Einzelratings auf Grund des Haftungsverbundes ab.[634] Eine positive Wirkung auf das Rating wird nur den unabhängig vom Haftungsverbund eingerichteten, im Vergleich zu diesem engeren, regionalen Stützungsfonds zuerkannt.[635] In den Veröffentlichungen der Ratingagentur Fitch zu den Grundlagen der von ihnen vorgenommenen Landesbankbewertungen finden die Sicherungseinrichtungen schließlich keinerlei Erwähnung.[636] Lediglich bei der Einstufung regionaler Verbünde im Sinne eines Gruppen-Ratings bzw. Rating-Floor werden rechtlich wie praktisch durchsetzbare Stützungsmechanismen ausdrücklich berücksichtigt.[637]

Insgesamt ist damit festzustellen, dass der neu gefasste Haftungsverbund auf die bisherigen Bonitätsbewertungen der Landesbanken/Girozentralen für den Zeitpunkt nach Ersetzung bzw. Wegfall von Anstaltslast und Gewährträgerhaftung nur bedingt Einfluss genommen hat. Die positive Berücksichtigung seitens Moody's wird durch die abweichenden Bewertungen der beiden anderen Ratingagenturen relativiert. Insbesondere dem Rating von S&P bringen die Anleger höchstes Vertrauen entgegen, so dass eine wesentliche Verbesserung der Kapitalmarkt-Reputation unterhalb des A-Bereichs bewerteter Landesbanken/Girozentralen allein auf der Grundlage des von Moody's erstellten Rating-Floor nicht zu erwarten ist.[638] Festzuhalten bleibt auch, dass eine stärkere Gewichtung des Haftungsverbundes durch die beiden anderen Ratingagenturen dadurch zu erreichen wäre, dass die Sicherungseinrichtungen rechtlich verbindlich ausgestaltet würden.

Der Umstand, dass die Ratings besser als erwartet ausgefallen sind, ist in erster Linie auf Umstrukturierungen innerhalb und zwischen den Landesbanken/Girozentralen zurückzuführen. Den Anforderungen der Ratingagenturen entsprechend wurde zudem durchweg eine engere Zusammenarbeit mit den Sparkassen vereinbart, da dieser Geschäftsbereich – im Gegensatz zum

---

633) *Mußler,* FAZ v. 07.07.04 (Nr. 155), S. 14.

634) Standard & Poor's, Credit FAQ: German Landesbanks' Unguaranteed Obligations; The Bottom-Up Approach, S. 4.

635) Standard & Poor's, Credit FAQ: German Landesbanks' Unguaranteed Obligations; The Bottom-Up Approach, S. 4 f.; *Mußler,* FAZ v. 18.07.2005 (Nr. 164), S. 16.

636) *Perney Guillot/von Lüpke,* ZKredW 2004, 1050 ff.; *FitchRatings,* Landesbanks: Yesterday, Today, Tomorrow, Special Report.

637) *Schmidt-Bürgel/Bayer,* ZKredW 2003, 1005 (1007); *Gerlach,* ZKredW 2003, 1076 (1077).

638) *Mußler,* FAZ v. 07.07.2004 (Nr. 155), S. 14.

Kapitalmarktgeschäft – von Konjunkturschwankungen weitgehend unabhängig ist.[639]

Im Fall der WestLB fanden 2003 und 2005 Kapitalerhöhungen in Höhe von 1,5 Mrd. und 950 Mill. Euro durch den Westfälisch-Lippischen und den Rheinischen Sparkassen- und Giroverband bzw. das Land statt.[640] Darüber hinaus war die zusätzliche Einrichtung von Sicherungsfonds durch die WestLB und die nordrhein-westfälischen Sparkassenverbände notwendig, um seitens S&P eine Bewertung von A- zu erlangen.[641] Die beiden Sicherungsfonds sind mit einem Haftungsvolumen von jeweils 500 Mill. Euro eingerichtet und ergänzen die bereits vorhandenen Sicherungseinrichtungen der Sparkassen-Finanzgruppe.[642] Mit der Übernahme der Berliner Weberbank wurde die Rückkehr in das Geschäft mit vermögenden Privatkunden vorangetrieben.[643]

Die Helaba erlangte ihr derzeitiges Rating von A+ durch die Agentur Fitch nur aufgrund ihres Zusammenschlusses mit den 51 hessischen und thüringischen Sparkassen in Folge des so genannten neuen Verbundkonzepts.[644] Wesentliche Bestandteile dieses Konzepts sind ein »Ampelsystem« zum frühzeitigen Erkennen von Schieflagen, ein abgestuftes System der verbindlichen Zusammenarbeit und ein zusätzlicher regionaler Sicherungsfonds in Höhe von 547 Mill. Euro.[645] Der Helaba kommt dabei ebenfalls der hohe Marktanteil der gesamten Finanzgruppe im Privatkundengeschäft von 40 % zugute.[646] Mit der Übernahme der Frankfurter Sparkasse erhält sie zudem direkten Zugriff auf das begehrte Massengeschäft mit den Privatkunden.[647]

Bei der Nord/LB sah das Maßnahmenpaket eine Kapitalerhöhung von insgesamt 850 Mill. Euro, die Umwandlung stiller Einlagen der Träger in Höhe von 1,2 Mrd. Euro und die Emission einer unbefristeten Anleihe (so

639) *Boehringer/Einecke,* SZ v. 02.07.2004 (Nr. 150), S. 21.

640) *Weber,* SZ v. 28.05.2004 (Nr. 122), S. 26; *Dohmen,* HB v. 25.08.2005 (Nr. 164), S. 17.

641) *Dohmen,* HB v. 23.07.2004 (Nr. 141).

642) *Dohmen,* HB v. 22.07.2004 (Nr. 140), S. 19.

643) *Köhler,* HB v. 20.05.2005 (Nr. 96), S. 25.

644) *Gries,* SZ v. 13.10.2004 (Nr. 238), S. 24; allgemein zum neuen Verbundkonzept: *ter Glane,* ThürVBl. 2004, 269 ff.

645) *Köhler,* HB v. 07.11.2003 (Nr. 215), S. 21; *Gries,* SZ v. 13.10.2004 (Nr. 238), S. 24.

646) *Gries,* SZ v. 13.10.2004 (Nr. 238), S. 24.

647) *Köhler,* HB v. 29.06.2005 (Nr. 123), S. 22 u. v. 22.07.2005 (Nr. 170), S. 21.

genanntes Perpetual) im Gesamtvolumen von bis zu 900 Mill. Euro vor.[648] Zusammen mit Norwegens führender Bank DnB Nor gründete die Nord/LB die DnB Nord, die von Anfang 2006 an ihre Tätigkeit in den neuen osteuropäischen EU-Ländern aufnehmen wird.[649] Die von der Nord/LB zu 92,5 % getragene Bremer Landesbank hat ihre strategische Neuausrichtung bereits im Frühjahr 2001 mit dem Projekt »Bremer Landesbank 2004« eingeleitet und sich als regionale Geschäftsbank, die gleichzeitig die Aufgaben einer Sparkassenzentralbank und Landesbank wahrnimmt und dabei in ausgewählten Bereichen als Spezialfinanzierer überregional tätig ist, neu fokussiert.[650]

Die HSH Nordbank hat auf Anraten von S&P die Umwandlung stiller Einlagen von 1,4 Mrd. Euro in Stammkapital und Rücklagen bis 2007 terminlich fixiert.[651] Der Freistaat Bayern und die bayerischen Sparkassen sind an einer Stärkung der Kapitalbasis der Bayern LB mit einer Barkapitalerhöhung in zwei Tranchen in Höhe von insgesamt 640 Mill. Euro mit jeweils 50 % beteiligt.[652] Auch insoweit wurde die Errichtung eines regionalen Haftungsfonds zur Intensivierung der Verzahnung der Sparkassen-Finanzgruppe in Bayern beschlossen.[653] Die Landesbank Saar, an der die Bayern LB mit 75,1 % beteiligt ist, besitzt innerhalb des Konzerns die Zuständigkeit für die mittelständische Unternehmens- und Immobilienfinanzierung im Saarland sowie in Frankreich und Luxemburg.[654] Die Landesbank Baden-Württemberg, die 1999 aus einer Dreierfusion hervorgegangen ist und über rund 200 Filialen in Baden-Württemberg verfügt, gilt nicht zuletzt wegen ihres direkten Zugangs zu den Privatkunden als profitabelste Landesbank.[655] Durch die Übernahme der Landesbank Rheinland-Pfalz als

---

648) Vgl. Geschäftsberichts 2004 der Nord/LB, S. 5 (http://www.nordlb.de/de/investor_relations/pdf/Vorwort482.pdf (Stand: 01.01.2006)).

649) *Steuer/Drost,* HB v. 22.06.05 (Nr. 118), S. 21.

650) http://www.bremerlandesbank.de/wir_ueber_uns/presse_center/presseinformationen/2004/pressemitteilung2004_3.php?1=1&reloadframe=reload (Stand: 01.01.2006).

651) *Stuhlmann/Fischer,* Sparkasse 04/2005, 10 (12).

652) *O. V.,* Die Sparkassenzeitung v. 06.05.2005 (Nr. 18), S. 6.

653) Bayern LB, Änderung der Haftungsgrundlagen, Fragen und Antworten, S. 6 (http://www.bayernlb.de/p/_de/downloads/offen/0521_Investor_Relations/haftgrund_de.pdf (Stand: 01.01.2006)).

654) *Buchholz,* Sparkasse 10/2004, 8 (9) u. 12/2004, 12 (12).

655) *Mußler,* FAZ v. 18.07.2005 (Nr. 164), S. 16; *Einecke,* SZ v. 15.07.2005 (Nr. 161), S. 23.

hundertprozentige Tochter wurde deren Rating auch von der Agentur Fitch in den A-Bereich angehoben.[656]

Schließlich haben sich die Anteilseigner der Sachsen-Finanzgruppe (SFG)[657] – der Freistaat und die Träger der Sparkassen – auf eine Kapitalerhöhung von 300 Mill. Euro und Liquiditätshilfen der Sparkassen in Höhe von 5,4 Mrd. Euro für die Landesbank geeinigt.[658] Trotz dieser Maßnahme wurde das Rating seitens S&P im Vergleich zu dem Mitte 2004 veröffentlichten Schattenrating allerdings nicht erhöht, sondern verblieb bei BBB+.[659] Eine Sonderstellung nimmt die zur Bankgesellschaft Berlin gehörende Landesbank Berlin ein, die durch eine Kapitalzufuhr des Landes in Höhe von 1,755 Mrd. Euro und eine Bürgschaft für das Immobiliendienstleistungsgeschäft in Höhe von 21,6 Mrd. Euro saniert wurde.[660] Die EU-Kommission gewährte diese Beihilfen nur unter der Auflage, dass sich die zu 81 Prozent im Besitz des Landes Berlin befindliche Bankgesellschaft von Tochtergesellschaften trennt und im Jahr 2007 selbst zum Verkauf ansteht.[661]

Längerfristig wird davon ausgegangen, dass ein Zusammenschluss der Landesbanken/Girozentralen zu höchstens drei Landesbankkonzernen erfolgen wird. Auch aus Sicht der Sparkassen-Finanzgruppe bestehen derzeit zu viele unabhängig voneinander aufgestellte Landesbanken/Girozentralen, um insbesondere im europäischen Raum wettbewerbsfähig bleiben zu können.[662]

III. Vergleich mit anderen Sicherungssystemen

Neben den den regionalen Sparkassen- und Giroverbänden angehörenden Instituten sind auch die der Sicherungseinrichtung des Bundesverbandes der Deutschen Volksbanken und Raiffeisenbanken e. V. angeschlossenen Institute von der Pflichtzugehörigkeit zu einer Entschädigungseinrichtung

656) *Deckstein/Gries,* SZ v. 26.06.04 (Nr. 145), S. 23; *Mußler,* FAZ v. 18.07.2005 (Nr. 164), S. 16.
657) Siehe dazu 2. Teil C. II. 1. b) bb).
658) *Drost,* HB v. 28.06.2005 (Nr. 122), S. 24.
659) *Mußler,* FAZ v. 18.07.2005 (Nr. 164), S. 16.
660) *Drost,* HB v. 01.07.2005 (Nr. 125), S. 22.
661) *Drost,* HB v. 01.07.2005 (Nr. 125), S. 22.
662) *Köhler,* HB v. 22.06.2005 (Nr. 118), S. 21; *Dohmen,* HB v. 09.09.2005 (Nr. 175), S. 28.

befreit.[663] Dagegen sind die übrigen Einlagenkreditinstitute sowie sonstigen Kredit- und Finanzdienstleistungsinstitute im Sinne des § 1 Abs. 1 EAG verpflichtet, ihre Einlagen und Verbindlichkeiten durch Zugehörigkeit zu einer Entschädigungseinrichtung zu sichern.[664] Insoweit ist zwischen der Entschädigungseinrichtung deutscher Banken GmbH, der Entschädigungseinrichtung des Bundesverbandes Öffentlicher Banken Deutschlands GmbH und der Entschädigungseinrichtung der Wertpapierhandelsunternehmen (EdW) zu unterscheiden. Die EdW ist als nicht rechtsfähiges Sondervermögen des Bundes bei der Kreditanstalt für Wiederaufbau eingerichtet und für Finanzdienstleister, Kreditinstitute, die keine Einlagenkreditinstitute sind, und Kapitalanlagegesellschaften zuständig.[665] Dagegen sind die Entschädigungseinrichtung deutscher Banken GmbH und die Entschädigungseinrichtung des Bundesverbandes Öffentlicher Banken Deutschlands GmbH beliehene Entschädigungseinrichtungen. Aufgaben und Befugnisse einer Entschädigungseinrichtung wurden durch Rechtsverordnung dem Bundesverband deutscher Banken bzw. dem Bundesverband Öffentlicher Banken zugewiesen.[666] Alle drei Entschädigungseinrichtungen sichern in Bezug auf die ihnen zugeordneten Institute Einlagen und Verbindlichkeiten aus Wertpapiergeschäften nach Maßgabe des EAG. Über die gesetzliche Einlagensicherung bzw. die Sicherung von Verbindlichkeiten aus Wertpapiergeschäften hinausgehend bestehen beim Bundesverband deutscher Banken e. V. bzw. beim Bundesverband Öffentlicher Banken e. V. Einlagensicherungsfonds. Diese wurden bereits vor In-Kraft-treten der gesetzlichen Entschädigungseinrichtungen eingerichtet und subsidiär zu diesen aufrechterhalten.[667] Deren Schutzbereiche sowie jene des Bundesverbandes der Deutschen Volksbanken und Raiffeisenbanken e. V. gilt es mit dem der Sicherungseinrichtungen der Sparkassen-Finanzgruppe abzugleichen.

---

663) § 12 Abs. 1 EAG.

664) § 2 EAG.

665) § 6 Abs. 1 S. 2 Nr. 3 EAG i. V. m. der Verordnung über die Beiträge zu der Entschädigungseinrichtung der Wertpapierhandelsunternehmen bei der Kreditanstalt für Wiederaufbau v. 19.08.1999, BGBl. I 1999, 1891 ff., zuletzt geändert durch Verordnung v. 17.06.2003, BGBl. I 2003, S. 849.

666) Siehe dazu 2. Teil C. II. 3. a) bb).

667) Zur historischen Entwicklung des Einlagensicherungsfonds des Bundesverbandes Deutscher Banken e. V. vgl. *Kronester,* Einlagensicherung, S. 49 ff.; *Vogelsang,* Einlagensicherungsfonds des BdB, S. 15 ff.; *Wagner,* Einlagensicherung bei Banken und Sparkassen, S. 7 ff.

1. Der Schutzumfang des Einlagensicherungsfonds des Bundesverbandes deutscher Banken e. V. (BdB)

a) Darstellung

Der Umfang der Einlagensicherung des Bundesverbandes deutscher Banken ist in § 6 des Statuts des Einlagensicherungsfonds[668] festgelegt. Grundsätzlich sind alle Verbindlichkeiten gegenüber Nicht-Kreditinstituten, die in der Bilanzposition »Verbindlichkeiten gegenüber Kunden« auszuweisen sind, sowie Verbindlichkeiten gegenüber Kapitalanlagegesellschaften und deren Depotbanken, soweit es sich um Teile des Fondsvermögens handelt, gesichert.[669] Bei Hypothekenbanken und Schiffsbanken treten an die Stelle der vorgenannten Verbindlichkeiten die in der Bilanzposition »Spareinlagen« sowie »Andere Verbindlichkeiten« enthaltenen Verbindlichkeiten gegenüber Nicht-Kreditinstituten, es sei denn, dass zur Sicherstellung der Gläubiger (öffentliche) Namenspfandbriefe ausgegeben sind.[670] Bei Kreditinstituten mit Sonderaufgaben bleiben Verbindlichkeiten, die eine Restlaufzeit von mehr als fünf Jahren haben und für die den Gläubigern Schuldverschreibungen der Bank ausgehändigt worden sind, unberücksichtigt.[671] Auch Verbindlichkeiten, die nach Maßgabe eines Beschlusses des Vorstands bei der Festsetzung der Bemessungsgrundlage für die Jahresumlage außer Betracht bleiben, werden nicht berücksichtigt.[672] Darüber hinaus sind, unabhängig von ihrer bilanziellen Behandlung, Verbindlichkeiten, über die eine Bank Inhaberpapiere ausgestellt hat, Verbindlichkeiten gegenüber ausländischen konzernverbundenen Unternehmen der Bank im Sinne des § 18 Aktiengesetz (AktG), die ein Bankgeschäft entsprechend § 1 Abs. 1 S. 2 KWG betreiben, Verbindlichkeiten aus Wertpapierpensions- bzw.

---

668) Stand: Mai 2004.

669) § 6 Abs. 1 S. 1 1. Halbs. 1. u. 2. Spiegelstrich Statut des Einlagensicherungsfonds des BdB.

670) § 6 Abs. 1 S. 1 1. Halbs. 1. Spiegelstrich Statut des Einlagensicherungsfonds des BdB (Anm.: Bei Realkreditinstituten unterteilt sich die Bilanzposition »Verbindlichkeiten gegenüber Kunden« in »a) begebene Hypotheken-Namenspfandbriefe«, »b) begebene öffentliche Namenspfandbriefe«, »c) Spareinlagen« und »d) andere Verbindlichkeiten«).

671) § 6 Abs. 1 S. 1 1. Halbs. 1. Spiegelstrich Statut des Einlagensicherungsfonds des BdB (Anm.: Kreditinstitute mit Sonderaufgaben sind die AKA Ausfuhrkredit-Gesellschaft mbH; IKB Deutsche Industriebank AG; Saarländische Investitionskreditbank AG (http://www.bankenverband.de/Banken/index.asp?channel=154510&cm=0&kategorie=5 (Stand: 01.01.2006))).

672) § 6 Abs. 1 S. 1 1. Halbs. 1. Spiegelstrich Statut des Einlagensicherungsfonds des BdB.

Repogeschäften sowie Rücklieferungen aus Wertpapierleihgeschäften von der Einlagensicherung ausgenommen.[673] Dabei soll der auf Grund seiner besonderen praktischen Relevanz schon frühzeitig kritisierte Ausschluss von Inhaberpapieren[674] verhindern, dass Kreditinstitute diese im Insolvenzfall durch Abtretung an Nicht-Kreditinstitute zum Einzug bringen.[675] Schließlich sind auch solche Verbindlichkeiten nicht gesichert, die auf Rechtshandlungen beruhen, die in einem Insolvenzverfahren gemäß §§ 129 ff. InsO anfechtbar wären, wenn in dem Zeitpunkt, in dem die BaFin gemäß § 46 a KWG ein Zahlungs- und Veräußerungsverbot zur Vermeidung des Insolvenzverfahrens erlässt, ein Antrag auf Eröffnung des Insolvenzverfahrens gestellt worden wäre.[676]

Zinsansprüche sind nur in marktüblicher Höhe geschützt und bestehen grundsätzlich bis zur Rückzahlung der Verbindlichkeit und längstens bis zur Eröffnung des Insolvenzverfahrens.[677] Als marktübliche Zinsen werden die Durchschnittszinssätze zu Grunde gelegt, die in der Bundesbankstatistik ausgewiesen sind.[678] Diese Regelung verhindert, dass der Einlagensicherungsfonds für überhöhte Zinskonditionen eines in finanziellen Schwierigkeiten befindlichen, besonders um Einlagen bemühten Kreditinstituts aufkommen muss.[679] Heranzuziehen sind die Durchschnittszinssätze, die sich aus der letzten veröffentlichten Statistik vor der Erklärung der Zahlungsbereitschaft des Einlagensicherungsfonds ergeben.[680] Bei der Ermittlung des marktüblichen Zinssatzes können die Zinssätze für mehrere Einlagen der gleichen Art zusammengefasst werden.[681] Sämtliche Zahlungen an den einzelnen Gläubiger können zudem davon abhängig gemacht werden, dass dieser darauf verzichtet, die nicht geschützten Zinsansprüche gegenüber der

673) § 6 Abs. 1 a Statut des Einlagensicherungsfonds des BdB.

674) *Bähre,* ÖBA 1981, 183 (199).

675) *Weber,* in Gößmann/Wagner-Wieduwilt/Weber, Allgemeine Geschäftsbedingungen der Banken, Rn. 1/629; *Kleinert,* Einlagensicherungssysteme, S. 137.

676) § 6 Abs. 3 S. 3 Statut des Einlagensicherungsfonds des BdB.

677) § 6 Abs. 5 S. 1-3 Statut des Einlagensicherungsfonds des BdB.

678) § 6 Abs. 5 S. 4 Statut des Einlagensicherungsfonds des BdB.

679) *Weber,* in Gößmann/Wagner-Wieduwilt/Weber, Allgemeine Geschäftsbedingungen der Banken, Rn. 1/647; *Bunte,* in: Schimansky/Bunte/Lwowski, Bankrechts-Handbuch, § 25 Rn. 14.

680) § 6 Abs. 5 S. 5 Statut des Einlagensicherungsfonds des BdB.

681) § 6 Abs. 5 S. 6 Statut des Einlagensicherungsfonds des BdB.

Bank geltend zu machen.[682] Hierdurch soll das Insolvenzverfahren von geringfügigen Zinsforderungen entlastet werden.[683]

Verbindlichkeiten gegenüber Personengruppen, die in einem besonderen Verhältnis zum insolventen Institut stehen, sind ausgenommen.[684] Nicht gesichert sind Verbindlichkeiten der Geschäftsleiter der Bank, der persönlich haftenden Gesellschafter, der Mehrheitsgesellschafter, sofern ihre Beteiligung 50 % übersteigt, der Mitglieder des Aufsichtsorgans des gefährdeten Instituts, wenn die Überwachungsbefugnisse durch Gesetz geregelt sind, der Ehegatten und minderjährigen Kinder der genannten Personen, es sei denn, dass die Gelder aus dem eigenen Vermögen stammen und die dritter Personen, die als Treuhänder für die genannten Personen handeln.[685] Gehen Ansprüche entsprechender Personen im Wege der Einzel- oder Gesamtrechtsnachfolge auf Dritte über, sind diese Verbindlichkeiten nicht gesichert, wenn innerhalb von sechs Monaten seit dem Zeitpunkt des Übergangs die Durchführung von Sicherungsmaßnahmen beschlossen wurde.[686] Dasselbe gilt in Bezug auf ursprünglich nicht gesicherte Forderungen, die durch Übertragung auf ein Nicht-Kreditinstitut gesichert werden.[687]

Die geschützten Verbindlichkeiten werden bis zu einer Sicherungsgrenze von 30 % des haftenden Eigenkapitals im Sinne von § 10 Abs. 2 KWG gesichert, wobei das Ergänzungskapital im Sinne von § 10 Abs. 2 b) KWG nur bis zur Höhe von 25 % des Kernkapitals im Sinne von § 10 Abs. 2 a) Berücksichtigung findet.[688] Dies bedeutet, dass bei einem vergleichsweise geringen Eigenkapital von beispielsweise 5 Mio. Euro, Verbindlichkeiten bis zu 1,5 Mio. Euro pro Ein- bzw. Anleger geschützt werden.[689] Maßgeblich sind grundsätzlich die vom Prüfungsverband deutscher Banken e. V. auf der Grundlage des letzten Prüfungsberichts des Jahresabschlussprüfers der Bank festgestellten Verhältnisse, wobei Kapitalerhöhungen, die nach diesem

682) § 6 Abs. 5 S. 7 Statut des Einlagensicherungsfonds des BdB.

683) *Weber,* in Gößmann/Wagner-Wieduwilt/Weber, Allgemeine Geschäftsbedingungen der Banken, Rn. 1/648; *Bunte,* in: Schimansky/Bunte/Lwowski, Bankrechts-Handbuch, § 25 Rn. 14.

684) *Wagner,* Einlagensicherung bei Banken und Sparkassen, S. 7 ff.

685) § 6 Abs. 3 S. 1 Statut des Einlagensicherungsfonds des BdB; *Bunte,* in: Schimansky/Bunte/Lwowski, Bankrechts-Handbuch, § 25 Rn. 11.

686) § 6 Abs. 3 S. 2 Statut des Einlagensicherungsfonds des BdB.

687) § 6 Abs. 2 Statut des Einlagensicherungsfonds des BdB.

688) § 6 Abs. 1 S. 1 2. Halbs. Statut des Einlagensicherungsfonds des BdB.

689) *BdB,* Kurzinformation zur Einlagensicherung der privaten Banken, S. 2.

Zeitpunkt von einem Wirtschaftsprüfer testiert worden sind, auf Antrag der Bank berücksichtigt werden können.[690] Setzt die BaFin auf das haftende Eigenkapital einen Korrekturposten fest, so ist der Bundesverband befugt, die Sicherungsgrenze entsprechend zu verringern.[691] Bei Verbindlichkeiten gegenüber Kapitalanlagegesellschaften und deren Depotbanken gilt für die Berechnung der Sicherungsgrenze jeder Fonds als selbständiger Gläubiger.[692] Für Zweigstellen ausländischer Banken aus EU-Staaten gelten besondere Regeln.[693] Die jeweils aktuelle Sicherungsgrenze einer Mitgliedsbank wird vom Bundesverband auf Anfrage bekannt gegeben bzw. kann im Internet abgerufen werden.[694] Eine Herabsetzung der Sicherungsgrenze wird mit Einstellung in das Internet wirksam und ist im Bundesanzeiger und in einer Tageszeitung am Sitz der Bank durch die Bank oder den Bundesverband für Rechnung der Bank bekanntzugeben.[695] Die Bank ist verpflichtet, die Gläubiger, die durch ein Herabsinken der Sicherungsgrenze betroffen werden, unverzüglich zu unterrichten.[696] Die entsprechenden Einlagen sind bis zur Fälligkeit oder bis zur nächstmöglichen Kündigung nach der Information über die Herabsetzung bis zur alten Sicherungsgrenze geschützt.[697] Eine öffentliche Bekanntgabe durch den Bundesverband sowie eine Information der Einleger durch die Bank hat zudem im Fall der Beendigung der Mitwirkung einer Bank am Einlagensicherungsfonds zu erfolgen.[698] Verbindlichkeiten, die später als einen Monat nach der Bekanntgabe des Bundesverbandes im Bundesanzeiger begründet oder prolongiert werden oder die der Gläubiger nach diesem Zeitpunkt nicht zum nächstmöglichen Termin kündigt bzw. zurückfordert, sind nicht gesichert.[699]

---

690) § 6 Abs. 1 S. 2 Statut des Einlagensicherungsfonds des BdB.

691) § 6 Abs. 1 S. 3 Statut des Einlagensicherungsfonds des BdB.

692) § 6 Abs. 1 S. 5 Statut des Einlagensicherungsfonds des BdB.

693) § 6 Abs. 1 S. 6 Statut des Einlagensicherungsfonds des BdB i. V. m. den im Anhang niedergelegten »Zusatzregelungen für die Mitwirkung von Zweigstellen ausländischer Banken aus EU-Staaten an der Einlagensicherung« (vgl. hierzu *Kleinert,* Einlagensicherungssysteme, S. 136).

694) § 6 Abs. 9 S. 1 Statut des Einlagensicherungsfonds des BdB; *BdB,* Kurzinformation zur Einlagensicherung der privaten Banken, S. 2.

695) § 6 Abs. 9 S. 2, 3 Statut des Einlagensicherungsfonds des BdB.

696) § 6 Abs. 9 S. 4 Statut des Einlagensicherungsfonds des BdB.

697) § 6 Abs. 9 S. 5 Statut des Einlagensicherungsfonds des BdB.

698) § 6 Abs. 8 S. 1, 2 Statut des Einlagensicherungsfonds des BdB.

699) § 6 Abs. 8 S. 3 Statut des Einlagensicherungsfonds des BdB.

Bei Berechnung der geschützten Verbindlichkeiten werden alle Verbindlichkeiten eines Gläubigers addiert sowie etwaige Gegenforderungen der Bank abgezogen, auch wenn diese noch nicht fällig sind.[700] Ferner finden zu Gunsten des Bundesverbandes die für einen Bürgen geltenden Vorschriften der §§ 768, 770, 776 BGB Anwendung, d. h. er kann die der Bank zustehenden Einreden geltend machen und wird frei, wenn der Gläubiger eine Sicherheit aufgibt.[701] Bei Anderkonten ist für die Berechnung der Sicherungsgrenze auf die Person des Treugebers abzustellen.[702] Gleiches gilt für offene Treuhandkonten, sofern in der Kontobezeichnung das Treuhandverhältnis sowie die Treugeber eindeutig gekennzeichnet sind und das Bestehen des Treuhandverhältnisses dem Einlagensicherungsfonds nachgewiesen wird.[703] Im Übrigen werden die Treuhandkonten wie Konten des Treuhänders behandelt.[704] Bei Gemeinschaftskonten werden die Guthaben und Forderungen den Kontoinhabern zu gleichen Teilen zugerechnet.[705] Soweit die aus der persönlichen Geschäftsverbindung mit der Bank bestehenden Verbindlichkeiten die Sicherungsgrenze nicht ausschöpfen, wird das Gemeinschaftsguthaben in Höhe des verbleibenden Anteils gesichert.[706] Hiervon ausgenommen sind Konten von Wohnungseigentümergemeinschaften im Sinne des Wohnungseigentumsgesetz (WEG), deren Konten wie Einzelkonten behandelt werden.[707]

Ein Rechtsanspruch auf ein Eingreifen oder auf Leistungen des Einlagensicherungsfonds ist ausdrücklich ausgeschlossen.[708] Auch ein Anspruch der Banken auf Hilfeleistung oder das Vermögen des Einlagensicherungsfonds besteht nicht.[709] Abschließend ist geregelt, dass der Einlagensicherungsfonds nur subsidiär zur Anwendung kommt, d. h. nur soweit die Einlagen nicht durch eine andere Sicherungseinrichtung oder durch eine Entschädigungseinrichtung nach dem EAG entschädigt werden.[710]

---

700) § 6 Abs. 4 S. 1 Statut des Einlagensicherungsfonds des BdB.
701) § 6 Abs. 4 S. 2 Statut des Einlagensicherungsfonds des BdB.
702) § 6 Abs. 6 S. 1 Statut des Einlagensicherungsfonds des BdB.
703) § 6 Abs. 6 S. 2 Statut des Einlagensicherungsfonds des BdB.
704) § 6 Abs. 6 S. 3 Statut des Einlagensicherungsfonds des BdB.
705) § 6 Abs. 7 S. 1 Statut des Einlagensicherungsfonds des BdB.
706) § 6 Abs. 7 S. 2, 3 Statut des Einlagensicherungsfonds des BdB.
707) § 6 Abs. 7 S. 4 Statut des Einlagensicherungsfonds des BdB.
708) § 6 Abs. 10 Statut des Einlagensicherungsfonds des BdB.
709) § 10 S. 1 Statut des Einlagensicherungsfonds des BdB.
710) § 6 Abs. 11 Statut des Einlagensicherungsfonds des BdB.

b) Vergleichende Untersuchung

§ 6 des Statuts des Einlagensicherungsfonds konkretisiert die in § 2 des Statuts niedergelegte Zielsetzung der direkten Einlagensicherung.[711] Zwar ist es nach Aufgabe und Zweck des Einlagensicherungsfonds nicht ausgeschlossen, dass im Einzelfall auch institutsstützende Maßnahmen ergriffen werden, da solche auch Hilfeleistungen »im Interesse der Einleger« sein können und »Zahlungen an einzelne Gläubiger« als dazu geeignete Maßnahme nur hervorgehoben werden.[712] In der Regel ist aber davon auszugehen, dass das unter den privaten Banken bestehende Konkurrenzverhältnis aufrechterhalten bleiben soll und durch den Einlagensicherungsfonds nur das Vertrauen der Einleger in ihre Einlagen, nicht aber in den Bestand ihres Geldinstituts geschützt werden soll.[713] Insofern liegt der wesentliche Unterschied des Einlagensicherungsfonds zu den Sicherungseinrichtungen der Sparkassen-Finanzgruppe in dem zwischen Einlagen- und Institutssicherung. Während durch den Einlagensicherungsfonds des BdB die Gläubiger eines insolventen Instituts entschädigt werden, sind die Sicherungseinrichtungen der Sparkassen-Finanzgruppe auf die Aufrechterhaltung der Zahlungsfähigkeit ihrer Institute ausgerichtet.[714]

Hinsichtlich der auch im Rahmen der Sicherungseinrichtungen der Sparkassen-Finanzgruppe ausnahmsweise zur Anwendung kommenden Einlagensicherung stimmen die Sicherungssysteme in Bezug auf ihren Verweis auf die Bilanzposition »Verbindlichkeiten gegenüber Kunden« überein.[715] Auch der eingeschränkte Schutz von Verbindlichkeiten gegenüber Kreditinstituten ist mit dem der Satzungen der Sparkassen-Finanzgruppe identisch. Allerdings sieht das Statut des Einlagensicherungsfonds im Gegensatz zu den Satzungen der Sparkassenverbände bzw. der Satzung der Landesbanken/Girozentralen eine Vielzahl von detailliert ausgestalteten Ausnahmen vor. So sind – wie dargestellt – Verbindlichkeiten bestimmter Kreditinstitute,

---

711) *Weber,* in Gößmann/Wagner-Wieduwilt/Weber, Allgemeine Geschäftsbedingungen der Banken, Rn. 1/616; *Bunte,* in: Schimansky/Bunte/Lwowski, Bankrechts-Handbuch, § 25 Rn. 9.

712) § 2 Statut des Einlagensicherungsfonds des BdB.

713) *Niklisch,* Einlagensicherung im Kreditgewerbe, S. 18; *Weber,* in Gößmann/Wagner-Wieduwilt/Weber, Allgemeine Geschäftsbedingungen der Banken, Rn. 1/615; *Hoeren,* Selbstregulierung im Banken- u. Versicherungsrecht, S. 63; *Wagner,* Einlagensicherung bei Banken und Sparkassen, S. 46 f.

714) *Vogelsang,* Einlagensicherungsfonds des BdB, S. 8 f.; *Dreher,* ZIP 1992, 1597 (1599); *Grundmann,* ZKredW 1992, 1134 (1135).

715) Zur Kritik an dieser Verweisung vgl. 3. Teil B. I. 2. b) aa) (4).

Verbindlichkeiten gegenüber bestimmten Personengruppen sowie verschiedene andere, besonderen Voraussetzungen unterliegende Verbindlichkeiten von der Sicherung durch den Einlagensicherungsfonds ausgenommen. Darüber hinaus sind – unter besonderer satzungsmäßiger Hervorhebung der Inhaberpapiere – Schuldverschreibungen und diejenigen Verbindlichkeiten, für die nicht auf den Namen lautende übertragbare Urkunden ausgestellt sind, gemäß der Definition der »Verbindlichkeiten gegenüber Kunden« in § 21 Abs. 2 S. 1 RechKredV vom Einlagenschutz ausgenommen. Dagegen werden nach den Satzungen der Sicherungseinrichtungen des DSGV neben den »Verbindlichkeiten gegenüber Kunden« ausdrücklich auch Schuldverschreibungen der Mitgliedsinstitute im Besitz von Kunden geschützt.

Ein weiterer wesentlicher Unterschied zur Einlagensicherung der Sparkassen-Finanzgruppe besteht darin, dass der Einlagensicherungsfonds die benannten Verbindlichkeiten nur bis zu einer Sicherungsgrenze von 30 % des haftenden Eigenkapitals schützt. Die Satzungen der Sparkassen-Finanzgruppe sehen dagegen keine Sicherungsgrenze im Rahmen des ersatzweisen Einlegerschutzes vor. Darüber hinaus sind sie dahingehend auszulegen, dass den Ein- bzw. Anlegern im Fall der Einlagensicherung ein unmittelbarer Anspruch gegen die jeweilige Sicherungseinrichtung zusteht.[716] Im Statut des Einlagensicherungsfonds ist demgegenüber ausdrücklich geregelt, dass ein Rechtsanspruch auf ein Eingreifen oder auf Leistungen des Einlagensicherungsfonds nicht besteht.[717]

Insgesamt bleibt der Schutzumfang des Einlagensicherungsfonds damit auch in Bezug auf die direkte Einlagensicherung deutlich hinter dem der Sicherungseinrichtungen der Sparkassen-Finanzgruppe zurück. Dies lässt sich darauf zurückzuführen, dass die direkte Einlagensicherung im Sicherungssystem des BdB den Regelfall und in dem der Sparkassen-Finanzgruppe die Ausnahme darstellt. Die Satzungen der Sparkassen-Finanzgruppe sind auf die Sicherung ihrer Institute ausgerichtet und halten nur insoweit detaillierte Bestimmungen vor. Eine weitergehende Ausgestaltung der direkten Einlagensicherung wäre gleichwohl auch für die Sparkassen-Finanzgruppe vorteilhaft. Im Abgleich mit dem EAG könnten z. B. Gläubiger, die in einem besonderen Verhältnis zum insolventen Institut stehen, die für die Insolvenz des Instituts die Mitverantwortung tragen oder deren Ansprüche im Zusammenhang mit Geldwäschestraftaten stehen, von der Einlagensiche-

716) Siehe dazu 3. Teil B. I. 2. b) bb).

717) § 6 Abs. 10 Statut des Einlagensicherungsfonds des BdB.

rung ausgenommen werden.[718] Um den durch die diskretionäre Institutssicherung intendierten Anreiz für eine risikoaverse Geschäftspolitik zu verstärken, wäre zudem die Höhe der Entschädigungsleistung zu begrenzen. Wie angeführt sind die im Rahmen einer direkten Einlagensicherung aufzubringenden Mittel grundsätzlich wesentlich höher zu veranschlagen als die für eine Institutssicherung,[719] so dass eine aus verbandspolitischen Erwägungen indizierte Versagung institutsstützender Maßnahmen aus Kostengründen ausgeschlossen sein kann. Allerdings begegnet eine Ausklammerung bestimmter Gläubiger ebenso wie eine allgemeine, höhenmäßige Begrenzung wiederum den Bedenken, dass hierdurch die ersatzweise Einlagensicherung stärker in den Vordergrund tritt.[720] Soweit diese auf das Sicherungsniveau des Einlagensicherungsfonds des BdB abgesenkt würde, bestünden trotz ihrer Beschränkung auf den Ausnahmefall dieselben Informationspflichten, die dem BdB nach § 23 a Abs. 1 KWG obliegen.[721] Soll die ersatzweise Einlagensicherung jedoch eine ernstzunehmende Alternative darstellen, ist sie auf ein finanzierbares Niveau abzusenken.

2. Der Schutzumfang des Einlagensicherungsfonds des Bundesverbandes Öffentlicher Banken e. V. (VÖB)

a) Darstellung

In der Satzung für den Einlagensicherungsfonds[722] des Bundesverbandes Öffentlicher Banken e. V. (VÖB), dem alle Mitglieder des VÖB beitreten können, die nicht einer Sicherungseinrichtung des Deutschen Sparkassen- und Giroverbandes e. V. angeschlossen sind,[723] ist im Abschnitt über Sicherungsleistungen des Fonds zunächst bestimmt, dass ein Rechtsanspruch auf das Eingreifen oder auf Sicherungsleistungen des Fonds weder für die Mitglieder noch für deren Kunden oder sonstige Personen besteht.[724] Im Anschluss ist festgelegt, dass bei den Mitgliedern die Einlagen von Nicht-Kreditinstituten gesichert werden, soweit der Einleger nicht bereits

718) § 3 Abs. 2 Nr. 5, 6, 8, 10 EAG.

719) Siehe dazu 3. Teil B. I. 4.

720) Siehe dazu 3. Teil B. I. 2. c).

721) Vgl. § 5 Abs. 4 Statut des Einlagensicherungsfonds des BdB in Hinblick auf die in die AGB aufzunehmende Klausel.

722) Stand: April 2005.

723) § 4 Abs. 1 Satzung des Einlagensicherungsfonds des VÖB.

724) § 13 Satzung des Einlagensicherungsfonds des VÖB.

Ansprüche an den gesetzlichen Fonds hat.[725] Als Einlagen in diesem Sinne sind Verbindlichkeiten gegenüber Kunden einschließlich der Zinsen sowie – über den zuvor genannten Schutzumfang hinausgehend – Verbindlichkeiten gegenüber Kreditinstituten, soweit es sich um Kapitalanlagegesellschaften oder deren Depotbanken handelt und die Einlagen für Sondervermögen nach dem Gesetz über Kapitalanlagegesellschaften bestehen, deren Anleger keine Kreditinstitute sind, einschließlich der Zinsen, erfasst.[726] Darüber hinaus werden eigene Akzepte und Solawechsel im Umlauf, begebene Schuldverschreibungen, Verpflichtungen zur Lieferung von Schuldverschreibungen, Zinsen für begebene Schuldverschreibungen und Treuhandverbindlichkeiten einschließlich Zinsen zu den Einlagen gezählt.[727] Dagegen sind Verbindlichkeiten, über die ein Mitglied Inhaberpapiere ausgestellt hat sowie vinkulierte Wertpapiere und Rücklieferungsverpflichtungen aus Wertpapierleihgeschäften ausdrücklich nicht gesichert.[728] Dies gilt auch für Verbindlichkeiten aus Pfandbriefen und Kommunalschuldverschreibungen oder sonstigen gesetzlich gedeckten Schuldverschreibungen, auch wenn sie auf den Namen lauten.[729] Ebenfalls vom Schutzbereich des Einlagensicherungsfonds ausgenommen sind Einlagen des Bundes, der Bundesländer und deren Sondervermögen, von Geschäftsleitern der Bank, der Mitglieder des Aufsichtsorgans des gefährdeten Instituts, wenn die Überwachungsbefugnisse durch Gesetz geregelt sind, von Ehegatten und minderjährigen Kindern der genannten natürlichen Personen, es sei denn, dass die Gelder aus dem eigenen Vermögen stammen, von dritten Personen, die als Treuhänder für die genannten natürlichen Personen handeln und von Finanzierungstöchtern der Fondsmitglieder.[730] Gehen Ansprüche aus Verbindlichkeiten, die gegenüber den zuvor aufgeführten Personen begründet waren, im Wege der Einzel- oder Gesamtrechtsnachfolge auf eine dritte Person über, so sind diese Verbindlichkeiten dann nicht gesichert, wenn innerhalb von sechs Monaten seit dem Zeitpunkt des Übergangs die Durchführung von Hilfsmaßnahmen beschlossen wird.[731]

725) § 14 Abs. 1 Satzung des Einlagensicherungsfonds des VÖB.
726) § 14 Abs. 2 a), b) Satzung des Einlagensicherungsfonds des VÖB.
727) § 14 Abs. 2 c)-g) Satzung des Einlagensicherungsfonds des VÖB.
728) § 14 Abs. 3 S. 1 Satzung des Einlagensicherungsfonds des VÖB.
729) § 14 Abs. 3 S. 2 Satzung des Einlagensicherungsfonds des VÖB.
730) § 14 Abs. 3 S. 3 Satzung des Einlagensicherungsfonds des VÖB.
731) § 14 Abs. 3 S. 4 Satzung des Einlagensicherungsfonds des VÖB.

b) Vergleichende Untersuchung

Die Sicherungseinrichtung des Bundesverbandes Öffentlicher Banken e. V. ist – wie die des BdB – in erster Linie auf eine direkte Sicherung der in der Satzung genannten Einlagen gerichtet. Auch insoweit besteht jedoch die Möglichkeit, die Einlagen über die Aufrechterhaltung der Zahlungsfähigkeit eines in finanziellen Schwierigkeiten befindlichen Instituts zu sichern.[732] Obwohl im Rahmen der Definition des Umfangs der Einlagensicherung nicht ausdrücklich auf das Formblatt 1 zur Jahresbilanz bzw. die Rechtskreditverordnung Bezug genommen wird, ist davon auszugehen, dass der Schutz der »Verbindlichkeiten gegenüber Kunden« ebenfalls die in dieser Bilanzposition auszuweisenden Verbindlichkeiten umfassen soll, zu denen auch die in der Satzung gesondert aufgeführten Verpflichtungen zur Lieferung von Schuldverschreibungen zählen.[733] Sowohl über den Schutzumfang des BdB als auch den der Sparkassen-Finanzgruppe im Rahmen der Einlagensicherung hinausgehend ist der Einbezug der Verbindlichkeiten der Bilanzposition »Treuhandverbindlichkeiten« sowie des Ausgliederungsvermerks »eigene Akzepte und Solawechsel im Umlauf« der Bilanzposition »Verbriefte Verbindlichkeiten«. Der beschränkte Schutz von Verbindlichkeiten gegenüber Kapitalanlagegesellschaften und deren Depotbanken, soweit die Einlagen für Sondervermögen nach dem Gesetz über Kapitalanlagegesellschaften bestehen, entspricht grundsätzlich sowohl dem des Einlagensicherungsfonds des BdB als auch dem der Sicherungseinrichtungen der Sparkassen-Finanzgruppe. Allerdings unterliegen diese Verbindlichkeiten innerhalb des Einlagensicherungsfonds des VÖB der weiteren Einschränkung, dass es sich bei den Anlegern der Investmentfonds nicht um Kreditinstitute handeln darf. Im Übrigen bleibt der Schutzumfang der Einlagensicherung des VÖB in teilweiser Übereinstimmung mit dem des BdB durch die Ausnahme verschiedener Verbindlichkeiten und Gläubigergruppen hinter dem der Sicherungseinrichtungen der Sparkassen-Finanzgruppe zurück. Dies ergibt sich auch aus der ausdrücklichen Versagung eines Anspruchs auf Eingreifen oder auf Sicherungsleistungen des Einlagensicherungsfonds.

Im Vergleich mit dem Einlagensicherungsfonds des BdB ist herauszustellen, dass die durch den Einlagensicherungsfonds des Bundesverbandes Öffentlicher Banken erfassten Einlagen keiner direkten Sicherungsgrenze unterliegen, sondern unbegrenzt geschützt werden. Allerdings beträgt nach § 8

---

732) § 1 Abs. 1 Satzung des Einlagensicherungsfonds des VÖB.

733) *Scharpf,* Handbuch Bankbilanz, S. 604.

Abs. 1 der Satzung für den Einlagensicherungsfonds des VÖB das Gesamtvolumen des Fonds lediglich 0,1 % der Summe der nach § 14 zu sichernden Einlagen aller Mitglieder. Diese weitgehende indirekte Beschränkung ist vor dem Hintergrund zu sehen, dass die Mehrzahl der Mitglieder des Einlagensicherungsfonds unter die »Verständigung über die deutschen Spezialkreditinstitute« fallen und demzufolge Anstaltslast und Gewährträgerhaftung aufrechterhalten bleiben und vorrangig zur Anwendung kommen.[734]

3. Der Schutzumfang der Sicherungseinrichtung des Bundesverbandes der Deutschen Volksbanken- und Raiffeisenbanken e. V. (BVR)

a) Darstellung

Gemäß § 1 Abs. 1 des Statuts der Sicherungseinrichtung[735] des Bundesverbandes der Deutschen Volksbanken und Raiffeisenbanken e. V. (BVR) hat die Sicherungseinrichtung die Aufgabe, drohende oder bestehende wirtschaftliche Schwierigkeiten der Mitgliedsbanken abzuwenden oder zu beheben und Beeinträchtigungen des Vertrauens in die genossenschaftlichen Banken zu verhüten. Zur Durchführung dieser Aufgabe sind insbesondere Maßnahmen zur Abwendung von Fehlentwicklungen bei Banken, Sanierungsmaßnahmen zu Gunsten von Banken sowie die Übernahme von Verpflichtungen zur Vermeidung bankaufsichtsrechtlicher Maßnahmen gegenüber Banken zulässig.[736] Darüber hinaus werden stets die Einlagen der Kunden bei den Mitgliedsbanken und die Schuldverschreibungen der Mitgliedsbanken im Besitz von Kunden geschützt.[737] Einlagen der Kunden sind im Wesentlichen Spareinlagen, Sparbriefe, Termineinlagen und Sichteinlagen.[738] Im Übrigen wird auf die in den Verfahrensregeln genannten Bilanzpositionen verwiesen.[739] Insofern sind »Verbindlichkeiten gegenüber Kunden«, »Verbriefte Verbindlichkeiten« im Besitz von Nicht-Kreditinstituten, »Verbindlichkeiten aus Bürgschaften«, soweit darin Prozessbürgschaften enthalten sind, sowie »Verbindlichkeiten gegenüber Kreditinstituten« in Form von Verbindlichkeiten gegenüber Kapitalanlagegesellschaften, soweit

---

734) Auskunft des VÖB vom 26.07.2005. Zur sog. Verständigung II siehe 2. Teil C. I. 3.
735) Stand: Januar 2004.
736) § 1 Abs. 2 Statut der Sicherungseinrichtung des BVR.
737) § 1 Abs. 3 S. 1 Statut der Sicherungseinrichtung des BVR.
738) § 1 Abs. 3 S. 2 Statut der Sicherungseinrichtung des BVR.
739) § 1 Abs. 3 S. 3 Statut der Sicherungseinrichtung des BVR.

es sich um Teile des Fondsvermögens handelt, geschützt.[740] Geschützt werden auch Mittel, die Banken von Kreditinstituten außerhalb des genossenschaftlichen Verbundes für öffentlich geförderte Zwecke (z. B. von der Kreditanstalt für Wiederaufbau, der Deutschen Ausgleichsbank usw.) zur Verfügung gestellt werden.[741]

b) Vergleichende Untersuchung

Die in § 1 Abs. 1 des Statuts definierte Aufgabe der Sicherungseinrichtung des BVR, drohende oder bestehende wirtschaftliche Schwierigkeiten bei den Mitgliedsbanken abzuwenden oder zu beheben, entspricht dem Zweckerfordernis des § 12 Abs. 1 EAG, nach dem die Sicherungseinrichtungen auf Grund ihrer Satzungen die ihnen angeschlossenen Institute selbst schützen müssen. Insofern stellt die Sicherungseinrichtung des BVR – unter der weiteren Voraussetzung, dass sie über ausreichende Mittel verfügt – wie die der Sparkassen-Finanzgruppe eine institutssichernde Einrichtung dar, deren Mitgliedsbanken von der Pflichtzugehörigkeit zu einer Entschädigungseinrichtung befreit sind.

Mit den Sicherungseinrichtungen der Sparkassen-Finanzgruppe stimmt der Regelungsgehalt des Statuts der Sicherungseinrichtung des BVR weiterhin dahingehend überein, dass ein Rechtsanspruch der Banken auf Hilfeleistung durch die Sicherungseinrichtung nicht besteht.[742] In diesem Zusammenhang sind auch die näheren Ausführungen zu den geschützten Einlagen, Schuldverschreibungen der Mitgliedsbanken im Besitz von Kunden und sonstigen Verbindlichkeiten zu sehen. Auch in Bezug auf die Sicherungseinrichtung des BVR gilt, dass durch die Institutssicherung ein Schutz geboten sein muss, der dem der Einleger in einem Einlagensicherungssystem zumindest gleichwertig ist. Dies setzt voraus, dass im Fall der Versagung einer Institutsstützung die Einlagen und Verbindlichkeiten aus Wertpapiergeschäften in der Form und Höhe geschützt sein müssen, wie das EAG es für die Entschädigungseinrichtungen vorschreibt.[743]

Das Statut der Sicherungseinrichtung des BVR verweist zur Definition der Einlagen ebenfalls auf die auf der Passivseite der Jahresbilanz auszuweisen-

740) § 1 Abs. 3 S. 3 Statut der Sicherungseinrichtung des BVR i. V. m. Ziff. 1 der Verfahrensregeln zum Statut der Sicherungseinrichtung.

741) § 1 Abs. 3 S. 4 Statut der Sicherungseinrichtung des BVR.

742) § 27 Statut der Sicherungseinrichtung des BVR.

743) Siehe dazu 2. Teil C. II. 3. a) cc) (1).

den Verbindlichkeiten, jedoch umfassender als die Satzungen der Sparkassen-Finanzgruppe. Neben »Verbindlichkeiten gegenüber Kunden« und »Verbindlichkeiten gegenüber Kapitalanlagegesellschaften«, soweit es sich um Teile des Fondsvermögens handelt, werden insbesondere auch »Verbriefte Verbindlichkeiten« im Besitz von Nicht-Kreditinstituten geschützt. Damit entspricht der Schutz der Einlagen und Verbindlichkeiten aus Wertpapiergeschäften auch im Fall der Versagung einer Institutsstützung den gesetzlichen Anforderungen. Soweit wie in den Satzungen der Sicherungseinrichtungen der Sparkassen-Finanzgruppe nur auf die Bilanzposition »Verbindlichkeiten gegenüber Kunden« verwiesen wird, bleiben Schuldverschreibungen und verbriefte Verbindlichkeiten, für die nicht auf den Namen lautende Urkunden ausgestellt sind, vom Schutzbereich der direkten Einlagensicherung ausgenommen. Der unabhängig von der Verweisung gewährte Schutz von Schuldverschreibungen der Mitgliedsinstitute im Besitz von Kunden vermag diese Lücke zwar weitgehend zu schließen, der Definition der Einlagen in § 1 Abs. 2 EAG, die mit Ausnahme von Inhaber- und Orderschuldverschreibungen, bestimmten besonders geschützten Schuldverschreibungen sowie Verbindlichkeiten aus eigenen Wechseln, alle sonstigen verbrieften Verbindlichkeiten erfasst, wird bei Verweisung auf einzelne Bilanzpositionen zur Abgrenzung der geschützten Einlagen aber nur der Einbezug des Passivpostens »Verbriefte Verbindlichkeiten« gerecht.[744]

Die ebenfalls geschützten »Verbindlichkeiten aus Bürgschaften« werden auf der Passivseite der Bilanz »unter dem Strich« bei den »Eventualverbindlichkeiten« ausgewiesen. Insofern sind sie nicht bereits durch den Verweis auf die »Verbindlichkeiten gegenüber Kunden« erfasst. Die ausdrückliche Aufnahme von (Prozess-)Bürgschaften im Statut der Sicherungseinrichtung des BVR soll darauf hinwirken, Volksbanken bei der gerichtlichen Bestimmung einer prozessualen Sicherheit nach § 108 ZPO stärker zu berücksichtigen.[745] In der Praxis beschränkt sich der Ausspruch über die Art der Sicherheitsleistung oftmals auf die Möglichkeit, eine schriftliche, unwiderrufliche, unbedingte und unbefristete Bürgschaft einer deutschen Großbank oder Sparkasse beizubringen. Für die Sparkassen ist die Aufnahme dieser Verbindlichkeiten auf Grund der bestehenden Gerichtspraxis auch nach Ersetzung bzw. Wegfall von Anstaltslast und Gewährträgerhaftung als entbehrlich zu erachten.

---

744) Siehe dazu 3. Teil B. I. 2. b) aa) (3).
745) Auskunft des BVR vom 09.03.05.

IV. Alternativen

Die Sparkassen-Finanzgruppe hat sich im Rahmen der auf Grund der Ersetzung bzw. des Wegfalls von Anstaltslast und Gewährträgerhaftung notwendig gewordenen Umgestaltung ihres bisherigen Sicherungssystems für die Beibehaltung eines diskretionären Institutssicherungssystem unter Einbindung der Sparkassen, Landesbanken/Girozentralen und Landesbausparkassen entschieden. Fraglich ist, ob die Sparkassen bzw. Landesbanken/Girozentralen ihre Einlagen bzw. die ihnen gegenüber bestehenden Verbindlichkeiten aus Wertpapiergeschäften auch durch eine direkte Einlagensicherung hätten schützen bzw. ob das Institutssicherungssystem auch anderweitig hätte ausgestaltet werden können.

1. Alternativmodell der Einlagensicherung

§ 12 Abs. 1 EAG eröffnet den Sparkassen und Landesbanken/Girozentralen sowie den genossenschaftlich organisierten Instituten die Möglichkeit, sich durch Anschluss an die institutssichernden Einrichtungen der regionalen Sparkassen- und Giroverbände bzw. die des Bundesverbandes der Volksbanken und Raiffeisenbanken von der Pflichtzugehörigkeit zu einer Entschädigungseinrichtung zu befreien. Diese Regelung trägt dem Umstand Rechnung, dass zum Zeitpunkt des In-Kraft-Tretens des EAG die entsprechenden Sicherungseinrichtungen bereits etabliert waren. Hieraus folgt jedoch keine Pflicht der Verbände, die bestehenden Einrichtungen aufrechtzuerhalten. Dementsprechend könnte die Sparkassen-Finanzgruppe auch von dem System der Institutssicherung Abstand nehmen und die Einlagen ihrer Kunden bzw. Verbindlichkeiten aus Wertpapiergeschäften durch auf deren unmittelbare Sicherung ausgerichtete Einrichtungen schützen. Dabei ist allerdings zu beachten, dass die Sparkassen-Finanzgruppe neben den vorhandenen, gesetzlich verpflichtenden Entschädigungseinrichtungen im Sinne des § 6 Abs. 1 EAG keine eigenständige Entschädigungseinrichtung, der in einem weiteren Schritt gemäß § 7 Abs. 1 S. 1 EAG Aufgaben und Befugnisse durch Rechtsverordnung zugewiesen würden, begründen könnte. Nach § 6 Abs. 1 EAG bestehen Entschädigungseinrichtungen für privatrechtliche, öffentlich-rechtliche und andere Institute. Diese Aufteilung ist als abschließend zu betrachten. Einer weiteren Unterteilung steht das Ziel der Bildung möglichst großer und finanzstarker Entschädigungseinrichtungen entgegen.[746] Insofern würden die Sparkassen und Landesbanken/Girozen-

746) Gesetzentwurf der Bundesregierung, BR-Drs. 257/98, S. 30.

tralen überwiegend der Entschädigungseinrichtung des Bundesverbandes Öffentlicher Banken Deutschlands GmbH zugeordnet.

In Bezug auf einen Einlagenschutz, der über die Vorgaben des EAG hinausgeht, wäre es der Sparkassen-Finanzgruppe dagegen unbenommen, einen oder mehrere eigenständige Einlagensicherungsfonds zu gründen. In Anlehnung an den Sicherungsfonds des Bundesverbandes deutscher Banken e. V. bzw. des Bundesverbandes Öffentlicher Banken e. V. könnte eine direkt oder indirekt begrenzte Sicherung der Einlagen bzw. Verbindlichkeiten aus Wertpapiergeschäften etabliert werden. Hinsichtlich des Einbezugs bzw. der Ausnahme einzelner Verbindlichkeiten wäre die Sparkassen-Finanzgruppe – von wettbewerblichen Einschränkungen abgesehen – in ihrer Ausgestaltung frei. Daneben bestünde auch im Rahmen der freiwilligen Einlagensicherung die Möglichkeit, sich dem neben der gesetzlichen Entschädigungseinrichtung bestehenden Einlagensicherungsfonds des VÖB anzuschließen.

Die aufgezeigten Optionen stehen den Verbundpartnern auch unabhängig voneinander zu, wobei allerdings eine Umgestaltung der Sicherungseinrichtungen der regionalen Sparkassen- und Giroverbände in Einlagensicherungssysteme ebenso wie deren Auflösung nebst Wechsel in die des VÖB gleichfalls eine Zuordnung der Landesbanken/Girozentralen zu einer der gesetzlichen Entschädigungseinrichtungen nach sich ziehen würde. Auf Grund des Wortlauts des § 12 Abs. 1 EAG, der ausdrücklich nur die an die institutssichernden Einrichtungen der regionalen Sparkassen- und Giroverbände angeschlossenen Institute von der Pflichtzugehörigkeit zu einer Entschädigungseinrichtung befreit, könnte die Sicherungsreserve der Landesbanken und Girozentralen nicht unabhängig von diesen als institutssichernde Einrichtung im Sinne des § 12 Abs. 1 EAG fortgeführt werden. In Betracht käme jedoch ein alleiniger Wechsel der Landesbanken/Girozentralen in die Sicherungseinrichtungen des VÖB.

Aus Sicht der Sparkassen würde für eine Abkoppelung von den Landesbanken/Girozentralen sprechen, dass die Haftungsvolumina im Fall der drohenden Insolvenz einer Landesbank/Girozentrale die Mittel, die für die Sanierung einer Sparkasse aufzubringen sind, um ein vielfaches übersteigen und insofern ein Ungleichgewicht zwischen den Verbundpartnern besteht. Andererseits sind die Sparkassen auf Grund des Umstands, dass die regionalen Sparkassen- und Giroverbände gemeinsam mit dem jeweiligen Bundesland oder einer anderen Landesbank Träger der Landesbanken/Girozentralen sind, an diesen mittelbar beteiligt. Zahlungspflichten der Verbände führen intern zu einer Verbandslast, deren Mittel unter Umständen im Wege der Umlage aufzubringen sind.[747] Insofern müssen die Sparkassen auf regionaler Ebene auch unabhängig vom Haftungsverbund für die Landesbanken/Girozentralen einstehen. Dabei kann es im Weiteren zu einer finanziellen Überforderung der einzelnen Sparkasse mit der Folge der Inanspruchnahme des regionalen Sparkassenstützungsfonds und – in einem weiteren Schritt – des Überregionalen Ausgleichs kommen, so dass letztlich auch insoweit alle Sparkassen für alle Landesbanken/Girozentralen einstehen müssen. Damit entspricht die Aufrechterhaltung des Haftungsverbunds zwischen den Sparkassen und Landesbanken/Girozentralen – zumal innerhalb dieses auf die satzungsmäßigen Pflichten der Landesbanken/Girozentralen Einfluss genommen werden kann – auch den Interessen der Sparkassen. Der Gefahr der finanziellen Überforderung der Sparkassen und dem finanziellen Ungleichgewicht zwischen Sparkassen und Landesbanken/Girozentralen wurde mit einer Aufstockung des Gesamtvolumens der Sicherungseinrichtungen und der Einführung eines risikoorientierten Beitragssystems begegnet.[748]

Ausschlaggebend für die Beibehaltung der Institutssicherung in Bezug auf die Sparkassen und Landesbanken/Girozentralen als auch des Haftungsverbundes zwischen den Sicherungseinrichtungen ist letztlich der Verbundgedanke. Der Sparkassenverbund in seiner heutigen Form dient der Unterstützung der Sparkassen bei der Erfüllung ihres öffentlichen Auftrags, der Realisierung von Größen- und Verbundvorteilen und einem einheitlichen Marktauftritt.[749] Die Zusammenarbeit der Sparkassen mit den überregional agierenden Landesbanken/Girozentralen sowie den Landesbausparkassen ermöglicht es ihnen, sich auf das regionale Privatkunden- und mittelständische Firmenkundengeschäft zu konzentrieren und zugleich alle Arten von Finanzdienstleistungen anbieten zu können.[750] Die Landesbanken/Girozentralen erhalten durch die Zusammenarbeit mit den vertriebsstarken Sparkassen eine breite Absatzbasis für ihre Produkte und können durch die vielfache Nutzung ihrer zentral erstellten Leistungen ihr Ertragspotenzial steigern.[751] Der Verbund wird nach außen durch einen einheitlichen Marktauftritt der Verbundpartner und Produktnamen, die die Nähe zu den

747) *Schlierbach/Püttner,* Sparkassenrecht, S. 294.

748) Siehe dazu 3. Teil A. VII.

749) *Wittmann,* Der Sparkassenverbund, S. 85 ff.

750) *DSGV,* Strategie der Sparkassen-Finanzgruppe, S. 8; *Wittmann,* Der Sparkassenverbund, S. 85 f.

751) *Wittmann,* Der Sparkassenverbund, S. 86 f.

Sparkassen dokumentieren, kommuniziert.[752] Die Verbundpartner profitieren vom hohen Bekanntheitsgrad der Marke Sparkasse und müssen sich im Wettbewerb mit den genossenschaftlich organisierten Instituten und den Privatbanken nicht eigenständig positionieren.[753]

Den Vorteilen eines gemeinsamen Marktauftritts stehen im Fall einer negativen Öffentlichkeitswirksamkeit eines der Verbundpartner aber gleichsam Nachteile gegenüber. Die Insolvenz einer Sparkasse wie auch einer Landesbank/Girozentrale birgt die Gefahr negativer Rückschlüsse auf die Liquidität und Solvenz der übrigen Institute der Sparkassen-Finanzgruppe. Auch soweit im Rahmen einer umfassenden Einlagensicherung sämtliche Verbindlichkeiten des insolventen Instituts befriedigt bzw. auf eine andere Sparkasse bzw. Landesbank/Girozentrale übertragen würden, bliebe im Vergleich mit den Privatbanken der Unterschied bestehen, dass gerade kein Konkurrenzverhältnis, sondern ein gemeinsames Agieren am Markt kommuniziert wird. Insofern steht es im Interesse der Sparkassen-Finanzgruppe, die Zahlungsfähigkeit von Sparkassen und Landesbanken/Girozentralen aufrechtzuerhalten und diese im Bedarfsfall zu sanieren oder mit einem finanzkräftigen Verbundpartner zu fusionieren. Ein Sicherungssystem, das auf die Abwicklung in finanziellen Schwierigkeiten befindlicher Institute unter Entschädigung ihrer Kunden ausgerichtet ist, würde dem Verbundkonzept zuwiderlaufen.

2. Alternative Ausgestaltungen der Institutssicherung

Der Ausgestaltung des Institutssicherungssystems der Sparkassen-Finanzgruppe sind durch § 12 Abs. 1 EAG bzw. Art. 3 Abs. 1 S. 3 der EG-Einlagensicherungsrichtlinie Grenzen gesetzt. Dies gilt zum einen in Bezug auf die Anbindung der Landesbanken/Girozentralen an die Sicherungseinrichtungen der regionalen Sparkassen- und Giroverbände[754] als auch hinsichtlich einer inhaltlichen Modifikation.[755] Eine Abkoppelung der Sicherungseinrichtungen der Landesbanken/Girozentralen von denen der regionalen Sparkassen- und Giroverbände würde dazu führen, dass die Landesbanken/ Girozentralen einer gesetzlichen Entschädigungseinrichtung zugeordnet

752) *DSGV,* Strategie der Sparkassen-Finanzgruppe, S. 10 f.; *Wittmann,* Der Sparkassenverbund, S. 89.

753) *Deutscher Sparkassen-Verlag GmbH,* DSVreport, Ausgabe 01, März 2004, S. 2; *Wittmann,* Der Sparkassenverbund, S. 89.

754) Siehe dazu 3. Teil B. IV. 1.

755) Siehe dazu 3. Teil B. I. 1.

würden, auch wenn der Zweck der Sicherungsreserve nunmehr ebenfalls auf eine Institutssicherung ausgerichtet ist. Auch eine Umgestaltung des Sicherungssystems in der Form, dass die Sparkassen nicht mehr zunächst in regionalen Sicherungseinrichtungen zusammengefasst, sondern – gemeinsam mit den Landesbanken/Girozentralen – unmittelbar und ausschließlich einer bundesweiten Sicherungseinrichtung zugeordnet würden, liefe dem Wortlaut des § 12 Abs. 1 EAG entgegen. Dagegen wäre aber eine Modifikation des Sicherungssystems der Sparkassen-Finanzgruppe dahingehend möglich, dass zwischen den Sparkassen- und Giroverbänden und den jeweiligen Landesbanken/Girozentralen – wie vereinzelt bereits geschehen[756] – regionale Haftungsverbünde gebildet würden. Eine solche Modifikation würde die Voraussetzungen des § 12 Abs. 1 EAG nach wie vor erfüllen, da Ausgangspunkt der Institutssicherungssysteme entsprechend dem Gesetzeswortlaut die Sicherungseinrichtungen der regionalen Sparkassen- Giroverbände blieben.

Das in seinem Aufbau dem bisherigen Sicherungssystem entsprechende neue Institutssicherungssystem stellt wie dieses die Entscheidung über die Sicherung eines Instituts in das Ermessen der jeweiligen Gremien. Dieser Umstand führt dazu, dass den Ein- bzw. Anlegern für den Fall der Verweigerung von Stützungsleistungen ein ersatzweiser Anspruch einzuräumen ist.[757] In der Praxis ist jedoch davon auszugehen, dass eine Stützung der Institute in der Regel erfolgen wird. Aus denselben Gründen, die gegen ein Einlagensicherungssystem sprechen, ist die Sparkassen-Finanzgruppe gehalten, im Rahmen ihres Institutssicherungssystems sanierungsbedürftige Institute auch tatsächlich zu stützen. Dem Konzept eines einheitlichen, auf der Marke Sparkasse aufbauenden Marktauftritts der Mitglieder der Sparkassen-Finanzgruppe liefe die durch die Insolvenz einer Sparkasse oder Landesbank/Girozentrale entstehende negative Öffentlichkeitswirksamkeit zuwider. Insofern stellt sich die Frage, ob der faktischen Pflicht zur Stützung eines Instituts nicht auch eine rechtliche folgen sollte.[758] Unter Zugrundelegung der Aussagen der Ratingagenturen ist davon auszugehen, dass eine verpflichtende Institutssicherung zu einer wesentlich stärkeren Berücksichtigung des Haftungsverbundes und damit zu einer Verbesserung der Einzelbewertungen führen würde.[759] Auch würde sich dadurch die Option

756) Siehe dazu 3. Teil B. II.

757) Siehe dazu 2. Teil C. II. 3. a) cc) (1).

758) Hiervon abzugrenzen ist die Frage, ob im Einzelfall nicht derzeit bereits ein Anspruch auf Institutssicherung besteht (siehe dazu 3.Teil C. I.).

759) Siehe dazu 3. Teil B. II.

auf ein überregionales Verbundrating eröffnen sowie die Chance erhöhen, dass gruppeninterne Kredite innerhalb der Verbundorganisationen wie bei konzernstrukturierten Banken mit »Null« angerechnet werden.[760] Die Befreiung von der Kapitalunterlegungspflicht würde die Sparkassen-Finanzgruppe von der Vorhaltung von rund 2,3 Mrd. Euro Eigenkapital entbinden.[761]

Den Vorteilen einer verbindlichen Institutssicherung stehen zunächst die Nachteile der »moral hazard-Problematik« gegenüber.[762] Durch die Verpflichtung zur Stützung einer Sparkasse bzw. Landesbank/Girozentrale steigt der Anreiz für eine risikoorientierte Geschäftspolitik. Gleichzeitig sinkt die Bereitschaft zur ordnungsgemäßen Befolgung der in den Satzungen normierten Pflichten. Eine erhöhte Zahl von Stützungsfällen mit der Folge einer steigenden finanziellen Belastung des Sicherungssystems und damit der Gesamtheit der Mitgliedsinstitute steht zu befürchten. Der Ausschluss eines Anspruchs durch die freiwilligen Sicherungseinrichtungen wird zudem als ausschlaggebendes Argument dafür angeführt, dass diese nicht der Versicherungsaufsicht und der Versicherungssteuer unterliegen.[763] Hinsichtlich des äußerst umstrittenen, vom Gesetzgeber bewusst offen gelassenen Versicherungsbegriffs besteht weitgehend Einigkeit darüber, dass dieser einen Rechtsanspruch auf Leistung voraussetzt.[764] Im Zuge der Umsetzung der Einlagensicherungsrichtlinie wurde lediglich bestimmt, dass die Entschädigungseinrichtungen sowie die institutssichernden Einrichtungen nicht den Vorschriften des Versicherungsaufsichtsgesetzes unterfallen.[765] Weiterhin wurden die gesetzlichen Sicherungseinrichtungen, wie bereits die freiwilligen Sicherungseinrichtungen der Verbände, von der Körperschaftssteuer

760) *Mussler/Mußler,* FAZ v. 14.07.05 (Nr. 101), S. 9, hinsichtlich Überlegungen des Bundesverbandes der Deutschen Volksbanken und Raiffeisenbanken einen formellen Rechtsanspruch auf Stützungsmittel zu verankern.

761) *Mussler/Mußler,* FAZ v. 14.07.05 (Nr. 101), S. 9.

762) Siehe dazu 2. Teil C. II. 3. a) cc) (1).

763) *Hoeren,* Selbstregulierung im Banken- u. Versicherungsrecht, S. 178; *Reifner,* JZ 1993, S. 273 (275); *Dreher,* ZIP 1992, 1597 (1599); *Schmidt,* Sparkasse 1976, 132 (134); a. A. *Vogelsang,* Einlagensicherungsfonds des BdB, S. 172 f., der den Ausschluss von Rechtsansprüchen für unwirksam hält und einen Anspruch aus Vertrauenshaftung mit der Folge bejaht, dass eine Versicherung vorliegt.

764) Vgl. insbesondere *Vogelsang,* Einlagensicherungsfonds des BdB, S. 43 ff.; *Dreher,* Die Versicherung als Rechtsprodukt, S. 33 ff.; *Kaulbach,* in: Fahr/Kaulbach/Bähr, Versicherungsaufsichtsgesetz, § 1 Rn. 3 ff.

765) § 16 EAG.

sowie der Gewerbesteuer befreit.[766] Eine Ausnahme von der Versicherungssteuer wurde dagegen nicht normiert. Schließlich wird gegen einen Anspruch auf Instituts- wie auch auf Einlagensicherung angeführt, dass die theoretisch denkbaren Risiken zu hoch seien, als dass sie durch einen Rechtsanspruch abgedeckt werden könnten.[767]

Den negativen Anreizwirkungen einer verpflichtenden Institutssicherung steuert das modifizierte Sicherungssystem der Sparkassen-Finanzgruppe bereits in seiner jetzigen Ausgestaltung weitgehend entgegen. Die risikoorientierte Beitragsbemessung, das Risikomonitoring sowie die Eingriffsmöglichkeiten der Sicherungseinrichtungen sind wesentliche Elemente zur Begegnung der »moral hazard-Problematik«.[768] Hervorzuheben ist insbesondere das »Drohpotenzial«, welches sich aus den Möglichkeiten, Stützungsmaßnahmen von der Zusammenführung von Instituten oder – soweit rechtlich zulässig – von der Übertragung der Trägerschaft auf den Verband abhängig zu machen, ergibt.[769]

Da die gesetzlichen Entschädigungseinrichtungen trotz des in § 3 Abs. 1 EAG ausdrücklich normierten Anspruchs der Ein- bzw. Anleger in der Praxis nicht der Versicherungssteuer unterliegen,[770] ist davon auszugehen, dass auch die Normierung eines Anspruchs im Rahmen der institutssichernden Einrichtungen der Sparkassen-Finanzgruppe zu keiner Steuerpflicht führen würde. Als gesetzlicher Anknüpfungspunkt für eine Ausnahme der Sicherungseinrichtungen der Sparkassen-Finanzgruppe im Fall einer Anspruchsgewährung kommt der Ausnahmetatbestand des § 2 Abs. 2 Versicherungssteuergesetz (VersStG) in Betracht. Nach § 2 Abs. 1 VersStG gilt als Versicherungsvertrag eine Vereinbarung zwischen mehreren Personen oder Personenvereinigungen, solche Verluste oder Schäden gemeinsam zu tragen, die den Gegenstand einer Versicherung bilden können. Hiervon ausgenommen sind gemäß § 2 Abs. 2 VersStG solche Verträge, durch die sich der Versicherer verpflichtet, für den Versicherungsnehmer Bürgschaften

---

766) § 5 Abs. 1 Nr. 16 Körperschaftssteuergesetz und § 3 Nr. 21 Gewerbesteuergesetz wurden durch Art. 5 bzw. 6 des Gesetzes zur Umsetzung der EG-Einlagensicherungsrichtlinie und der EG-Anlegerentschädigungsrichtlinie ergänzt.

767) *Niklisch,* Einlagensicherung im Kreditgewerbe, S. 39; *Schmidt,* Sparkasse 1976, 47 (50); *Dziallas-Laur,* Einlagensicherung der privaten Kreditinstitute, S. 73.

768) *Burghof/Rudolf,* Bankenaufsicht, S. 48; *Kleinert,* Einlagensicherungssysteme, S. 54; *Schöner,* Einlagensicherung und Wettbewerb, S. 36.

769) Siehe dazu 3. Teil C. II.

770) Auskunft des Bundesverbandes deutscher Banken vom 05.04.05 und des Bundesverbandes Öffentlicher Banken e. V. vom 14.04.05.

oder sonstige Sicherheiten zu leisten. Die nicht abschließende Aufzählung möglicher Stützungsmaßnahmen in § 12 Abs. 1 S. 2 der Satzungen sieht die Zuwendung von Haftungsmitteln, die Übernahme von Garantien oder Bürgschaften sowie verzinslichter Schuldversprechen und die Erfüllung Ansprüche Dritter gegen Übertragung auf die Sicherungseinrichtungen vor. Die Gewährung verlorener Zuschüsse, bei denen eine Rückzahlung auf Grundlage eines Besserungsscheins nicht zu erwarten ist, soll nach § 12 Abs. 2 der Mustersatzung für die Sparkassenstützungsfonds die Ausnahme darstellen. Bei Beibehaltung dieses Auswahlermessens, insbesondere der Möglichkeit, zur Stützung eines Instituts auch Sicherheiten zu leisten, würde das Rechtsverhältnis zwischen den institutssichernden Einrichtungen der Sparkassen-Finanzgruppe und den einzelnen Instituten auch bei Etablierung eines Stützungsanspruchs ein nicht steuerbares Versicherungsverhältnis im Sinne des § 2 Abs. 2 VersStG darstellen und damit nicht der Versicherungssteuer gemäß § 1 Abs. 1 VersStG unterfallen.[771] Die Frage, ob die Sicherungseinrichtungen bei Gewährung eines Anspruchs der Versicherungsaufsicht unterliegen, stellt sich in Bezug auf die der Sparkassen-Finanzgruppe nicht, da diese auch bei entsprechender Modifikation ihrer Satzungen als institutssichernde Einrichtungen im Sinne des § 12 Abs. 1 EAG gemäß § 16 EAG ausdrücklich von den Vorschriften des Versicherungsaufsichtsgesetzes befreit wären.

Dem Hinweis auf die theoretisch nur begrenzte Leistungsfähigkeit der Sicherungseinrichtungen ist entgegenzuhalten, dass die Institutssicherung wie auch die Einlagensicherung kein Mittel sein kann, den Gefahren und Schäden einer allgemeinen wirtschaftlichen Krise zu begegnen.[772] Dass bei einem allgemeinen Zusammenbruch der Finanzmärkte eine Sicherungseinrichtung, sei es zur Sicherung der Institute oder der Einlagen und Verbindlichkeiten aus Wertpapiergeschäften, keinen Schutz mehr bieten kann, dürfte den Instituten sowie den Ein- bzw. Anlegern bewusst sein.[773] Zudem ließe sich ein entsprechender Anspruch – neben einer direkten oder indirekten Begrenzung – dahingehend ausgestalten, dass er unter den Vorbehalt der Leistungsfähigkeit seiner Mitglieder gestellt wird.[774]

---

771) Vgl. *Hicks,* DB 1987, 1389 (1391), hinsichtlich des Einlagensicherungsfonds des BdB.

772) BT-Drs. V/3500, S. 139.

773) *Vogelsang,* Einlagensicherungsfonds des BdB, S. 161.

774) *Breunig,* Giralgeld und Einlagensicherung, S. 74; *Vogelsang,* Einlagensicherungsfonds des BdB, S. 157; *Habscheid,* BB 1988, 2328 (2329).

Insgesamt bleibt damit festzustellen, dass die Gewährung eines Anspruchs im Zuge der Modifikation des Sicherungssystems der Sparkassen-Finanzgruppe eine denkbare Alternative dargestellt hätte. Die in der positiven Bewertung durch Dritte liegenden Vorteile werden durch ökonomische oder steuerrechtliche Implikationen nicht grundsätzlich überwogen, solange sie durch eine entsprechende Ausgestaltung des Sicherungssystems kompensiert werden.

C. Einzelfragen des neuen Sicherungssystems

Soweit im Rahmen der Analyse des Sicherungssystems in seiner Gesamtheit noch nicht geschehen, werden im Folgenden einzelne ausgewählte Satzungsbestimmungen einer Bewertung unterzogen. Dabei wird deren Regelungsgehalt insbesondere auf das Bestehen eventueller Regelungslücken und die Anwendbarkeit dispositiven Rechts untersucht.

I. Anspruch auf Stützungsmaßnahmen

Wie bereits mehrfach festgestellt, ist in den Satzungen der Sicherungseinrichtungen ein Anspruch der Mitgliedsinstitute auf Stützungsmaßnahmen ausdrücklich ausgeschlossen.[775] Auch im Rahmen des Überregionalen Ausgleichs und des Haftungsverbundes ist normiert, dass weder ein Anspruch der Institute noch der einzelnen Sicherungseinrichtungen besteht.[776] Grundsätzlich ist der Ausschluss von Ansprüchen bei abstrakter Betrachtung der durch die Mitgliederversammlung des DSGV beschlossenen Satzungen nicht als unbillig zu erachten.[777] Der Entscheidung, ob ein verbindliches oder diskretionäres Institutssicherungssystem etabliert wird, liegen die oben dargestellten ökonomischen Erwägungen zu Grunde. Sie ist damit – auch soweit eine anderweitige Ausgestaltung des Sicherungssystems für möglich

---

775) § 20 Mustersatzung für die Sparkassenstützungsfonds der Regionalverbände; § 22 Satzung für die Sicherungsreserve der Landesbanken und Girozentralen; § 21 Satzung für den Sicherungsfonds der Landesbausparkassen.

776) § 10 Satzung für den Überregionalen Ausgleich der Sparkassenstützungsfonds; § 9 Satzung für den Haftungsverbund.

777) Vgl. OLG Köln, Teilurt. v. 29.10.1992 – 18 U 35/92 –, ZIP 1992, 1617 ff. zum Ausschluss eines Rechtsanspruchs auf Hilfeleistung aus dem Garantiefonds eines genossenschaftlichen Bankenverbands; zustimmend *Claussen,* DZWir 1993, 201 (202 f.); a. A. *Dreher,* ZIP 1992, 1597, 1610 ff.

erachtet wird – sachlich begründet. Insofern ist es ausreichend, dass das einzelne Institut durch Einhaltung der bei der Rechtsanwendung im Einzelfall zu beachtenden satzungsrechtlichen sowie eventuell heranzuziehenden gesetzlichen Regelungen geschützt ist.[778] Fraglich ist in diesem Zusammenhang allerdings, ob einem Mitgliedsinstitut oder einer Sicherungseinrichtung im Einzelfall nicht dann ein Anspruch zustehen kann, wenn die Voraussetzungen für die regelmäßige Annahme eines Stützungsfalls vorliegen und anderweitige Gründe – wie etwa die wirtschaftliche Überforderung der Sicherungseinrichtungen bzw. ihrer Mitglieder – nicht entgegenstehen.

1. Sparkassenstützungsfonds

Nach der Mustersatzung für die Sparkassenstützungsfonds stellt der Verbandsvorstand nach vorheriger Einschaltung der Prüfungsstelle das Vorliegen eines Stützungsfalls mit einer Mehrheit von zwei Dritteln seiner Mitglieder fest.[779] Auch die im Anschluss mit entsprechender Mehrheit zu treffende Entscheidung über Art und Umfang der Stützungsmaßnahmen sowie etwaige Auflagen obliegt dem Verbandsvorstand.[780] Insofern entscheiden – im Gegensatz zur Sicherungsreserve der Landesbanken und Girozentralen – nicht die in der Sicherungseinrichtung zusammengeschlossenen Mitgliedsinstitute, sondern ein Organ des jeweiligen Regionalverbands. Dies gilt auch, soweit der Verbandsvorstand von der Möglichkeit Gebrauch macht, einen Stützungsfondsausschuss zu bilden und diesem Aufgaben zu übertragen,[781] da ein solcher – je nach Ausgestaltung – bloßer Organteil oder Hilfsorgan ist.[782] Die regionalen Sparkassen- und Giroverbände sind – mit Ausnahme des hanseatischen Sparkassen- und Giroverbands[783] –

778) OLG Köln, Teilurt. v. 29.10.1992 – 18 U 35/92 –, ZIP 1992, 1617 (1618).

779) § 3 Abs. 3 S. 1 Mustersatzung für die Sparkassenstützungsfonds der Regionalverbände.

780) § 12 Abs. 1 S. 1 Mustersatzung für die Sparkassenstützungsfonds der Regionalverbände.

781) § 17 S. 1 Mustersatzung für die Sparkassenstützungsfonds der Regionalverbände.

782) Vgl. insoweit *Wolff/Bachof*, Verwaltungsrecht II, 4. Aufl. 1976, S. 52.

783) Der Hanseatische Sparkassen- und Giroverband ist ein privatrechtlicher, kraft staatlicher Verleihung rechtskräftiger Verein. Auf diesen finden – soweit keine gesonderte Darstellung erfolgt – grundsätzlich die Ausführungen zur Sicherungsreserve der Landesbanken und Girozentralen entsprechende Anwendung.

Körperschaften des öffentlichen Rechts.[784] Ihre Tätigkeit wird grundsätzlich der schlichten Hoheitsverwaltung zugerechnet.[785] Es ist jedoch fraglich, ob die Feststellung eines Stützungsfalls sowie die hieran anknüpfende Entscheidung über Art und Umfang der durchzuführenden Stützungsmaßnahmen nicht als Verwaltungsakte im Sinne des § 35 S. 1 VwVfG zu qualifizieren sind.

Ein Verwaltungsakt ist gemäß § 35 S. 1 VwVfG jede Verfügung, Entscheidung oder andere hoheitliche Maßnahme, die eine Behörde zur Regelung eines Einzelfalls auf dem Gebiet des öffentlichen Rechts trifft und die auf unmittelbare Rechtswirkung nach außen gerichtet ist. Die Sparkassen- und Giroverbände sind als Körperschaften des öffentlichen Rechts Teil der mittelbaren Staatsverwaltung und damit Behörden im Sinne des § 35 S. 1 i. V. m. § 1 Abs. 4 VwVfG. Gemäß ihrer Aufgabe, das dem öffentlichen Auftrag verpflichtete Sparkassenwesen zu fördern,[786] handeln sie auf dem Gebiet des öffentlichen Rechts. Dabei ergibt sich aus der gesetzlichen Aufgabenzuweisung die Befugnis, auch im Verhältnis zu den Mitgliedern, die ihrerseits öffentliche Aufgaben wahrnehmen, hoheitlich tätig zu werden.[787] Die Entscheidung über Art und Umfang der durchzuführenden Stützungsmaßnahmen stellt auch eine hoheitliche Maßnahme zur Regelung eines Einzelfalls dar. Als einseitige Willenserklärung ist die Entscheidung final auf eine Rechtsfolge gerichtet, durch die ein Lebenssachverhalt, nämlich die Gewährung von Stützungsmaßnahmen für das betroffene Institut, rechtsverbindlich gestaltet wird.[788]

---

784) § 35 S. 1 SpkG BW; Art. 22 Abs. 2 SpkG Bayern; § 1 Abs. 1 S. 1 Hessisches Neuordnungsgesetz; § 28 Abs. 2 S. 1 SpkG Niedersachsen; § 36 SpkG NRW; § 25 Abs. 1 SpkG RP; § 40 S. 2 SpkG Saarland; § 36 Abs. 3 SpkG SH; § 1 Abs. 2 S. 1 Staatsvertrag OSGV.

785) BFH, Urt. v. 27.02.1976 – VI R 97/72 –, BStBl. II 1976, 418 (421); *Schlierbach/Püttner,* Sparkassenrecht, S. 293; *Kneymeyer,* in: FS Hahn, S. 645 (648).

786) § 36 Abs. 1 S. 1 SpkG BW; Art. 22 Abs. 1 S. 1 SpkG Bayern; § 1 Abs. 2 S. 1 Hessisches Neuordnungsgesetz i. V. m. § 8 Abs. 1 S. 1 Satzung SGVHT; § 29 Abs. 1 S. 1 SpkG Niedersachsen; § 38 SpkG NRW; § 25 Abs. 2 S. 1 SpkG RP; § 42 S. 1 SpkG Saarland; § 36 Abs. 2 S. 1 SpkG SH; § 2 Abs. 1 S. 1 Staatsvertrag OSGV.

787) Vgl. BSGE, Urt. v. 25.06.2002 – B 1 KR 10/01 R –, 89, 277 (279) in Bezug auf das Verhältnis von Krankenkassenverband und Mitgliedskasse.

788) Vgl. zu den einzelnen Begriffsmerkmalen des Verwaltungsakts *Wolff/Bachof/Stober,* Verwaltungsrecht II, § 45 Rn. 19 ff.; *Maurer,* Verwaltungsrecht, § 9 Rn. 6 ff.; *Peine,* Verwaltungsrecht, Rn. 110 ff.; *Stelkens/Stelkens,* in: Stelkens/Bonk/Sachs, VwVfG, § 35 Rn. 37 ff.

Die Feststellung eines Stützungsfalls erfüllt dagegen nicht das für einen Verwaltungsakt konstitutive Merkmal der Regelung eines Einzelfalls. Als Voraussetzung für die ebenfalls durch den Verbandsvorstand zu treffende Entscheidung über die Gewährung von Stützungsmaßnahmen ist sie Vorbereitungs- bzw. Teilakt ohne abschließenden Regelungsgehalt.[789] Die Feststellung ist nicht unmittelbar auf die Herbeiführung einer Rechtsfolge gerichtet, sondern eine Verfahrenshandlung, die der Vorbereitung der Entscheidung über die Gewährung von Stützungsmaßnahmen dient. Auch der Umstand, dass die Mitglieder im Stützungsfall dem Verband zum Zwecke der Transparenz umfassenden Einblick in die wirtschaftlichen Verhältnisse zu gewähren haben, führt zu keiner abweichenden Bewertung. Insoweit handelt es sich lediglich um eine allgemeine Mitwirkungspflicht zum Zwecke der weiteren Sachverhaltsaufklärung.[790] Vergleichbare Pflichten bestehen nach der Satzung bereits vor Feststellung eines Stützungsfalls. Neben der im Rahmen des Risikomonitorings bestehenden Pflichten[791] unterliegen die Institute einer jährlichen Prüfung durch die Prüfungsstelle des jeweiligen Verbandes bzw. einen zu beauftragenden Abschlussprüfer.[792] Darüber hinaus bestehen Sorgfalts-, Informations- und Unterrichtungspflichten sowie die Pflicht, Prüfungen bei besonderen Risikolagen zuzulassen und insoweit Zugang zu allen Unterlagen zu gewähren, die für eine sorgfältige Prüfung notwendig sind.[793]

Verwaltungsakte sind schließlich nur solche Regelungen, die – über den verwaltungsinternen Bereich hinausgehend – Rechte oder Pflichten für den Bürger oder sonstige außenstehende Rechtspersonen begründen.[794] Insofern muss die Entscheidung über die Gewährung von Stützungsmaßnahmen

---

789) Vgl. insoweit *Maurer,* Verwaltungsrecht, § 9 Rn. 9; *Peine,* Verwaltungsrecht, 121.

790) Vgl. OVG NRW, Beschl. v. 22.01.2001 – 19 B 1757/00 –, NWVBl. 2001, 478 (480) bezüglich der Anordnung der Fahrerlaubnisbehörde ein medizinisch-psychologisches Gutachten beizubringen.

791) Siehe dazu 3. Teil A. VII.

792) § 5 Mustersatzung für die Sparkassenstützungsfonds der Regionalverbände sowie Satzung für die Sicherungsreserve der Landesbanken und Girozentralen und Satzung für den Sicherungsfonds der Landesbausparkassen.

793) § 6 ff. Mustersatzung für die Sparkassenstützungsfonds der Regionalverbände sowie Satzung für die Sicherungsreserve der Landesbanken und Girozentralen und Satzung für den Sicherungsfonds der Landesbausparkassen.

794) *Maurer,* Verwaltungsrecht, § 9 Rn. 26; *Peine,* Verwaltungsrecht, Rn. 125; *Kopp/ Ramsauer,* VwVfG, § 35 Rn. 73 f.

auch auf Außenwirkung gerichtet, d. h. dazu bestimmt sein, Rechtswirkungen außerhalb der Behörde zu entfalten.[795]

In Hinblick auf den Umstand, dass die Sparkassen Anstalten des öffentlichen Rechts sind,[796] ist zunächst hervorzuheben, dass das Außenrechtssubjekt, an das die Maßnahme gerichtet wird, auch ein anderer Träger öffentlicher Gewalt sein kann, soweit dieser mit eigenen Rechten ausgestattet ist.[797] Allerdings sind die Voraussetzungen für die Annahme der Außenwirkung zwischen juristischen Personen des öffentlichen Rechts regelmäßig höher als im Staat-Bürger-Verhältnis.[798] Entsprechendes Indiz für die Annahme eines Verwaltungsakts ist – vorbehaltlich der weiteren Merkmale – jedoch auch insoweit, dass durch die Maßnahme der Außenrechtskreis des Rechtsträgers unmittelbar betroffen ist.[799]

Mitglieder einer Körperschaft des öffentlichen Rechts können sowohl natürliche Personen als auch juristische Personen des öffentlichen Rechts oder Privatrechts sein.[800] Im Rahmen ihrer Mitgliedschaft stehen den Mitgliedern je nach Verbandszweck und Betätigungsfeld unterschiedliche mitgliedschaftliche Rechte zu.[801] Neben Bewirkungs- und Informationsrechten kommen durch nähere gesetzliche oder satzungsrechtliche Ausgestaltung auch besondere Leistungsrechte, die einen Anspruch auf gleichberechtigte bzw. chancengleiche Teilhabe begründen, in Betracht.[802] Anders als Organrechte sind die mitgliedschaftlichen Rechte dem Mitglied eines Selbstverwaltungsträgers als selbstständigem Rechtssubjekt und nicht als Funktionssubjekt der juristischen Person zugewiesen.[803] Insoweit besteht in Anbetracht der mitgliedschaftlichen Rechte zwischen Mitglied und Träger ein Außenrechtsverhältnis.[804]

Der durch den jeweiligen Sparkassenverband errichtete Sparkassenstützungsfonds hat nach dem Wortlaut der neuen Satzungen die Aufgabe, die

---

795) *Maurer,* Verwaltungsrecht, § 9 Rn. 26; *Peine,* Verwaltungsrecht, Rn. 125; *Stelkens/Stelkens,* in: Stelkens/Bonk/Sachs, VwVfG, § 35 Rn. 85.

796) Siehe dazu 3. Teil A. I. 1.

797) *Appel/Melchinger,* VerwArchiv 1993, 349 (372); *Stelkens/Stelkens,* in: Stelkens/Bonk/Sachs, VwVfG, § 35 Rn. 113 ff.

798) *Stelkens/Stelkens,* in: Stelkens/Bonk/Sachs, VwVfG, § 35 Rn. 84.

799) *Appel/Melchinger,* VerwArchiv 1993, 349 (372).

800) *Wolff/Bachof/Stober,* Verwaltungsrecht III, § 87 Rn. 53.

801) *Wolff/Bachof/Stober,* Verwaltungsrecht III, § 87 Rn. 57 ff. (60).

802) *Wolff/Bachof/Stober,* Verwaltungsrecht III, § 87 Rn. 57 ff. (60).

803) *Kluth,* Funktionale Selbstverwaltung, S. 333.

804) *Kluth,* Funktionale Selbstverwaltung, S. 333.

Mitgliedssparkassen selbst zu schützen, insbesondere deren Liquidität und Solvenz zu gewährleisten.[805] Insofern ergibt sich bereits aus Aufgabe und Schutzzweck des Sparkassenstützungsfonds, dass das Verhältnis zwischen Sparkasse und Sparkassenverband durch mitgliedschaftliche Leistungsrechte bestimmt ist. Die Entscheidung über die Gewährung von Stützungsmaßnahmen konkretisiert dieses Verhältnis und entfaltet bestimmungsgemäß Rechtswirkungen gegenüber der betroffenen Sparkasse. Die Maßnahme ist damit auch auf »unmittelbare Rechtswirkung nach außen gerichtet« und im Ergebnis als Verwaltungsakt im Sinne des § 35 S. 1 VwVfG zu qualifizieren.

Die Entscheidung über die Gewährung von Stützungsmaßnahmen stellt eine Ermessensentscheidung dar.[806] Dem Verbandsvorstand steht sowohl ein Entschließungsermessen hinsichtlich der Frage zu, ob überhaupt Leistungen gewährt werden, als auch ein Auswahlermessen bezüglich Art und Umfang der Stützungsmaßnahmen. Wie sich aus den allgemeinen Grundsätzen des Verwaltungsrechts ergibt und in § 40 VwVfG ausdrücklich niedergelegt wurde, ist das einer Behörde eingeräumte Ermessen ein rechtlich gebundenes, so genanntes pflichtgemäßes Ermessen.[807] Die Behörde hat ihr Ermessen entsprechend dem Zweck der Ermächtigung auszuüben und die gesetzlichen Grenzen des Ermessens einzuhalten. Unter der Voraussetzung, dass die Tatbestandsvoraussetzungen der Ermessensnorm erfüllt sind und diese ein subjektiv öffentliches Recht gewährt, d. h. zumindest auch dem Individualinteresse dient, hat der Betroffene einen Anspruch auf eine ermessensfehlerfreie Entscheidung.[808] In Einzelfällen kann sich der Anspruch auf ermessensfehlerfreie Entscheidung zu einem Anspruch auf eine bestimmte Entscheidung verdichten. Voraussetzung einer solchen Ermessensreduzierung auf Null ist, dass auf Grund der tatbestandlichen Voraussetzungen oder anderer rechtlicher Gründe nur noch eine Entscheidung rechtmäßig ist.[809] Angesichts der besonderen Umstände des konkreten Falls oder auf

805) § 2 S. 1 Mustersatzung für die Sparkassenstützungsfonds der Regionalverbände.

806) Die folgenden Ausführungen finden auch dann Anwendung, wenn man die Entscheidung des Vorstands über die Gewährung von Stützungsmaßnahmen als schlichtes Verwaltungshandeln einordnet (vgl. *Sachs,* in: Stelkens/Bonk/Sachs, VwVfG, § 40 Rn. 47; *Kopp/Ramsauer,* VwVfG, § 40 Rn. 4 a).

807) *Sachs,* in: Stelkens/Bonk/Sachs, VwVfG, § 40 Rn. 4; *Kopp/Ramsauer,* VwVfG, § 40 Rn. 1; *Wolff/Bachof/Stober,* Verwaltungsrecht I, § 31 Rn. 40; *Maurer,* Verwaltungsrecht, § 7 Rn. 17; *Peine,* Verwaltungsrecht, Rn. 69.

808) *Wolff/Bachof/Stober,* Verwaltungsrecht I, § 31 Rn. 40; *Kopp/Ramsauer,* VwVfG, § 40 Rn. 32 f.; *Sachs,* in: Stelkens/Bonk/Sachs, VwVfG, § 40 Rn. 136.

809) *Wolff/Bachof/Stober,* Verwaltungsrecht I, § 31 Rn. 55.

Grund anderer Rechtsvorschriften, insbesondere der Geltung von Grundrechten und anderen Verfassungsgrundsätzen, ist die Behörde verpflichtet, im Sinne der verbliebenen Handlungsmöglichkeit tätig zu werden.[810]

In Bezug auf die Gewährung von Stützungsmaßnahmen kann sich eine Ermessensreduzierung insbesondere aus den dem Rechtsstaatsgebot zu entnehmenden Grundsätzen des Vertrauensschutzes und der Verhältnismäßigkeit sowie dem Willkürverbot ergeben.[811] Dabei kann das Vertrauensschutzprinzip auch Grundlage für eine Selbstbindung der Verwaltung sein.[812] Voraussetzung ist ein vorausgegangenes Tun oder ein zurechenbares Unterlassen, das der Behörde aus Vertrauensgesichtspunkten nur noch eine Handlungsoption belässt.[813] Nach der Satzung für die Sparkassenstützungsfonds hat der Verbandsvorstand oder der Stützungsfondsausschuss bereits bei Vorliegen einer besonderen Risikolage Einwirkungsrechte in Bezug auf die gefährdete Sparkasse. So können sie die Erarbeitung eines Konzepts zur Neustrukturierung der Sparkasse oder die Einleitung zweckdienlicher Maßnahmen verlangen sowie die Umsetzung personeller oder sachlicher Maßnahmen fordern.[814] Setzt das Institut die ihm auferlegten Pflichten um, schrumpft der Ermessensspielraum des Verbandes auf Grund seines vorausgegangenen Handelns. Werden auch die sonstigen nach den Satzungen bestehenden Pflichten befolgt und verfügt der entsprechende Sparkassenstützungsfonds bzw. die mit ihm über den Überregionalen Ausgleich bzw. den Haftungsverbund verbundenen Sicherungseinrichtungen über ausreichende Mittel zur Stützung, tritt eine Tatbestandsintensivierung ein.

---

810) *Kopp/Ramsauer,* VwVfG, § 40 Rn. 30; *Sachs,* in: Stelkens/Bonk/Sachs, VwVfG, § 40 Rn. 56, 82 f.; *Peine,* Verwaltungsrecht, Rn. 71.

811) Vgl. insoweit *Sachs,* in: Stelkens/Bonk/Sachs, VwVfG, § 40 Rn. 83, 97; BVerwGE, Beschl. v. 07.02.1991 – 2 BvL 24/84 –, 83, 363 (393).

812) *Sachs,* in: Stelkens/Bonk/Sachs, VwVfG, § 40 Rn. 104; *Di Fabio,* VerwArchiv 1995, 214 (224 f.); OVG Münster, Urt. v. 30.01.1976 – IV A 986/74 –, GewArch 1976, 290 f. Eine Selbstbindung des Verbandes aus Art. 3 Abs. 1 GG kommt nur in Betracht, soweit man den Sparkassen eine generelle Grundrechtsfähigkeit zuerkennt (verneinend: BVerwG, Beschl. v. 28.12.1971 – I CB 16.66 –, DVBl. 1972, 780 (781); *Dürig,* in: Maunz/Dürig, GG, Art. 19 III Rn. 49, bejahend: OVG Saarlouis – Urt. v. 18.12.1969 – I R 84/68 –, DÖV 1970, 610 (612) in Bezug auf Art 12 Abs. 1 GG; differenzierend: *Stern/Burmeister,* Die kommunalen Sparkassen, S. 231 ff.; *Gebel,* Grundrechtssubjektivität selbständiger Anstalten, S. 124 ff.; *von Mutius,* Bonner Kommentar, Art. 19 III Rn. 135 ff.).

813) *Di Fabio,* VerwArchiv 1995, 214 (224).

814) §10 S. 3, 4 Mustersatzung für die Sparkassenstützungsfonds der Regionalverbände.

Auch im Fall der Untätigkeit des Verbandsvorstands trotz Kenntnis der wirtschaftlichen Situation einer Mitgliedssparkasse und der Möglichkeit frühzeitiger Intervention kommt eine Ermessensreduzierung auf Null in Betracht. Soweit dem Institut keine Satzungsverstöße zur Last gelegt werden können, kann sich aus dem Untätigbleiben ein Vertrauenstatbestand ergeben, der eine Verweigerung von Stützungsmaßnahmen, etwa auf Grund einer verfehlten Geschäftspolitik, verbietet. Schließlich kann die Bewilligung von Stützungsmaßnahmen über den Einzelfall hinaus auch in Bezug auf nachfolgende, vergleichbare Stützungsfälle zu einer Stützungspflicht führen. Sowohl nach der Selbstbindung der Verwaltung als auch nach dem Willkürverbot bedarf die unterschiedliche Behandlung gleich gelagerter Fälle einer sachlichen Rechtfertigung.[815] Liegen keine Gründe für eine Differenzierung vor, reduziert sich das Entschließungsermessen des Verbandsvorstands – vorbehaltlich der Leistungsfähigkeit des Sicherungssystems – ebenfalls auf Null.

In Bezug auf das Auswahlermessen, d. h. die Frage, welche Maßnahmen in welcher Höhe zu ergreifen sind, verbleibt dem Verband grundsätzlich ein Entscheidungsspielraum. Die in § 12 Abs. 1 S. 2 der Mustersatzung für die Sparkassenstützungsfonds genannten Maßnahmen bilden dabei keinen abschließenden Katalog. Lediglich in verfahrensrechtlicher Hinsicht bestehen Einschränkungen, soweit die Gewährung verlorener Zuschüsse sowie sämtlicher übernommener Bilanzierungshilfen bestimmte Volumina überschreiten.[816] Allerdings muss sich im Rahmen einer Ermessensreduzierung auf Null der Gesamtumfang der zu gewährenden Leistungen zwingend auf das belaufen, was zur Abwendung einer Insolvenz erforderlich ist.

Hinsichtlich der dem Verbandsvorstand ausdrücklich zuerkannten Möglichkeit, im Rahmen der Entscheidung über Art und Umfang der durchzuführenden Stützungsmaßnahmen auch über etwaige Auflagen zu entscheiden, gelten die obigen Ausführungen entsprechend. In Verbindung mit den in § 13 Abs. 2 S. 2 der Mustersatzung normierten Regelbeispielen stellt diese Befugnis eine spezielle Ermächtigungsgrundlage zum Erlass von

815) Zur Selbstbindung der Verwaltung vgl. z. B. *Sachs,* in: Stelkens/Bonk/Sachs, VwVfG, § 40 Rn. 103 ff.; *Kopp/Ramsauer,* VwVfG, § 40 Rn. 25 ff.; zum Willkürverbot *Kirchhof,* in: Handbuch des Staatsrechts, Bd. V, § 124 Rn. 235 ff.; *Sachs,* GG, Art. 3 Rn. 8 ff.

816) § 12 Abs. 2, 3 Mustersatzung für die Sparkassenstützungsfonds der Regionalverbände.

Nebenbestimmungen[817] dar. Insofern steht dem Verbandsvorstand grundsätzlich sowohl ein Entschließungs- als auch ein Auswahlermessen zu. Der Ermessensrahmen wird durch den Zweck des Gesetzes bzw. der satzungsrechtlichen Bestimmung gezogen und unterliegt im Weiteren den Einschränkungen des § 36 Abs. 3 VwVfG.[818] Danach darf die Nebenbestimmung nicht dem Zweck des Verwaltungsakts zuwiderlaufen und muss sachbezogen wie sachgerecht ergehen.[819] Als allgemeiner Rechtsgrundsatz tritt das so genannte Kopplungsverbot hinzu, wonach Nebenbestimmungen unzulässig sind, die in keinem sachlichen Zusammenhang mit dem Verwaltungsakt stehen.[820] Eine Beschränkung des Ermessensspielraums bis hin zu einer Ermessensreduzierung auf Null kommt in Betracht, wenn die in Frage stehende Nebenbestimmung mangels tatsächlicher oder rechtlicher Voraussetzungen nicht erfüllt werden kann.[821] In diesem Fall steht dem Institut ein Anspruch auf einen Verwaltungsakt ohne die belastende Nebenbestimmung zu.

Bei Verweigerung von Stützungsmaßnahmen trotz Vorliegen der materiellen Voraussetzungen kommt gemäß § 42 Abs. 1, 1. Alt. VwGO die Erhebung einer Verpflichtungsklage in Form der Versagungsgegenklage oder der Untätigkeitsklage in Betracht, wobei in ersterem Fall die Durchführung eines Vorverfahrens gemäß § 68 Abs. 2 VwGO zu beachten ist.[822] Da auch, soweit das Entschließungsermessen auf Null reduziert ist, dem Verband in der Regel zumindest in Bezug auf die Art der Stützungsmaßnahmen ein Auswahlermessen verbleibt, wäre es zweckmäßig, die Klage aus Kostengründen auf eine Verbescheidung des Antrags zu beschränken. War die bisherige Entscheidung fehlerhaft oder hat der Verband noch gar nicht entschieden, würde das Gericht die Verpflichtung aussprechen, den Kläger unter Beachtung der Rechtsauffassung des Gerichts (neu) zu bescheiden. Zur Aufrechterhaltung der Zahlungsfähigkeit des betroffenen Instituts wäre zusätzlich vorläufiger Rechtsschutz nach § 123 Abs. 1 VwGO zu

---

817) Siehe dazu 3. Teil C. II. 1.

818) *Stelkens/Stelkens,* in: Stelkens/Bonk/Sachs, VwVfG, § 36 Rn. 58, 63; *Kopp/Ramsauer,* VwVfG, § 36 Rn. 54 f.

819) *Stelkens/Stelkens,* in: Stelkens/Bonk/Sachs, VwVfG, § 36 Rn. 58, 80; *Kopp/Ramsauer,* VwVfG, § 36 Rn. 55.

820) *Stelkens/Stelkens,* in: Stelkens/Bonk/Sachs, VwVfG, § 36 Rn. 58, 80a; *Kopp/Ramsauer,* VwVfG, § 36 Rn. 56; *Henneke,* in: Knack, VwVfG, § 36 Rn. 30; *Wolff/Bachof/Stober,* Verwaltungsrecht II, § 47 Rn. 20.

821) *Stelkens/Stelkens,* in: Stelkens/Bonk/Sachs, VwVfG, § 36 Rn. 58, 64 a.

822) Widerspruchsbehörde ist gemäß § 73 Abs. 1 S. 2 Nr. 3 VwGO der bereits für den Ausgangsbescheid zuständige Verbandsvorstand.

beantragen. Hinsichtlich der (Nicht-)Feststellung des Stützungsfalls gilt § 44 a Abs. 1 S. 1 VwGO, wonach Rechtsbehelfe gegen behördliche Verfahrenshandlungen nur gleichzeitig mit den gegen die Sachentscheidung zulässigen Rechtsbehelfen geltend gemacht werden können. Soweit Rechtsschutz gegen eine Nebenbestimmung begehrt wird, ist grundsätzlich umstritten, ob diese isoliert angefochten werden kann oder ob eine Verpflichtungsklage auf Erlass eines Verwaltungsakts ohne die belastende Nebenbestimmung zu erheben ist.[823] Nach der wohl herrschenden Meinung wird nach der Art der Nebenbestimmung unterschieden.[824] Danach sind Auflagen und Auflagenvorbehalte selbstständig anfechtbar, während gegen einen begünstigenden Verwaltungsakt beigefügte Bedingungen, Befristungen oder Widerrufsvorbehalte nur eine Verpflichtungsklage auf einen uneingeschränkten Verwaltungsakt zulässig ist. Nach anderer, teilweise auch von der Rechtsprechung vertretenen Auffassung ist auf die Teilbarkeit von (Haupt-) Verwaltungsakt und Nebenbestimmung abzustellen.[825] Die Begründetheit einer gegen eine Auflage erhobenen Anfechtungsklage soll hiernach unter anderem davon abhängen, ob der Verwaltungsakt auch ohne die Auflage sinnvoller- und rechtmäßigerweise bestehen bleiben kann.[826]

2. Sicherungsreserve der Landesbanken und Girozentralen

Die Entscheidung über die Gewährung von Stützungsmaßnahmen wird im Rahmen der Sicherungsreserve der Landesbanken und Girozentralen von den ordentlichen Mitgliedsinstituten der Sicherungsreserve nach Maßgabe des § 26 Abs. 1 der Satzung getroffen.[827] Hinsichtlich der Frage, ob einem Mitgliedsinstitut im Einzelfall ein dahingehender Anspruch zustehen kann, ist zunächst das auf die Sicherungsreserve anwendbare Recht zu

823) Vgl. ausführlich *Stelkens/Stelkens,* in: Stelkens/Bonk/Sachs, VwVfG, § 36 Rn. 82 ff.; *Henneke,* in: Knack, VwVfG, § 36 Rn. 50 ff.; *Kopp/Ramsauer,* VwVfG, § 36 Rn. 60 ff.; *Maurer,* Verwaltungsrecht, § 12 Rn. 22 ff.; *Wolff/Bachof/Stober,* Verwaltungsrecht II, § 47 Rn. 21 ff.

824) Vgl. *Stelkens/Stelkens,* in: Stelkens/Bonk/Sachs, VwVfG, § 36 Rn. 83 f. und *Kopp/Ramsauer,* VwVfG, § 36 Rn. 61, 63 m. w. N.

825) Vgl. *Stelkens/Stelkens,* in: Stelkens/Bonk/Sachs, VwVfG, § 36 Rn. 85 ff. und *Kopp/Ramsauer,* VwVfG, § 36 Rn. 62 m. w. N. sowie *Wolff/Bachof/Stober,* Verwaltungsrecht II, § 47 Rn. 24.

826) BVerwG, Urt. v. 17.02.1984 – 4 C 70/80 –, NVwZ 1984, 366 (366); BVerwGE, Urt. v. 19.01.1989 – 7 C 31/87 –, 81, 185 (186).

827) § 12 S. 1 Satzung für die Sicherungsreserve der Landesbanken und Girozentralen. Zu der nach § 26 Abs. 1 erforderlichen Stimmmehrheit und Stimmverteilung vgl. 3. Teil A. III. 1.

bestimmen. Maßgebliches Indiz hierfür ist, wie die Sicherungseinrichtung der Landesbanken und Girozentralen rechtlich zu qualifizieren ist. Da die Sicherungsreserve nicht durch Gesetz oder auf Grund eines Gesetzes geschaffen wurde, scheidet ein weitergehende Vereinigung der Landesbanken/Girozentralen in Form einer Anstalt oder Körperschaft des öffentlichen Rechts aus. Der damit durch die Landesbanken/Girozentralen auf der Grundlage der ihnen übertragenen Befugnisse errichtete Zusammenschluss begründet auch kein öffentlich-rechtliches Vertragsverhältnis im Sinne der §§ 54 ff. VwVfG, da ein solches ein Tätigwerden im Bereich des Verwaltungsrechts voraussetzt.[828] In Betracht kommt daher die Sicherungsreserve – entsprechend der prinzipiellen Abgrenzungsproblematik zwischen beiden Rechtsformen[829] – als nichtrechtsfähigen Verein oder als Gesellschaft bürgerlichen Rechts einzustufen.

Ein Verein ist ein auf Dauer angelegter, körperlich organisierter Zusammenschluss von mehreren Personen zur Erreichung eines gemeinsamen Zwecks.[830] Träger können neben natürlichen Personen sowohl juristische Personen des öffentlichen Rechts oder des Privatrechts als auch nichtrechtsfähige Vereine sein.[831] Das Begriffsmerkmal der körperschaftlichen Organisation erfordert das Führen eines Gesamtnamens, die Vertretung durch einen Vorstand und die Unabhängigkeit des Vereins von der Identität seiner Mitglieder.[832] Rechtsfähigkeit erlangt der nichtwirtschaftliche Verein durch Eintragung in das Vereinsregister und der wirtschaftliche Verein durch staatliche Verleihung.[833] Liegen diese formalen Kriterien nicht vor, handelt es sich um einen nichtrechtsfähigen Verein im Sinne des § 54 S. 1 BGB, auf den trotz Verweises auf die Vorschriften über die Gesellschaft bürgerlichen Rechts überwiegend das Vereinsrecht Anwendung findet.[834]

Gemäß § 705 BGB ist die Gesellschaft bürgerlichen Rechts ein vertraglicher Zusammenschluss mehrerer Gesellschafter zur Förderung eines gemein-

---

828) *Maurer,* Verwaltungsrecht, § 14 Rn. 7; *Bonk,* in: Stelkens/Bonk/Sachs, VwVfG, § 54 Rn. 68.

829) *Schmidt,* Gesellschaftsrecht, § 25 I 2.

830) RGZ, Urt. v. 18.01.1934 – IV 369/33 –, 143, 212 (213); *Schmidt,* Gesellschaftsrecht, § 23 I 1 a); *Reichert,* Vereins- und Verbandsrecht, Rn. 2; *Stöber,* Vereinsrecht, Rn. 4.

831) *Reichert,* Vereins- und Verbandsrecht, Rn. 4; *Stöber,* Vereinsrecht, Rn. 15.

832) *Schmidt,* Gesellschaftsrecht, § 23 I 1 a); *Reichert,* Vereins- und Verbandsrecht, Rn. 6 f.

833) §§ 21 f. BGB.

834) *Heinrichs,* in: Palandt, BGB, § 54 Rn. 1; *Schmidt,* Gesellschaftsrecht, § 25 II 2.

samen Zwecks. Vertragspartner können neben natürlichen auch juristische Personen sein.[835] Der Gesellschaftsvertrag ist grundsätzlich formfrei und kann konkludent geschlossen werden.[836] Als gemeinsamer Zweck kommt jeder zulässige Zweck in Betracht, der sich nicht in einer einseitigen Zuwendung oder einem Leistungsaustausch erschöpft und den alle Gesellschafter durch vermögenswerte Leistungen zu fördern verpflichtet sind.[837]

Für eine Einordnung der Sicherungsreserve der Landesbanken und Girozentralen als – mangels Eintragung bzw. staatlicher Verleihung – nichtrechtsfähiger Verein spricht das Bestehen einer Satzung sowie das Führen eines Gesamtnamens. Im Übrigen sind die Voraussetzungen für die Annahme einer körperschaftlichen Organisation und damit eines privatrechtlichen Vereins jedoch zu verneinen. Insbesondere eine Fremdorganschaft, d. h. die Vertretung der Sicherungsreserve durch einen bestellten Vorstand, ist nicht gegeben. Nach der Satzung entscheiden grundsätzlich die im Einzelnen angeführten ordentlichen Mitgliedsinstitute mit einer Vierfünftelmehrheit der vertretenen Stimmen.[838] Zwar wird zum Teil auch der Mitgliederversammlung des DSGV ein Stimmrecht zuerkannt, die ordentlichen Mitgliedsinstitute bleiben aber in ihrer Gesamtheit in den Entscheidungsprozess miteinbezogen.[839] Darüber hinaus ist die Sicherungsreserve nicht auf einen wechselnden Mitgliederbestand angelegt. Derzeit sind alle Landesbanken/Girozentralen sowie die DekaBank Deutsche Girozentrale ordentliche Mitgliedsinstitute der Sicherungsreserve, so dass eine Aufnahme weiterer ordentlicher Mitgliedsinstitute auszuschließen ist. Auf Grund der regelmäßigen Kündigungsfrist von zwei Jahren, ist die Mitgliedschaft langfristig bemessen.[840] Letzteres gilt auch für die so genannten angeschlossenen Institute der Sicherungsreserve, deren Ausscheiden aus der Sicherungsreserve sich nach denselben Verfahrensregeln richtet.

Im Rahmen der sich aus der Verneinung wesentlicher Vereinsmerkmale ergebenden Prüfung der Voraussetzungen einer Gesellschaft bürgerlichen Rechts ist zunächst festzustellen, dass – wie oben dargelegt – auch die

835) *Schmidt,* Gesellschaftsrecht, § 59 I 1; *Sprau,* in: Palandt, BGB, § 705 Rn. 10.
836) *Sprau,* in: Palandt, BGB, § 705 Rn. 11 f.; *Schmidt,* Gesellschaftsrecht, § 59 I 2 a).
837) *Sprau,* in: Palandt, BGB, § 705 Rn. 20 f.; *Schmidt,* Gesellschaftsrecht, § 59 I 3 f.
838) § 26 Abs. 1 S. 1 Satzung für die Sicherungsreserve der Landesbanken und Girozentralen.
839) § 18 Abs. 5 S. 3, 4, § 24 Abs. 1 S. 5, Abs. 2 S. 2, § 26 Abs. 2 S. 1, § 28, § 29 Satzung für die Sicherungsreserve der Landesbanken und Girozentralen.
840) Siehe dazu 3. Teil C. III. 2. a).

Landesbanken/Girozentralen als juristische Personen des öffentlichen bzw. bürgerlichen Rechts Gesellschafter einer BGB-Gesellschaft sein können.[841] Auch ist ausreichend, dass zwischen ihnen konkludent ein Gesellschaftsvertrag geschlossen wurde. Als gemeinsamer Gesellschaftszweck ist die Erfüllung der von der Mitgliederversammlung des DSGV beschlossenen Satzungsregelungen anzusehen. Die von den Gesellschaftern danach zu leistenden Beitragszahlungen entsprechen der gesellschaftsrechtlichen Pflicht zur Erbringung von Zweckförderungsleistungen.

Fraglich ist indes, ob die Sicherungsreserve als Außen- oder Innengesellschaft zu qualifizieren ist.[842] Grundsätzlich sind die Rechtsverhältnisse der Gesellschaft auf solche zwischen den Gesellschaftern beschränkt. Die Sicherungsreserve ist auf die Sicherung der ihr angehörenden Institute ausgerichtet und tritt als solche nicht nach außen in Erscheinung. Allerdings nimmt die Gesellschaft dann am Rechtsverkehr teil, wenn die Stützung eines Instituts, wie nach der Satzung ausdrücklich möglich, ausnahmsweise verweigert wird. In diesem Fall hat die Sicherungsreserve unmittelbar an die Ein- bzw. Anleger des insolventen Instituts zu leisten. Die Sicherungsreserve ist damit entsprechend dem gesetzlichen Regelfall als Außengesellschaft anzusehen, der das durch die Beitragszahlungen gebildete Vermögen als Gesamthandsvermögen zuzurechnen ist.[843] Dass das Gesellschaftsvermögen beim DSGV als Bestandteil des Verbandsvermögens eingerichtet wird, ist dabei insofern unerheblich, als dieses vom DSGV nur verwaltet und als rechtlich unselbständiges Sondervermögen getrennt vom sonstigen Verbandsvermögen angelegt wird.[844]

Trotz der Bestimmung der Rechtsform der Sicherungsreserve der Landesbanken und Girozentralen als Gesellschaft bürgerlichen Rechts ist die Heranziehung der insoweit einschlägigen gesetzlichen Vorschriften grundsätzlich im Einzelfall zu überprüfen.[845] Hinsichtlich der an die Beschlussfassung zu stellenden Anforderungen stehen jedoch keine spezialgesetzlichen Bestimmungen zur Disposition, sondern es ist auf die Vorschriften des

841) Zur Rechtsnatur der Landesbanken/Girozentralen vgl. 2. Teil A. I. 1.

842) Vgl. insoweit grundsätzlich *Schmidt,* Gesellschaftsrecht, § 58 II 2 a); *Sprau,* in: Palandt, BGB, § 705 Rn. 33; *Ulmer,* in: MüKo, vor § 705 Rn. 91, § 705 Rn. 253 ff., 275 ff.

843) Nach *Schmidt,* Gesellschaftsrecht, § 58 II 2 b), ist das Gesamthandsvermögen notwendiges Merkmal der Außengesellschaft.

844) § 1 i. V. m. § 25 S. 1 Satzung für die Sicherungsreserve der Landesbanken und Girozentralen.

845) Siehe dazu im Einzelnen 3. Teil C. III. 2. b) bb).

allgemeinen Schuldrechts zurückzugreifen. Sowohl im Gesellschaftsrecht als auch im Vereinsrecht ist Beurteilungsmaßstab für die Ausübung einseitiger Leistungsbestimmungsrechte § 315 Abs. 1 BGB.[846] Danach ist, soweit die Leistung durch einen der Vertragsschließenden bestimmt werden soll, im Zweifel anzunehmen, dass die Bestimmung nach billigem Ermessen zu treffen ist. Die Anwendbarkeit des § 315 Abs. 1 BGB setzt demnach zunächst die ausdrückliche oder stillschweigende Vereinbarung voraus, dass einer Partei ein Leistungsbestimmungsrecht zustehen soll.[847] Dabei muss die Leistung bestimmbar sein, d. h. der Vertrag muss den Inhalt der Leistung rahmenmäßig festlegen.[848] Über den Wortlaut der Vorschrift hinaus kann sich das Bestimmungsrecht neben der Leistung als solcher auch auf die Leistungsmodalitäten beziehen.[849] Ist das Bestimmungsrecht vom Vorliegen bestimmter Voraussetzungen abhängig, handelt es sich hierbei um Rechts- und Tatfragen.[850] Die Billigkeit beinhaltet einen objektiven Maßstab.[851] Was billigem Ermessen entspricht, ist unter Berücksichtigung der Interessen beider Parteien und des in vergleichbaren Fällen Üblichen festzustellen.[852] Ausschlaggebend ist in erster Linie der Vertragsinhalt; im Übrigen ist auf allgemeine Kriterien, wie den Vertragszweck, die Umstände des Einzelfalls und die Interessenlage der Vertragsparteien abzustellen.[853] Unter generellen Gesichtspunkten kann insbesondere auch das Gleichbehandlungsgebot Berücksichtigung finden.[854] Eine unbillige Bestimmung ist gemäß § 315 Abs. 2 S. 1 BGB unverbindlich, d. h. ihre Unwirksamkeit kann durch Klage oder Einrede geltend gemacht werden.[855] Die Klage kann sogleich auf die Leistung gerichtet werden, die bei einer der Billigkeit

846) *Heinrichs,* in: Palandt, BGB, § 315 Rn. 2; *Hager,* in: Erman, BGB, § 315 Rn. 2; *Gottwald,* in: MüKo, § 315 Rn. 26.

847) *Heinrichs,* in: Palandt, BGB, § 315 Rn. 4; *Gottwald,* in: MüKo, § 315 Rn. 3; *Hager,* in: Erman, BGB, § 315 Rn. 7; *Wolf,* in: Soergel, BGB, § 315 Rn. 14.

848) *Gottwald,* in: MüKo, § 315 Rn. 14; *Wolf,* in: Soergel, BGB, § 315 Rn. 11.

849) *Heinrichs,* in: Palandt, BGB, § 315 Rn. 2; *Gottwald,* in: MüKo, § 315 Rn. 23; *Hager,* in: Erman, BGB, § 315 Rn. 11; *Wolf,* in: Soergel, BGB, § 315 Rn. 13.

850) *Heinrichs,* in: Palandt, BGB, § 315 Rn. 10.

851) *Wolf,* in: Soergel, BGB, § 315 Rn. 38; *Hager,* in: Erman, BGB, § 315 Rn. 18.

852) *Heinrichs,* in: Palandt, BGB, § 315 Rn. 10; *Wolf,* in: Soergel, BGB, § 315 Rn. 38; *Hager,* in: Erman, BGB, § 315 Rn. 18.

853) *Hager,* in: Erman, BGB, § 315 Rn. 18; *Wolf,* in: Soergel, BGB, § 315 Rn. 38; *Rieble,* in: Staudinger, § 315 Rn. 122 ff.

854) *Wolf,* in: Soergel, BGB, § 315 Rn. 38.

855) *Heinrichs,* in: Palandt, BGB, § 315 Rn. 16; *Wolf,* in: Soergel, BGB, § 315 Rn. 46.

entsprechenden Bestimmung geschuldet wird.[856] Entspricht die Bestimmung nicht der Billigkeit oder wird sie verzögert, wird die Bestimmung gemäß § 315 Abs. 2 S. 2 BGB durch Urteil getroffen.

Die Entscheidung der ordentlichen Mitgliedsinstitute nach § 12 Abs. 1 S. 1 der Satzung der Sicherungsreserve der Landesbanken und Girozentralen stellt ein hinreichend konkretisiertes Leistungsbestimmungsrecht sowohl in Anbetracht der Leistung als solcher als auch der Leistungsmodalitäten dar.[857] Die zuvor zu treffende Feststellung über das Vorliegen eines Stützungsfalls ist als Rechts- bzw. Tatfrage in die Entscheidung miteinzubeziehen. Bezüglich eines Anspruchs auf Gewährung von Stützungsmaßnahmen ist – wie auch im Rahmen der Sparkassenstützungsfonds – auf die vor Eintritt der Zahlungsunfähigkeit bestehenden Verhältnisse abzustellen. Hat die Sicherungsreserve im Sinne der Satzung auf Grund der sich abzeichnenden wirtschaftlichen Schwierigkeiten auf die Geschäftspolitik der nunmehr stützungsbedürftigen Landesbank/Girozentrale Einfluss genommen und hat diese die geforderten personellen und/oder sachlichen Maßnahmen umgesetzt, kann sie davon ausgehen, dass die Sicherungsreserve bei gleichwohl eintretenden Zahlungsschwierigkeiten zur Gewährung von Stützungsmaßnahmen bereit ist. Dies gilt auch, soweit die Sicherungsreserve trotz Kenntnis der besonderen Risikolage nicht von ihren Einwirkungsrechten Gebrauch macht und die Geschäftspolitik der Landesbank stillschweigend billigt. Aus dem Gleichbehandlungsgrundsatz im Gesellschaftsrecht ergibt sich darüber hinaus, dass im Verhältnis zwischen dem Verband und seinen Mitgliedern gleiche Sachverhalte gleich und ungleiche nach ihrer Eigenart behandelt werden müssen.[858] Insofern kann die Stützung eines Instituts – vorbehaltlich einer sachlich gerechtfertigten Änderung der generellen Stützungspraxis – dann nicht verweigert werden, wenn in vorgelagerten, vergleichbaren Fällen entsprechende Maßnahmen gewährt wurden.[859]

---

856) *Heinrichs,* in: Palandt, BGB, § 315 Rn. 17; *Hager,* in: Erman, BGB, § 315 Rn. 20; BGH, Urt. v. 24.11.1995 – V ZR 174/94 –, NJW 1996, 1054 (1055); BGH, Urt. v. 07.04.2000 – V ZR 36/99 –, NJW 2000, 2986 (2987).

857) Zur Anwendung des § 315 Abs. 1 BGB im Rahmen der Sicherungseinrichtungen bereits *Niklisch,* Einlagensicherung im Kreditgewerbe, S. 41 sowie aus jüngerer Zeit *Schöner,* Einlagensicherung und Wettbewerb, S. 63 f.

858) *Schmidt,* Gesellschaftsrecht, § 16 II 4 b); *Ulmer,* in: MüKo, § 705 Rn. 245; *Wiedemann,* Gesellschaftsrecht I, § 8 II 2.

859) Zur Anwendbarkeit des Gleichheitsgrundsatzes im Rahmen der Sicherungseinrichtungen *Niklisch,* Einlagensicherung im Kreditgewerbe, S. 40 f.; *Schwark,* NJW 1974, 1849 (1852); *Schöner,* Einlagensicherung und Wettbewerb, S. 63 f. sowie in Bezug auf den Einlagensicherungsfonds des BdB *Canaris,* Großkommentar,

Zu einer Versagung von Stützungsleistungen können Verstöße gegen die mitgliedschaftlichen Pflichten sowie eine unverhältnismäßig risikoorientierte Geschäftspolitik führen. Daneben kann auch eine Erschöpfung der Mittel der Sicherungsreserve und der mit ihr verbundenen Sicherungseinrichtungen bzw. die Unfähigkeit der Mitgliedsinstitute, ihren Auffüllungspflichten nachzukommen, entgegenstehen. Hinsichtlich Art und Umfang der Stützungsmaßnahmen steht der Sicherungsreserve grundsätzlich ein Ermessensspielraum zu. Wie im Rahmen der Sparkassenstützungsfonds ist die Aufzählung der in der Satzung der Sicherungsreserve genannten Stützungsmaßnahmen nicht abschließend.[860] Die Höhe der Stützungsleistungen muss sich aber danach bemessen, was zur Abwendung einer Insolvenz zwingend erforderlich ist. Soweit nach § 12 Abs. 2 der Satzung Stützungsmaßnahmen von der Erfüllung von Auflagen abhängig gemacht werden können, ist wiederum nach billigem Ermessen zu entscheiden, d. h. sowohl unter individuellen als auch generellen Gesichtspunkten abzuwägen. Die Auflage oder Bedingung[861] darf nicht dazu führen, dass ein grundsätzlich bestehender Anspruch rechtlich oder tatsächlich vereitelt wird.

Insgesamt unterliegt die Bestimmung der Leistung der gerichtlichen Überprüfung und kann durch eine gerichtliche Entscheidung ersetzt werden. Dies gilt auch dann, wenn sich die Sicherungsreserve einer Gewährung von Leistungen durch Untätigkeit zu entziehen sucht. Zur vorläufigen Aufrechterhaltung der Zahlungsfähigkeit ist analog § 940 ZPO eine einstweilige Verfügung in Form der Leistungsverfügung zu beantragen.[862]

3. Überregionaler Ausgleich der Sparkassenstützungsfonds

Auch in Hinblick auf den Überregionalen Ausgleich der Sparkassenstützungsfonds stellt sich die Frage, inwieweit einem Mitgliedsinstitut bzw. regionalen Sparkassenstützungsfonds im Einzelfall ein Anspruch auf Stützungsmaßnahmen zustehen kann. Wie ausgeführt stellt der Vorstand des DSGV im Anschluss an einen zustimmenden Beschluss des Gemeinsamen Ausschusses fest, ob die Voraussetzungen für den Überregionalen Ausgleich

---

Handelsgesetzbuch Bd. III/3, Rn. 2724; *Neeff,* Einlagensicherung bei Bankinsolvenzen, S. 110 ff.; *Vogelsang,* Einlagensicherungsfonds des BdB, S. 182 ff.

860) § 12 S. 2 Satzung für die Sicherungsreserve der Landesbanken und Girozentralen.

861) Siehe dazu 3. Teil C. II. 2.

862) *Reichold,* in: Thomas/Putzo, ZPO, § 940 Rn. 6 ff.; *Vollkommer,* in: Zöller, ZPO, § 940 Rn. 6 ff.; *Brox/Walker,* Zwangsvollstreckungsrecht, Rn. 1612 ff.

erfüllt und welche Maßnahmen zu treffen sind.[863] Rechtliche Grundlage zur Beurteilung dieser Gremienentscheidungen bildet – wie im Rahmen der Sparkassenstützungsfonds und der Sicherungsreserve der Landesbanken und Girozentralen – die Rechtsform des Zusammenschlusses.

Der Überregionale Ausgleich der Sparkassenstützungsfonds setzt sich aus den von den regionalen Sparkassen- und Giroverbänden als Bestandteil des Verbandsvermögens unterhaltenen Sparkassenstützungsfonds zusammen. Die regionalen Sparkassen- und Giroverbände sind Körperschaften des öffentlichen Rechts.[864] Als solche können sie ihrerseits zu einer Körperschaft des öffentlichen Rechts zusammengeschlossen werden, aber auch privatrechtliche Vereinigungen bilden.[865] Da der Überregionale Ausgleich auf einem freiwilligen Zusammenschluss beruht, kommt – entsprechend der Prüfung der Sicherungsreserve der Landesbanken und Girozentralen – eine Vereinigung als nichtrechtsfähiger Verein oder als eine Gesellschaft bürgerlichen Rechts in Betracht. Mangels körperschaftlicher Organisation scheidet ein vereinsrechtlicher Zusammenschluss im Ergebnis jedoch auch insoweit aus. Im so genannten Gemeinsamen Ausschuss sind alle Mitglieder des Überregionalen Ausgleichs vertreten. Eine Unterscheidung zwischen einem den Zusammenschluss vertretenden Vorstand und einer diesen bestellenden Mitgliederversammlung besteht nicht. Im Übrigen ist der Zusammenschluss nicht vom Wechsel seiner Mitglieder unabhängig, sondern in seiner Gesamtkonzeption auf deren Verbleib angelegt.

Der Überregionale Ausgleich ist damit ebenfalls als Gesellschaft bürgerlichen Rechts einzustufen. Allerdings handelt es sich hierbei um eine Innengesellschaft, da nach der in den konkludenten Vertragsschluss einbezogenen Satzung – deren Erfüllung gleichsam Gesellschaftszweck ist – die Gesellschaft nach außen als solche nicht am Rechtsverkehr teilnehmen soll, sondern auf die interne Vereinbarung beschränkt ist.[866] Die zusammen-

863) § 1 Abs. 5 Satzung für den Überregionalen Ausgleich der Sparkassenstützungsfonds. Zu den erforderlichen Stimmmehrheiten sowie der Möglichkeit, einen anlehnenden Beschluss des Gemeinsamen Ausschusses zur erneuten Abstimmung zurückzuverweisen siehe 3. Teil A II.

864) Siehe dazu 3. Teil C. I. 1.

865) *Maurer,* Verwaltungsrecht, § 23 Rn. 36 unter Verweis auf BVerwGE, Urt. v. 10.06.1986 – 1 C 4.86 –, 74, 254 ff.

866) Für eine Innengesellschaft spricht auch das Fehlen von Gesamthandsvermögen, was nach h. M. zwingende Voraussetzung für eine Innengesellschaft ist (*Sprau,* in: Palandt, BGB, § 705 Rn. 33; *Schmidt,* Gesellschaftsrecht, § 58 II 2 b); a. A. *Ulmer,* in: MüKo, vor § 705 Rn. 91, § 705 Rn. 280).

geschlossenen Sparkassenstützungsfonds sind durch die satzungsrechtlichen Bestimmungen nur untereinander und nicht auch gegenüber außenstehenden Dritten, namentlich den Ein- bzw. Anlegern der einzelnen Sparkassen, zu Leistungen verpflichtet.[867]

Im Rahmen der Beschlussfassung des Gemeinsamen Ausschusses kann es gemäß § 315 Abs. 1 BGB billigem Ermessen entsprechen, einem Regionalverband zur Abwendung der Zahlungsunfähigkeit eines seiner Mitgliedsinstitute Stützungsmaßnahmen zu gewähren.[868] Vorbehaltlich der Besonderheiten des jeweiligen Einzelfalls ist wesentliche Voraussetzung, dass die Bestimmungen der Mustersatzung für die Sparkassenstützungsfonds eingehalten worden sind.[869] Ein direkter Anspruch eines Instituts ist dagegen von vornherein ausgeschlossen. Gesellschafter des Überregionalen Ausgleichs sind lediglich die regionalen Sparkassen- und Giroverbände und nicht die in diesen zusammengeschlossenen Institute.

Eine Ausnahme besteht allerdings in Hinblick auf Institute, die im überwiegenden Interesse der Sparkassen tätig sind und über einen gesonderten Fonds an die Sicherungsreserve der Landesbanken und Girozentralen angeschlossen sind. Nach § 1 Abs. 3 S. 2 der Satzung für die Sicherungsreserve ist im Anschlussvertrag festzulegen, dass im Stützungsfall eines dieser Institute zunächst die Mittel des gesonderten Fonds eingesetzt werden und, soweit diese nicht ausreichen, der Überregionale Ausgleich und schließlich der Haftungsverbund – nach Maßgabe der jeweiligen Satzung – zur Anwendung kommt. In Entsprechung zu dieser Regelung bestimmt § 1 Abs. 4 der Satzung des Überregionalen Ausgleichs, dass dieser eintritt, wenn im Stützungsfall die Mittel des gesonderten Fonds erschöpft sind und das Institut die Bestimmungen des Anschlussvertrags eingehalten hat. Diese korrespondierenden Regelungen lassen auf einen Vertrag zugunsten Dritter gemäß § 328 Abs. 1 BGB zwischen der Sicherungsreserve der Landesbanken und Girozentralen, vertreten durch die ordentlichen Mitgliedsinstitute, und dem Überregionalen Ausgleich, vertreten durch den Gemeinsamen Ausschuss, schließen. In Abgrenzung zum unechten Vertrag zugunsten Dritter, der den Schuldner nur ermächtigt mit befreiender Wirkung an einen Dritten zu leisten, erwirbt der Dritte beim echten Vertrag zugunsten Dritter nach § 328

867) § 1 Abs. 2 S. 1 Satzung für den Überregionalen Ausgleich der Sparkassenstützungsfonds.

868) Siehe dazu 3. Teil C. I. 2.

869) § 1 Abs. 2 S. 1 Satzung für den Überregionalen Ausgleich der Sparkassenstützungsfonds.

Abs. 1 BGB einen eigenen Anspruch gegen den Schuldner.[870] Für letzteren spricht vorliegend, dass der Überregionale Ausgleich – neben der Erschöpfung der Mittel des gesonderten Fonds – an die Einhaltung der Bestimmungen des Anschlussvertrags anknüpft, d. h. von einem Tun oder Unterlassen des angeschlossenen Instituts abhängig gemacht wird. Mit Erfüllung der Vertragsbedingungen steht dem Institut ein Anspruch gegen den Überregionalen Ausgleich zu.

4. Haftungsverbund zwischen den Sparkassenstützungsfonds, der Sicherungsreserve der Landesbanken und Girozentralen sowie dem Sicherungsfonds der Landesbausparkassen

Der Haftungsverbund ist ein Zusammenschluss zwischen mehreren Gesellschaften des bürgerlichen Rechts, namentlich des Überregionalen Ausgleichs, der Sicherungsreserve der Landesbanken und Girozentralen und dem Sicherungsfonds der Landesbausparkassen, zu einer weiteren BGB-Gesellschaft. Über den Einsatz von Mitteln gegenüber einer der beiden anderen Sicherungseinrichtungen entscheiden im Rahmen des Überregionalen Ausgleichs der Gemeinsame Ausschuss, für die Sicherungsreserve der Landesbanken und Girozentralen die ordentlichen Mitgliedsinstitute und für den Sicherungsfonds der Landesbausparkassen die Bausparkassenkonferenz.[871] Zweck des Zusammenschlusses ist die Erfüllung der durch die Mitgliederversammlung des DSGV beschlossenen Satzung. Als Zweckförderungspflicht ist die gegenseitige Pflicht anzusehen, nach Maßgabe der satzungsgemäßen Voraussetzungen Mittel für Stützungsmaßnahmen zur Verfügung zu stellen. Auf Grund der vertraglichen Beschränkung auf die Erreichung des gemeinsamen Zwecks liegt mangels unmittelbarer Teilnahme am Rechtsverkehr eine Innengesellschaft vor.

Hinsichtlich der Frage eines Anspruchs auf Mittel aus dem Haftungsverbund kann weitgehend auf die vorhergehenden Ausführungen zur Sicherungsreserve der Landesbanken und Girozentralen bzw. zum Überregionalen Ausgleich verwiesen werden. Dementsprechend bestimmt sich das Forderungsrecht der Gesellschafter nach § 315 Abs. 1 BGB in Verbindung mit der Satzung für den Haftungsverbund. Im Gegensatz zu den Satzungen der übrigen Sicherungseinrichtungen wird der Eintritt des Haftungsverbundes

870) *Heinrichs,* in: Palandt, BGB, Einf. vor § 328 Rn. 1; *Westermann,* in: Erman, BGB, vor § 328 Rn. 1 f.; *Gottwald,* in: MüKo, § 328 Rn. 1 ff.

871) § 2 Abs. 3 Satzung für den Haftungsverbund.

nicht ausdrücklich von der Beachtung der jeweiligen Satzungsbestimmungen abhängig gemacht. Voraussetzung der Inanspruchnahme ist lediglich, dass die Barmittel und Nachschusspflichten der beantragenden Sicherungseinrichtung eingesetzt und im Fall der Stützung einer Sparkasse zunächst der Überregionale Ausgleich herbeigeführt wurde.[872] Da sich der im Rahmen der Entscheidung über den Eintritt des Haftungsverbundes und die entsprechenden Maßnahmen anzuwendende Billigkeitsmaßstab jedoch nach den Interessen der Parteien und dem in vergleichbaren Fällen Üblichen richtet,[873] sind Satzungsverstöße auch ohne ausdrückliche Normierung in die Abwägung miteinzubeziehen. Im Gegenzug kann es billigem Ermessen entsprechen, einer Sicherungseinrichtung, die die jeweiligen Satzungsbestimmungen beachtet und sich auch im Übrigen pflichtgemäß verhalten hat, Mittel zu gewähren. Insofern kann einer Sicherungseinrichtung – wie auch im Rahmen des Überregionalen Ausgleichs – im Einzelfall ein Anspruch gegen den Haftungsverbund zustehen.

II. Abwicklung von Stützungsfällen

Die Abwicklung von Stützungsfällen ist in der Mustersatzung für die Sparkassenstützungsfonds und der Satzung für die Sicherungsreserve der Landesbanken und Girozentralen weitgehend gleich geregelt. Abweichungen bestehen nur insoweit, als dass im Rahmen der Sparkassenstützungsfonds, bezogen auf die Gewährung verlorener Zuschüsse sowie das Volumen sämtlicher übernommener Bilanzierungshilfen, ab einem bestimmten Prozentsatz eine Stellungnahme des Präsidialausschusses des DSGV sowie des Gemeinsamen Ausschusses einzuholen ist.[874] Wie oben ausführlich dargestellt, entscheiden die Verbandsvorstände bzw. die ordentlichen Mitgliedsinstitute der Sicherungsreserve über Art und Umfang der durchzuführenden Stützungsmaßnahmen sowie die entsprechenden Auflagen.[875] Dabei soll von einem im Auftrag des Verbandes bzw. der Sicherungsreserve durch das Mitgliedsinstitut oder einen sachkundigen Dritten erstellten Restrukturie-

872) § 3 Satzung für den Haftungsverbund.

873) Siehe dazu 3. Teil C. I. 2.

874) § 12 Abs. 2, 3 Mustersatzung für die Sparkassenstützungsfonds der Regionalverbände.

875) § 12 Abs. 1 S. 1 Mustersatzung für die Sparkassenstützungsfonds der Regionalverbände sowie § 12 S. 1 Satzung für die Sicherungsreserve der Landesbanken und Girozentralen und Satzung für den Sicherungsfonds der Landesbausparkassen.

rungs- und Sanierungskonzept ausgegangen werden.[876] Gemäß § 13 Abs. 2 der Satzungen kommen als Auflagen, von deren Erfüllung Stützungsmaßnahmen abhängig gemacht werden können, insbesondere in Betracht:

- Aufbringung eines angemessenen Sanierungsbeitrags durch den/die Träger der betroffenen Sparkasse bzw. des Mitgliedsinstituts;[877]
- Heranziehung offener Rücklagen und Auflösung von Vorsorgereserven gemäß § 340 f HGB und § 26 a KWG (alt) zur Deckung von Verlusten, sofern dies im Hinblick auf rechtliche Vorgaben möglich und zulässig ist;
- bilanzielle Maßnahmen (z. B. Abschreibungen und Wertberichtigungen nur in zwingend erforderlichem Umfang, Ausschöpfung der Bewertungswahlmöglichkeiten, Zuschreibungen im Rahmen der rechtlichen Möglichkeiten);
- Verkauf bzw. Übertragung von Beteiligungen und anderen Vermögenswerten;
- Durchführung sachlicher Maßnahmen, insbesondere aufbauorganisatorischer Art;
- Durchführung personeller Maßnahmen, insbesondere Abberufung der verantwortlichen Vorstandsmitglieder;
- Zusammenführung von Mitgliedssparkassen bzw. Instituten im Rahmen der (sparkassen-)rechtlichen Möglichkeiten;
- Übertragung der Trägerschaft der Mitgliedssparkasse auf den Verband oder eine von diesem hierfür geschaffene Organisationseinheit bzw. Übertragung von Anteilen an dem Institut im Rahmen der (sparkassen-) rechtlichen Möglichkeiten und unter Beachtung der verbandspolitischen Ausrichtung der Sparkassen-Finanzgruppe;
- Beauftragung externer Berater mit der erforderlichen Erfahrung und Sachkunde;
- Abgabe eines Besserungsscheins.

---

876) § 13 Abs. 1 S. 1 Mustersatzung für die Sparkassenstützungsfonds der Regionalverbände sowie Satzung für die Sicherungsreserve der Landesbanken und Girozentralen und Satzung für den Sicherungsfonds der Landesbausparkassen.

877) Gilt entsprechend für andere Organisationsformen.

Abschließend ist zwischen den an der Sanierung Beteiligten ein Sanierungsvertrag zu schließen, in dem die aufzuwendenden Mittel, die Auflagen und die Dauer der Sanierungsphase sowie die Voraussetzungen, unter denen das Mitgliedsinstitut zur Rückgewähr von Sanierungsmitteln verpflichtet ist, zu regeln sind.[878]

1. Sparkassenstützungsfonds

Bei näherer Betrachtung der zur Abwicklung von Stützungsfällen beschlossenen Bestimmungen stellt sich zunächst die Frage, ob die in den Regelbeispielen genannten Verpflichtungen im Fall ihrer Auferlegung entsprechend dem Wortlaut der Norm tatsächlich nur als Auflagen ergehen können. In Bezug auf die Sparkassenstützungsfonds stellt die Entscheidung des Verbandsvorstands über Art und Umfang von Stützungsmaßnahmen einen Verwaltungsakt dar.[879] Wird ein solcher mit Regelungen erlassen bzw. verbunden, die über eine nähere Bezeichnung des Inhalts hinausgehen, handelt es sich dabei um Nebenbestimmungen.[880] Die wichtigsten Nebenbestimmungen – Befristung, Bedingung, Vorbehalt des Widerrufs, Auflage, Auflagenvorbehalt – sind in § 36 Abs. 2 VwVfG geregelt.[881] Als Ermächtigungsgrundlage kommt § 36 Abs. 1, 2 VwVfG im Übrigen nur zum Tragen, soweit keine spezielleren Regelungen in Betracht kommen.[882] Lässt die spezialgesetzliche Ermächtigung nur die Beifügung von Auflagen zu, ist angesichts der oft unsicheren und wechselnden Terminologie des Gesetzgebers die regelmäßig ebenfalls in Betracht zu ziehende Bedingung nur dann als unzulässig zu erachten, wenn ausdrücklich zwischen Bedingung und Auflage unterschieden wird.[883] Eine solche Differenzierung ist im Rahmen der Satzungen zu verneinen, da der Wortlaut der Ermächtigung von dem die einzelnen Nebenbestimmungen legal definierenden § 36 Abs. 2 VwVfG abweicht. Soweit nach § 13 Abs. 2 S. 1 der Satzungen Stützungs-

---

878) § 14 Mustersatzung für die Sparkassenstützungsfonds der Regionalverbände sowie Satzung für die Sicherungsreserve der Landesbanken und Girozentralen und Satzung für den Sicherungsfonds der Landesbausparkassen.

879) Siehe dazu 3. Teil C. I. 1.

880) *Henneke,* in: Knack, VwVfG, § 36 Rn. 5 f., 9; *Kopp/Ramsauer,* VwVfG, § 36 Rn. 6; *Stelkens/Stelkens,* in: Stelkens/Bonk/Sachs, VwVfG, § 36 Rn. 10.

881) *Kopp/Ramsauer,* VwVfG, § 36 Rn. 6; *Henneke,* in: Knack, VwVfG, § 36 Rn. 3; *Stelkens/Stelkens,* in: Stelkens/Bonk/Sachs, VwVfG, § 36 Rn. 3.

882) *Kopp/Ramsauer,* VwVfG, § 36 Rn. 4; *Henneke,* in: Knack, VwVfG, § 36 Rn. 15; *Maurer,* Verwaltungsrecht, § 12 Rn. 18 f.

883) *Stelkens/Stelkens,* in: Stelkens/Bonk/Sachs, VwVfG, § 36 Rn. 62.

maßnahmen von besonderen Voraussetzungen »abhängig gemacht werden können«, entspricht dies dem Wortlaut der Legaldefinition einer Bedingung. Nach § 36 Abs. 2 Nr. 2 VwVfG ist eine Bedingung eine Bestimmung, nach der der Eintritt oder der Wegfall einer Vergünstigung oder einer Belastung von dem ungewissen Eintritt eines zukünftigen Ereignisses »abhängt«. Dabei kann das Ereignis auch ein Verhalten des Begünstigten selbst sein, d. h. der Eintritt der Bedingung von seinem Willen und seinem Verhalten abhängen.[884] Die Auflage ist nach § 36 Abs. 2 Nr. 4 VwVfG eine Bestimmung, durch die dem Begünstigten ein Tun, Dulden oder Unterlassen vorgeschrieben wird. Damit erfüllt die Auflage einen ähnlichen Zweck wie die Potestativbedingung.[885] Im Unterschied zur Bedingung ist die Auflage jedoch nicht nur Bestandteil des Verwaltungsakts, sondern eine zusätzliche, selbstständig vollstreckbare Verpflichtung.[886] Der mit einer Auflage verbundene Verwaltungsakt wird unabhängig von der Erfüllung der Auflage rechtswirksam.[887] Dagegen ist der aufschiebend bedingte Verwaltungsakt nicht verpflichtend und wird erst mit Bedingungseintritt wirksam.[888]

Ob im konkreten Einzelfall eine Bedingung oder eine Auflage vorliegt, ist grundsätzlich eine Frage der Auslegung.[889] Dabei ist zunächst darauf abzustellen, ob die Behörde die Nebenbestimmung eindeutig bezeichnet hat.[890] Ist dies nicht der Fall bzw. sprechen gewichtige Gründe gegen die Richtigkeit der Bezeichnung,[891] ist Indiz die erkennbare Bedeutung,

---

884) *Maurer,* Verwaltungsrecht, § 12 Rn. 6; *Stelkens/Stelkens,* in: Stelkens/Bonk/Sachs, VwVfG, § 36 Rn. 19; *Kopp/Ramsauer,* VwVfG, § 36 Rn. 19; *Wolff/Bachof/Stober,* Verwaltungsrecht II, § 47 Rn. 4.

885) *Peine,* Verwaltungsrecht, Rn. 168; *Maurer,* Verwaltungsrecht, § 12 Rn. 10; *Stelkens/Stelkens,* in: Stelkens/Bonk/Sachs, VwVfG, § 36 Rn. 27 a.

886) *Stelkens/Stelkens,* in: Stelkens/Bonk/Sachs, VwVfG, § 36 Rn. 27 a, 32; *Kopp/Ramsauer,* VwVfG, § 36 Rn. 29; *Maurer,* Verwaltungsrecht, § 12 Rn. 9, 12; *Peine,* Verwaltungsrecht, Rn. 168.

887) *Maurer,* Verwaltungsrecht, § 12 Rn. 11; *Kopp/Ramsauer,* VwVfG, § 36 Rn. 29; *Wolff/Bachof/Stober,* Verwaltungsrecht II, § 47 Rn. 9.

888) *Maurer,* Verwaltungsrecht, § 12 Rn. 11, 12; *Wolff/Bachof/Stober,* Verwaltungsrecht II, § 47 Rn. 4, 5; *Stelkens/Stelkens,* in: Stelkens/Bonk/Sachs, VwVfG, § 36 Rn. 28.

889) *Stelkens/Stelkens,* in: Stelkens/Bonk/Sachs, VwVfG, § 36 Rn. 29; *Peine,* Verwaltungsrecht, Rn. 168; *Henneke,* in: Knack, VwVfG, § 36 Rn. 43.

890) *Maurer,* Verwaltungsrecht, § 12 Rn. 17; *Stelkens/Stelkens,* in: Stelkens/Bonk/Sachs, VwVfG, § 36 Rn. 29; *Henneke,* in: Knack, VwVfG, § 36 Rn. 43.

891) *Stelkens/Stelkens,* in: Stelkens/Bonk/Sachs, VwVfG, § 36 Rn. 29 f.; *Henneke,* in: Knack, VwVfG, § 36 Rn. 43; a. A. *Maurer,* Verwaltungsrecht, § 12 Rn. 17, der die Terminologie in der Verwaltungspraxis als ebenso uneinheitlich wie in der Gesetzgebung ansieht und insofern die Bezeichnung nur als erstes Indiz betrachtet.

welche die Erfüllung der Nebenbestimmung für die Behörde hat.[892] Von einer Bedingung ist dann auszugehen, wenn das von der Behörde Aufgegebene so wesentlich ist, dass von dessen Erfüllung die Wirksamkeit des Verwaltungsakts abhängig sein soll.[893] Dies ist z. B. dann der Fall, wenn das öffentliche Wohl oder die Interessen Dritter die Inanspruchnahme einer Vergünstigung ohne vorherige Erfüllung der Verpflichtung nicht zulassen oder unsicher ist, ob die zu sichernde Voraussetzung geschaffen werden kann bzw. bestehen bleibt.[894] Sind die Voraussetzungen dagegen ohne große Schwierigkeiten zu bewirken, insbesondere vom Willen des Begünstigten abhängig,[895] und ist eine sofortige Inanspruchnahme der Vergünstigung aus Gründen des öffentlichen Wohls vertretbar, ist im Zweifel eine Auflage anzunehmen, da diese in der Regel für den Betroffenen weniger belastend ist.[896] Dabei ist für die Auslegung nicht die subjektive Vorstellung der Behörde, sondern der objektive Erklärungsgehalt der Entscheidung maßgebend.[897]

Im Rahmen der Gewährung von Stützungsmaßnahmen hängt die Art der beigefügten Nebenbestimmung von den Besonderheiten des jeweiligen Stützungsfalls ab. Das im Vorfeld durch die Mitgliedssparkasse oder einen sachkundigen Dritten erstellte Restrukturierungs- und Sanierungskonzept soll neben einem Katalog kurzfristiger Stützungsmaßnahmen und einem Zeitplan für Einleitung, Durchführung und Abschluss notwendiger weiterer Stützungsmaßnahmen auch eine Analyse der Problemsituation und deren Ursachen sowie eine Einschätzung und Beurteilung künftiger Entwicklungs-

892) *Stelkens/Stelkens,* in: Stelkens/Bonk/Sachs, VwVfG, § 36 Rn. 30; *Henneke,* in: Knack, VwVfG, § 36 Rn. 43; *Maurer,* Verwaltungsrecht, § 12 Rn. 17; *Peine,* Verwaltungsrecht, Rn. 168.

893) *Wolff/Bachof/Stober,* Verwaltungsrecht II, § 47 Rn. 15; *Maurer,* Verwaltungsrecht, § 12 Rn. 17; *Kopp/Ramsauer,* VwVfG, § 36 Rn. 34; *Henneke,* in: Knack, VwVfG, § 36 Rn. 43.

894) *Stelkens/Stelkens,* in: Stelkens/Bonk/Sachs, VwVfG, § 36 Rn. 30; *Henneke,* in: Knack, VwVfG, § 36 Rn. 43.

895) *Stelkens/Stelkens,* in: Stelkens/Bonk/Sachs, VwVfG, § 36 Rn. 30.

896) *Henneke,* in: Knack, VwVfG, § 36 Rn. 43; *Maurer,* Verwaltungsrecht, § 12 Rn. 17; *Kopp/Ramsauer,* VwVfG, § 36 Rn. 34; a. A. *Stelkens/Stelkens,* in: Stelkens/Bonk/Sachs, VwVfG, § 36 Rn. 31, die ein abstraktes Rangverhältnis verneinen.

897) *Stelkens/Stelkens,* in: Stelkens/Bonk/Sachs, VwVfG, § 36 Rn. 30; *Henneke,* in: Knack, VwVfG, § 36 Rn. 43; *Peine,* Verwaltungsrecht, Rn. 168; *Wolff/Bachof/Stober,* Verwaltungsrecht II, § 47 Rn. 15.

chancen der Mitgliedssparkasse umfassen.[898] In diesem Zusammenhang kann es zur Sicherstellung des Sanierungserfolgs erforderlich sein, die Gewährung der letztlich notwendigen Stützungsmaßnahmen von der Durchführung einzelner Maßnahmen auf Seiten der Sparkasse abhängig zu machen, d. h. unter eine Bedingung zu stellen, und zunächst nur kurzfristige Maßnahmen zu gewähren. Soweit die Umstände des Stützungsfalls sowie die in Frage stehenden Verpflichtungen dagegen auch eine unmittelbare Gewährung der notwendigen Stützungsmaßnahmen rechtfertigen, ist – entsprechend dem Wortlaut der Ermächtigungsnorm – von einer Auflage auszugehen.

Die in den Regelbeispielen genannten Verpflichtungen der Aufbringung eines Sanierungsbetrags durch den Träger, der Heranziehung offener Rücklagen und der Auflösung von Vorsorgereserven sowie der Durchführung bilanzieller Maßnahmen sollen sicherstellen, dass der Träger seiner Verantwortung in ausreichendem Maße nachkommt und die eigenen Kräfte des Instituts tatsächlich erschöpft sind. Dabei ist in Bezug auf die Verpflichtung des Trägers, einen angemessenen Sanierungsbetrag aufzubringen, anzumerken, dass sich eine solche im Rahmen des durch das europäische Wettbewerbsrecht Zulässigen halten muss. Zu prüfen ist, ob etwaige Sanierungsmaßnahmen eine Beihilfe im Sinne des Art. 87 Abs. 1 EG-Vertrag darstellen und – soweit dies der Fall ist – nach Art. 87 Abs. 2 und 3 EG-Vertrag ausnahmsweise mit dem Gemeinsamen Markt vereinbar sind bzw. vom Beihilfeverbot freigestellt werden können.[899] Gemäß Art. 88 Abs. 3 S. 1 EG-Vertrag ist der Kommission die beabsichtigte Einführung oder Umgestaltung von Beihilfen anzumelden. Die Maßnahme darf nach Art. 88 Abs. 3 S. 3 EG-Vertrag nicht durchgeführt werden, bevor die Kommission eine abschließende Entscheidung erlassen hat.

Bei der Zusammenführung von Sparkassen sind die formellen wie materiellen Anforderungen der Landessparkassengesetze zu beachten.[900] Insoweit ist teilweise explizit geregelt, dass nur eine Vereinigung »benachbarter

---

898) § 13 Abs. 1 S. 2 Mustersatzung für die Sparkassenstützungsfonds der Regionalverbände sowie Satzung für die Sicherungsreserve der Landesbanken und Girozentralen und Satzung für den Sicherungsfonds der Landesbausparkassen.

899) Siehe dazu 2. Teil C. II. 2.

900) Vgl. § 3 SpkG BW; Art. 16 SpkG Bayern; § 28 SpkG Brandenburg; § 3 c SpkG Bremen; § 17 SpkG Hessen; § 28 SpkG MV; § 2 SpkG Niedersachsen; § 32 SpkG NRW; § 22 SpkG RP; § 28 Abs. 1-4 SpkG Saarland; § 28 Gesetz öffentl.-rechtl. Kreditinstitute Sachsen; § 28 Abs. 1 SpkG LSA; § 29 SpkG SH; § 22 SpkG Thüringen.

Sparkassen« in Betracht kommt bzw. durch die Fusion ein »zusammenhängendes Geschäftsgebiet« entstehen muss.[901] Aber auch ohne ausdrückliche Normierung dieser Voraussetzungen wird eine Nachbarschaftslage als für eine Fusion unabdingbar angesehen.[902] Einer Fusion sind damit – auch soweit man letzteres in dieser Form verneint bzw. den Begriff der Nachbarschaft weit auslegt – räumliche Grenzen gesetzt.[903]

Eine darüber hinausgehende Fusionskontrolle durch das Bundeskartellamt wird dagegen regelmäßig nicht in Betracht kommen. Nach § 35 Abs. 1 GWB finden die Vorschriften über die Zusammenschlusskontrolle Anwendung, wenn im letzten Geschäftsjahr vor dem Zusammenschluss die beteiligten Unternehmen weltweit insgesamt Umsatzerlöse von mehr als 500 Millionen Euro und mindestens ein beteiligtes Unternehmen im Inland Umsatzerlöse von mehr als 25 Millionen Euro erzielt haben. Dabei tritt bei Kreditinstituten gemäß § 38 Abs 4 S. 1 GWB an die Stelle der Umsatzerlöse der Gesamtbetrag der in § 34 Abs. 2 S. 1 Nr. 1 a-e RechKredV genannten Erträge abzüglich der Umsatzsteuer und sonstiger direkt auf die Erträge erhobener Steuern. Diese gesetzlichen Schwellenwerte werden im Bereich der Sparkassen nur ausnahmsweise erreicht.[904]

Eine Übertragung der Trägerschaft der Mitgliedssparkasse auf den Verband oder eine von diesem hierfür geschaffene Organisationseinheit ist derzeit nur in zwei Bundesländern möglich. Nach § 9 Abs. 1 S. 1 SpkG BW sowie Art. 26 Abs. 1 S. 1 SpkG Bayern kann der Träger einer Sparkasse unter Beachtung näher ausgestalteter Verfahrensvorschriften seine Trägerschaft auf den Sparkassen- und Giroverband übertragen. Dabei ist nach § 9 Abs. 2 SpkG BW materielle Voraussetzung, dass die Übernahme der Trägerschaft

---

901) Art. 16 Abs. 1 S. 1 SpkG Bayern; § 28 Abs.1 SpkG Brandenburg; § 28 Abs. 1 S. 1 SpkG MV; § 32 Abs. 1 S. 1 SpkG NRW; § 28 Abs. 1 S. 1 SpkG Saarland; § 28 Abs. 1 SpkG LSA; § 22 Abs. 1 S. 2 SpkG Thüringen. Nach § 32 Abs. 1 S. 2, 3 SpkG NRW sowie § 28 Abs. 1 S. 2 SpkG MV ist unter bestimmten Voraussetzungen auch die Vereinigung nicht benachbarter Sparkassen möglich. Vgl. hierzu insgesamt *Niggemeyer,* Sparkassenfusionen, S. 54 ff.

902) *Bosse,* Rechtsprobleme des Zusammenschlusses von Sparkassen, S. 60; *Niggemeyer,* Sparkassenfusionen, S. 55.

903) *Niggemeyer,* Sparkassenfusionen, S. 55 ff.

904) Vgl. – auch zu den weiteren Voraussetzungen – *Niggemeyer,* Sparkassenfusionen, S. 101 ff. Laut Tätigkeitsbericht des Bundeskartellamtes aus den Jahren 2003/2004 (BT-Drs. 15/5790, S. 170) waren im Berichtszeitraum die Verschmelzung von fünf sächsischen Sparkassen auf die Sachsen Finanzgruppe, der Erwerb der Kreissparkasse Siegburg durch die Kreissparkasse Köln sowie der Erwerb der Sparkasse Bonn durch die Stadtsparkasse Köln anmeldepflichtig.

aus Gründen des öffentlichen Wohls erfolgt. Ist die nachhaltige Erfüllung des öffentlichen Auftrags der Sparkasse gefährdet, hat der Sparkassenverband zunächst zu prüfen, ob diese nicht durch andere Maßnahmen sichergestellt werden kann. Sowohl nach § 9 Abs. 3 SpkG BW als auch Art. 30 Abs. 1 SpkG Bayern kann der Sparkassenverband seine Trägerschaft auf eine Gemeinde, einen Landkreis oder einen Zweckverband, in deren Gebiet der Sitz der Verbandssparkasse liegt, weiterübertragen. Dabei ist im baden-württembergischen Sparkassengesetz ausdrücklich geregelt, dass die Sparkasse auch auf den früheren Träger zurückübertragen werden kann. Ein solches Vorgehen ist – mangels entgegenstehender Regelung – auch nach dem bayerischen Sparkassengesetz für zulässig zu erachten.

Der im Anschluss an die Gewährung von Stützungsmaßnahmen zu schließende Sanierungsvertrag dient der Abgrenzung eines Stützungsfalls und unterliegt im Gegensatz zu der Entscheidung über Art und Umfang der durchzuführenden Stützungsmaßnahmen sowie etwaiger Nebenbestimmungen dem Zivilrecht. Im Zusammenhang mit Leistungspflichten bestimmt sich die Abgrenzung zwischen dem öffentlich-rechtlichen und dem privatrechtlichen Vertrag nach dem Zweck der Leistungsverpflichtung und dem Gesamtcharakter des Vertrags.[905] Nach der so genannten Zweistufentheorie kann die Abwicklung und nähere Regelung der Modalitäten (das »Wie«) privatrechtlich erfolgen, auch wenn die Entscheidung über die Gewährung der Leistung (das »Ob«) dem öffentlichen Recht zuzuordnen ist.[906] Ein zweistufiges Rechtsverhältnis wird im Rahmen der Leistungsverwaltung insbesondere dann angenommen, wenn es an einer Regelung des Vollzugs durch öffentlich-rechtliche Vorschriften fehlt.[907] Vorliegend sollen die aufzuwendenden Mittel, die Auflagen bzw. Bedingungen und die Dauer der Sanierungsphase sowie die Voraussetzungen, unter denen das Mitgliedsinstitut zur Rückgewähr von Sanierungsmitteln verpflichtet ist, vertraglich geregelt werden.[908] Dieser abstrakt umrissene Vertragsinhalt steht in keinem untrennbaren sachlichen Zusammenhang mit einem öffentlich-rechtlich

---

905) *Maurer,* Verwaltungsrecht, § 14 Rn. 11.

906) *Maurer,* Verwaltungsrecht, § 3 Rn. 26, § 9 Rn. 12; *Kopp/Ramsauer,* VwVfG, § 35 Rn. 41; *Wolff/Bachof/Stober,* Verwaltungsrecht I, § 22 Rn. 65 ff.; *Stelkens/Stelkens,* in: Stelkens/Bonk/Sachs, VwVfG, § 35 Rn. 69 a ff.

907) *Wolff/Bachof/Stober,* Verwaltungsrecht I, § 22 Rn. 65.

908) § 14 Mustersatzung für die Sparkassenstützungsfonds der Regionalverbände.

zu qualifizierenden Rechtssatz.[909] Der komplexe Regelungsbedarf erfordert vielmehr einen unmittelbaren Rückgriff auf die einschlägigen zivilrechtlichen Vorschriften wie die des Darlehns- oder Bürgschaftsrechts.

Die auf Ausnahmefälle zu begrenzende Möglichkeit, die Gewährung weiterer Stützungsmaßnahmen offen zu halten,[910] soll der Gefahr entgegenwirken, dass zur Vermeidung eines neuen satzungsrechtlichen Stützungsfalls, der Sanierungsbedarf extensiv ausgelegt wird. Um das Regel-Ausnahme-Verhältnis zu gewährleisten, unterliegt eine solche Vereinbarung bei Inanspruchnahme des Überregionalen Ausgleichs einer Erforderlichkeitsprüfung durch den Gemeinsamen Ausschuss, der hiervon die Gewährung von Stützungsmaßnahmen abhängig machen kann.[911]

2. Sicherungsreserve der Landesbanken und Girozentralen

Auch bei einem Gesellschafterbeschluss der ordentlichen Mitgliedsinstitute der Sicherungsreserve der Landesbanken und Girozentralen ist im Einzelfall zu prüfen, ob sich die Gewährung von Stützungsmaßnahmen unter einer oder mehrerer der in der Satzung genannten Verpflichtungen entsprechend dem Wortlaut der Satzung als Auflage oder – davon abweichend – als Bedingung darstellt. Nach dem Zivilrecht, dessen Grundsätze durch das Verwaltungsrecht teilweise rezipiert wurden,[912] ist ein Rechtsgeschäft unter einer Auflage sofort voll wirksam, verpflichtet den Zuwendungsempfänger aber zu einer Leistung, deren Nichterfüllung wiederum eine Pflicht zur Herausgabe des Empfangenen nach Bereicherungsgrundsätzen begründen kann.[913] Im Gegensatz dazu ist die Bedingung eine Bestimmung, durch welche die Rechtswirkungen des Geschäfts von einem zukünftigen

909) Zur allgemeinen Abgrenzung verwaltungsrechtlicher und privatrechtlicher Handlungsformen anhand der sog. »Sachzusammenhangstheorie« vgl. *Wolff/Bachof/Stober,* Verwaltungsrecht I, § 22 Rn. 45.

910) § 3 Abs. 4 S. 3 Mustersatzung für die Sparkassenstützungsfonds der Regionalverbände. Siehe dazu 3. Teil A. I. 1.

911) § 3 Abs. 4 S. 4 Mustersatzung für die Sparkassenstützungsfonds der Regionalverbände.

912) Der im Verwaltungsrecht vielfach zitierte Grundsatz: »Die Bedingung suspendiert, zwingt aber nicht, die Auflage zwingt, suspendiert aber nicht« geht zurück auf *Savigny,* System des heutigen römischen Rechts, III, S. 231.

913) *Wolf,* in: Soergel, BGB, vor § 158 Rn. 19; *Heinrichs,* in: Palandt, BGB, Einf. vor § 158 Rn. 4; *Westermann,* in: MüKo, § 158 Rn. 58.

ungewissen Ereignis abhängig gemacht werden.[914] Dabei unterscheidet das Gesetz in § 158 BGB zwischen der aufschiebenden Bedingung, bei welcher der Eintritt der Rechtswirkungen und der auflösenden Bedingung, bei welcher das Fortbestehen der Rechtswirkungen von dem zukünftigen Ereignis abhängt.[915] Da der Satzungswortlaut, nach dem Stützungsmaßnahmen »von der Erfüllung von Auflagen abhängig gemacht werden können« nicht eindeutig ist, kann das Rechtsgeschäft, d. h. die Leistungsbestimmung nach § 315 Abs. 1 BGB sowohl eine Auflage als auch eine aufschiebende Bedingung vorsehen. Allerdings ist zu beachten, dass die Leistungsbestimmung als rechtsgestaltende Erklärung den allgemeinen Vorschriften über Willenserklärungen und Rechtsgeschäfte unterliegt.[916] Insofern wird teilweise nach wie vor die Bedingungsfeindlichkeit der Leistungsbestimmung vertreten.[917] Soweit das Postulat der Unabdingbarkeit von Gestaltungsrechten jedoch nicht schon grundsätzlich abgelehnt wird,[918] werden Bedingungen überwiegend zumindestens dann als zulässig erachtet, wenn diese den Erklärungsempfänger nicht in eine ungewisse Lage versetzen, was insbesondere dann der Fall ist, wenn deren Erfüllung ausschließlich von dessen Willen abhängt.[919] In diesem Rahmen ist die der Gewährung von Stützungsmaßnahmen beigefügte Verpflichtung gemäß §§ 133, 157 BGB nach ihrem objektiven Erklärungsgehalt zu bestimmen. Maßgebend für die Auslegung, ob eine Auflage oder eine Bedingung vorliegt, ist dabei gleichermaßen die für den Erklärungsempfänger ersichtliche Bedeutung der Verpflichtung.[920]

Inhaltlich unterliegen sowohl die Verpflichtung des Trägers, einen angemessenen Sanierungsbeitrag aufzubringen, als auch jene zur Zusammenführung von Instituten den Beschränkungen des europäischen Wettbewerbsrechts. Verbotsgesetze im Sinne des § 134 BGB, die die Nichtigkeit des gegen sie verstoßenden Rechtsgeschäfts zur Folge haben, können sich auch aus dem

---

914) *Heinrichs,* in: Palandt, BGB, Einf. vor § 158 Rn. 1; *Armbrüster,* in: Erman, BGB, vor § 158 Rn. 1; *Westermann,* in: MüKo, § 158 Rn. 8; *Wolf,* in: Soergel, BGB, vor § 158 Rn. 2.

915) *Heinrichs,* in: Palandt, BGB, Einf. vor § 158 Rn. 1; *Armbrüster,* in: Erman, BGB, vor § 158 Rn. 1; *Westermann,* in: MüKo, § 158 Rn. 9; *Wolf,* in: Soergel, BGB, vor § 158 Rn. 3.

916) *Gottwald,* in: MüKo, § 315 Rn. 34; *Hager,* in: Erman, BGB, § 315 Rn. 13.

917) *Rieble,* in: Staudinger, § 315 Rn. 273.

918) *Gottwald,* in: MüKo, § 315 Rn. 36; *Hager,* in: Erman, BGB, § 315 Rn. 13.

919) *Wolf,* in: Soergel, BGB, § 158 Rn. 43, § 315 Rn. 33; *Heinrichs,* in: Palandt, BGB, Einf. vor § 158 Rn. 13; *Armbrüster,* in: Erman, BGB, vor § 158 Rn. 18.

920) Siehe dazu 3. Teil C. II. 1.

Gemeinschaftsrecht ergeben.[921] Hinsichtlich des Verbots wettbewerbsverfälschender staatlicher Beihilfen[922] wird zwischen einem Verstoß gegen das materielle Verbot des Art. 87 Abs. 1 EG-Vertrag und die formellen Regeln des Art. 88 Abs. 3 EG-Vertrag unterschieden.[923] Ersterer, d. h. ein tatsächlicher Verstoß gegen das Verbot mitgliedstaatlicher Beihilfen führt gemäß § 134 BGB zur Nichtigkeit des Rechtsgeschäfts.[924] In Bezug auf einen Verstoß gegen die Verfahrensregeln wird die Notifizierungspflicht nach Art. 88 Abs. 3 S. 1 EG-Vertrag als reine Ordnungsvorschrift und mithin nicht als Verbotsgesetz im Sinne des § 134 BGB gewertet.[925] Dagegen soll das in Art. 88 Abs. 3 S. 3 EG-Vertrag angeordnete Durchführungsverbot, das die durch eine verfrühte Beihilfegewährung entstehenden Wettbewerbsvorteile zu verhindern sucht, ein Verbotsgesetz nach § 134 BGB darstellen.[926]

Zusammenschlüsse von gemeinschaftsweiter Bedeutung sind der Kommission gemäß Art. 4 Abs. 1 der EG-Fusionskontrollverordnung[927] vor ihrem Vollzug anzumelden.[928] Einen Zusammenschluss in diesem Sinne stellt die Fusion unabhängiger Unternehmen, der unmittelbare oder mittelbare

921) *Mayer-Maly/Armbrüster,* in: MüKo, § 134 Rn. 37; *Heinrichs,* in: Palandt, BGB, § 134 Rn. 3; *Palm,* in: Erman, BGB, § 134 Rn. 56; *Hefermehl,* in: Soergel, BGB, § 134 Rn. 8.

922) Siehe dazu 2. Teil C. II. 2.

923) *Mayer-Maly/Armbrüster,* in: MüKo, § 134 Rn. 38.

924) *Mayer-Maly/Armbrüster,* in: MüKo, § 134 Rn. 38; *Heinrichs,* in: Palandt, BGB, § 134 Rn. 3; *Steindorff,* EuZW 1997, 7 ff.; a. A. *Schütterle,* EuZW 1993, 625 (627) und *Schroeder,* ZHR 161 (1997), 805 (811), die auf eine Konkretisierung des Verbots durch eine Kommissionentscheidung abstellen.

925) BGH, Urt. v. 04.04.2003 – V ZR 314/02 –, EuZW 2003, 444 (445); BGH, Urt. v. 20.01.2004 – XI ZR 53/03 –, NvwZ, 636 (637); *Mayer-Maly/Armbrüster,* in: MüKo, § 134 Rn. 38.

926) BGH, Urt. v. 04.04.2003 – V ZR 314/02 –, EuZW 2003, 444 (445); BGH, Urt. v. 20.01.2004 – XI ZR 53/03 –, NvwZ, 636 (637); *Koenig/Haratsch,* ZHR 169 (2005), 77 (85 ff.); *Mayer-Maly/Armbrüster,* in: MüKo, § 134 Rn. 38; *Schroeder,* ZHR 161 (1997), 805 (811); *Steindorff,* EuZW 1997, 7 ff.; a. A. *Hopt/Mestmäcker,* WM 1996, 753 (761); *Habersack,* ZHR 159 (1995), 663 (679 ff.); *Pütz,* NJW 2004, 2199 ff.; differenzierend *Hadding,* in: FS Kreft, S. 65 ff.

927) Verordnung (EG) Nr. 139/2004 des Rates vom 20. Januar 2004 über die Kontrolle von Unternehmenszusammenschlüssen (»EG-Fusionskontrollverordnung«), ABl. EG L 24 v. 29.01.2004, S. 1. Zum Verhältnis zu Art. 81 EGV (»Kartellverbot«) vgl. *Aicher/Schumacher,* in: Grabitz/Hilf, Kommentar zur EU, Art. 81 Rn. 43.

928) Der Fusion der Hamburgischen Landesbank mit der Landesbank Schleswig-Holstein zur HSH Nordbank hat die Europäische Kommission am 25.04.2003 die kartellrechtliche Zustimmung erteilt (http://www.hsh-nordbank.de/home/themen/presse/pressemitteilung/PE030602.jsp (Stand: 01.01.2006).

Kontrollerwerb an einem anderen Unternehmen und die Gründung eines Vollfunktionsgemeinschaftsunternehmens dar.[929] Gemeinschaftsweite Bedeutung besteht, wenn ein weltweiter Gesamtumsatz aller beteiligten Unternehmen von mehr als fünf Milliarden Euro sowie ein gemeinschaftsweiter Gesamtumsatz von mindestens zwei beteiligten Unternehmen von jeweils mehr als 250 Millionen Euro vorliegt und die beteiligten Unternehmen jeweils nicht mehr als zwei Drittel ihres gemeinschaftsweiten Gesamtumsatzes in ein und demselben Mitgliedstaat erzielen.[930] Die Kommission prüft in diesem Rahmen, ob durch den Zusammenschluss der wirksame Wettbewerb im Gemeinsamen Markt oder in einem wesentlichen Teil desselben erheblich behindert wird.[931] Stellt die Kommission fest, dass ein Zusammenschluss, der mit dem Gemeinsamen Markt für unvereinbar erklärt worden ist, bereits vollzogen wurde, kann sie den beteiligten Unternehmen unter anderem aufgeben, diesen rückgängig zu machen.[932] Hinsichtlich des Verhältnisses zum nationalen Recht bestimmt Art. 21 Abs. 3 EG-Fusionskontrollverordnung, dass die Mitgliedstaaten ihr innerstaatliches Wettbewerbsrecht nicht auf Zusammenschlüsse von gemeinschaftsweiter Bedeutung anwenden. Damit ist den Mitgliedstaaten die Kompetenz zur Durchführung paralleler Verfahren entzogen.[933] Nur wenn ein Zusammenschluss nicht in die Zuständigkeit der Kommission fällt bzw. von ihr gemäß Art. 4 Abs. 4 oder Art. 9 EG-Fusionskontrollverordnung verwiesen wird, unterliegt er der in den §§ 35 ff. GWB geregelten Fusionskontrolle durch das Bundeskartellamt.

Hinsichtlich der Verpflichtung, einen Sanierungsvertrag zu schließen, kann auf die Ausführungen zur Mustersatzung für die Sparkassenstützungsfonds verwiesen werden.[934] Der Stützungsfall sowie die hierauf ergehenden Stützungsmaßnahmen sind vertraglich festzulegen. Wird abweichend vom Regelfall vereinbart, dass die erneute Beantragung von Stützungsmaßnahmen nicht automatisch einen neuen Stützungsfall begründen soll, obliegt es

929) Art. 3 Abs. 1, 4 EG-Fusionskontrollverordnung; *Aicher/Schumacher,* in: Grabitz/Hilf, Kommentar zur EU, Art. 81 Rn. 43.

930) Art. 1 Abs. 2 EG-Fusionskontrollverordnung.

931) Art. 2 Abs. 2, 3 EG-Fusionskontrollverordnung.

932) Art. 8 Abs. 4 a) EG-Fusionskontrollverordnung.

933) *Geiger,* EGV, Art. 83 Rn. 14; *Bunte,* Kartellrecht, S. 454; *Kirchhoff,* BB 1990, 10 (11); *Schmidt,* BB 1990, 719 (724 f.).

934) § 3 Abs. 4 S. 1 i. V. m. § 14 Satzung für die Sicherungsreserve der Landesbanken und Girozentralen. Zur Musteratzung der Sparkassenstützungsfonds vgl. 3. Teil C. II. 1.

dem Gemeinsamen Ausschuss und der Bausparkassenkonferenz, die Erforderlichkeit dieser Vereinbarung zu überprüfen und Stützungsmaßnahmen hiervon abhängig zu machen.[935]

3. Überregionaler Ausgleich der Sparkassenstützungsfonds

Im Rahmen des Überregionalen Ausgleichs ist die Anordnung bestimmter Stützungsmaßnahmen durch den Vorstand des DSGV nach vorheriger Zustimmung des Gemeinsamen Ausschusses fakultativ.[936] Die Entscheidung über Art und Umfang der durchzuführenden Stützungsmaßnahmen sowie die Auferlegung von Auflagen bzw. Bedingungen kann auch dem entsprechenden Verbandsvorstand vorbehalten bleiben. Dagegen ist der Abschluss eines Sanierungsvertrags zwischen den Beteiligten zwingend.[937] Für den Überregionalen Ausgleich zeichnen der Präsident des DSGV sowie ein weiteres Mitglied der Geschäftsführung.[938] Im Übrigen gelten die entsprechenden Regelungen für die Sparkassenstützungsfonds der Regionalverbände.[939]

4. Haftungsverbund zwischen den Sparkassenstützungsfonds, der Sicherungsreserve der Landesbanken und Girozentralen sowie dem Sicherungsfonds der Landesbausparkassen

In Bezug auf die Abwicklung von Stützungsfällen unter Beteiligung des Haftungsverbundes kann auf die vorhergehenden Ausführungen zum Überregionalen Ausgleich verwiesen werden. Die Anordnung von Stützungsmaßnahmen sowie die Auferlegung von Auflagen bzw. Bedingungen ist dem Vorstand des DSGV zur Disposition gestellt.[940] Im Rahmen des zwischen den Beteiligten zu schließenden Sanierungsvertrags zeichnet der Präsident des DSGV sowie ein weiteres geschäftsführendes Mitglied für den Haftungsverbund.[941]

---

935) § 3 Abs. 4 S. 2-4 Satzung für die Sicherungsreserve der Landesbanken.

936) § 7 Abs. 1 S. 1 Satzung für den Überregionalen Ausgleich der Sparkassenstützungsfonds.

937) § 9 Abs. 1 S. 1 Satzung für den Überregionalen Ausgleich der Sparkassenstützungsfonds.

938) § 9 Abs. 1 S. 2 Satzung für den Überregionalen Ausgleich der Sparkassenstützungsfonds.

939) § 9 Abs. 1 S. 3 Satzung für den Überregionalen Ausgleich der Sparkassenstützungsfonds.

940) §§ 6, 7 Satzung für den Haftungsverbund.

941) § 8 S. 2 Satzung für den Haftungsverbund.

III. Ausscheiden aus den Sicherungseinrichtungen

Ein Ausscheiden aus den Sicherungseinrichtungen ist nur in der Satzung für die Sicherungsreserve der Landesbanken und Girozentralen sowie für den Sicherungsfonds der Landesbausparkassen geregelt worden. Dabei wurden in diesem Zusammenhang bestehende Rechte und Pflichten weitgehend, aber nicht abschließend normiert. Im Folgenden wird die Möglichkeit des Ausscheidens sowie die sich hieran anschließende Fragestellung der Rückerstattung von Beitragszahlungen sowohl hinsichtlich der Sicherungseinrichtungen als auch der sie verbindenden überregionalen Einrichtungen geprüft.

1. Sparkassenstützungsfonds

Die Mitgliedschaft der Sparkassen in den regionalen Sparkassenstützungsfonds knüpft an ihre Pflichtmitgliedschaft in den jeweiligen Regionalverbänden an. Die regionalen Sparkassen- und Giroverbände sind – mit Ausnahme des Hanseatischen Sparkassen- und Giroverbandes[942] – Körperschaften des öffentlichen Rechts.[943] Ihre Mitglieder sind kraft Gesetzes – von einigen landesgesetzlichen Besonderheiten abgesehen – die öffentlich-rechtlichen Sparkassen und ihre Gewährträger bzw. – seit dem 18.07.2005 – ihre Träger.[944] Auf der Grundlage der ihnen verliehenen Satzungsautonomie sind sie berechtigt, ihre Rechtsverhältnisse eigenständig zu regeln.[945] In diesem Rahmen sind sie auch zur Errichtung eines der Mustersatzung des DSGV entsprechenden Stützungsfonds berechtigt, in dem die Mitgliedschaft für die Sparkassen gleichermaßen wie die im Regionalverband verpflichtend ist.[946]

Anders stellt sich die Rechtslage in Bezug auf die Mitglieder des Hanseatischen Sparkassen- und Giroverbandes, namentlich die Hamburger Sparkasse AG, die Sparkasse Bremen AG, die Sparkasse Bremerhaven, die Haspa Finanzholding, die Finanzholding der Sparkasse in Bremen und die Spar-

942) Siehe Ausführungen im Anschluss.

943) Siehe dazu 3. Teil C. I. 1.

944) Vgl. hierzu im Einzelnen *Schlierbach/Püttner*, Sparkassenrecht, S. 290.

945) § 35 S. 2 SpkG BW; Art. 22 Abs. 3 SpkG Bayern; § 1 Abs. 2 S. 1 Hessisches Neuordnungsgesetz; § 28 Abs. 2 S. 2 SpkG Niedersachsen; § 37 S. 1 SpkG NRW; § 25 Abs. 4 S. 1, 2 SpkG RP; § 41 S. 1 SpkG Saarland; § 37 Abs. 4 S. 1 SpkG SH; § 1 Abs. 2 S. 2 Staatsvertrag OSGV.

946) *Fischer*, in: Boos/Fischer/Schulte-Mattler, KWG, § 23 a Rn. 66.

kassenstiftung Bremerhaven,[947] dar. Der Hanseatische Sparkassen- und Giroverband ist in Abweichung von den übrigen Regionalverbänden als privatrechtlicher, kraft staatlicher Verleihung rechtsfähiger Verein ausgestaltet. Nach der Vereinssatzung[948] besteht die Möglichkeit, dass die Mitglieder aus dem Verband austreten bzw. ausgeschlossen werden.[949] Mit Beendigung der Mitgliedschaft im Regionalverband wäre auch ein Ausscheiden aus dem Sparkassenstützungsfonds verbunden. Ein gesonderter Austritt eines Mitgliedsinstituts aus dem Sparkassenstützungsfonds ist nur mit Zustimmung des Verbandsvorstands möglich. Nach seiner Satzung ist der Verband ausdrücklich berechtigt, sich an Einrichtungen des deutschen Sparkassenwesens zu beteiligen oder solche zu schaffen, die der Förderung der Belange der Mitglieder dienen.[950] Soweit ein Mitgliedsinstitut sich an einer solchen nicht beteiligt, ist dies als eine der Satzung zuwiderlaufende Handlung anzusehen, die den Verband zum Ausschluss des Instituts berechtigt.[951]

2. Sicherungsreserve der Landesbanken und Girozentralen

a) Arten und Verfahren des Ausscheidens

In der Satzung für die Sicherungsreserve der Landesbanken und Girozentralen ist bestimmt, dass ein Mitgliedsinstitut aus der Sicherungsreserve ausscheidet, wenn seine Mitgliedschaft im DSGV endet, es seine Mitgliedschaft in der Sicherungsreserve kündigt oder es aus der Sicherungsreserve ausgeschlossen wird.[952] Dabei beträgt die regelmäßige Kündigungsfrist zwei Jahre zum Ablauf eines Kalenderjahres.[953] Auch ein Ausscheiden auf Grund Erlöschens der Mitgliedschaft im DSGV[954] ist grundsätzlich an eine Frist von zwei Jahren gebunden, wobei bei einem freiwilligen Austritt die Frist bereits mit Zugang der Austrittserklärung beginnt.[955] Der

947) http://www.hsgv.de/hsgv002.htm (Stand: 01.01.2006)

948) Stand: 25.04.2004.

949) § 4 S. 1 Satzung des Hanseatischen Sparkassen- und Giroverbandes.

950) § 6 Satzung des Hanseatischen Sparkassen- und Giroverbandes.

951) § 4 S. 2 Satzung des Hanseatischen Sparkassen- und Giroverbandes.

952) § 17 Satzung für die Sicherungsreserve der Landesbanken und Girozentralen.

953) § 18 Abs. 1 Satzung für die Sicherungsreserve der Landesbanken und Girozentralen.

954) Vgl. § 5 Satzung des Deutschen Sparkassen- und Giroverbandes e. V., Bonn, i. d. F. vom 11.12.1997.

955) § 18 Abs. 2 Satzung für die Sicherungsreserve der Landesbanken und Girozentralen.

Vorstand des DSGV kann die jeweiligen Fristen mit Zustimmung des ausscheidenden Mitglieds verkürzen.[956]

Ein Ausschluss eines Mitgliedsinstituts aus der Sicherungsreserve kommt in Betracht, wenn es seine Verpflichtungen gegenüber den Sicherungseinrichtungen der Sparkassen-Finanzgruppe erheblich verletzt oder gegen wichtige Vorschriften der Satzung für die Sicherungsreserve verstößt.[957] Das Ausschlussverfahren ist in § 18 Abs. 5 und 6 der Satzung detailliert geregelt. Danach ist dem betroffenen Institut der Ausschluss unter Angabe der Gründe vom Präsidenten des DSGV schriftlich anzudrohen.[958] Bestehen die Ausschlussgründe innerhalb der nächsten sechs Monate fort, obliegt es den ordentlichen Mitgliedsinstituten, den Ausschluss mit einer Mehrheit von drei Vierteln der vertretenen Stimmen vorzuschlagen.[959] Auf dieser Grundlage kann der Gemeinsame Ausschuss – ebenfalls mit einer Dreiviertelmehrheit der vertretenen Stimmen – den Ausschluss beschließen.[960] Mit schriftlicher Mitteilung des Ausschlusses wird dieser zum Ende des nachfolgenden Monats wirksam, es sei denn, das Mitgliedsinstitut legt binnen dieser Frist schriftlich begründeten Einspruch beim Vorstand des DSGV ein.[961] Gibt der Vorstand dem Einspruch nicht statt, wird der Ausschluss zum Ende des auf die schriftlich mitzuteilende Entscheidung folgenden Monats wirksam.[962] Der Ausschluss kann nach allgemeinen Grundsätzen durch die Feststellungsklage überprüft werden.[963]

---

956) § 18 Abs. 3 Satzung für die Sicherungsreserve der Landesbanken und Girozentralen.

957) § 18 Abs. 4 S. 1 Satzung für die Sicherungsreserve der Landesbanken und Girozentralen.

958) § 18 Abs. 5 S. 1, 2 Satzung für die Sicherungsreserve der Landesbanken und Girozentralen.

959) § 18 Abs. 5 S. 3, 4 Satzung für die Sicherungsreserve der Landesbanken und Girozentralen.

960) § 18 Abs. 5 S. 4 Satzung für die Sicherungsreserve der Landesbanken und Girozentralen.

961) § 18 Abs. 6 S. 1-4 Satzung für die Sicherungsreserve der Landesbanken und Girozentralen.

962) § 18 Abs. 6 S. 5, 7 2. Halbs. Satzung für die Sicherungsreserve der Landesbanken und Girozentralen.

963) *Heinrichs,* in: Palandt, BGB, § 25 Rn. 18; *Sprau,* in: Palandt, BGB, § 737 Rn. 3; *Westermann,* in: Erman, BGB, § 25 Rn. 10 ff., § 737 Rn. 5; *Reuter,* in: MüKo, § 25 Rn. 61; *Ulmer,* in: MüKo, § 737 Rn. 12.

b) Rechtsfolgen des Ausscheidens

aa) Rechte und Pflichten der Ein- bzw. Anleger

Die sich aus dem Ausscheiden eines Instituts für dieses und dessen Ein- bzw. Anleger ergebenden Folgen, sind in der Satzung der Sicherungsreserve weitgehend geregelt worden. Nach § 19 Abs. 1 S. 1, 3 der Satzung der Sicherungsreserve hat das Institut bzw. – soweit es dieser Pflicht nicht nachkommt – der DSGV nach seinem Ausscheiden unverzüglich die Kunden zu unterrichten und auf den in Absatz 2 geregelten eingeschränkten Schutzumfang hinzuweisen. Danach sind Einlagen der Kunden und Schuldverschreibungen nach Maßgabe des § 2 von der Sicherungsreserve nur dann geschützt, wenn sie vor der Bekanntgabe begründet waren oder innerhalb eines Monats nach dieser begründet werden.[964] Verbindlichkeiten, die nach dieser Frist begründet oder auf Veranlassung des Kunden prolongiert werden oder die der Kunde nach diesem Zeitpunkt nicht zum nächstmöglichen Termin kündigt bzw. zurückfordert, sind nicht erfasst.[965]

Insoweit ist anzumerken, dass nur die Einleger des ausscheidenden Instituts, d. h. – nach der satzungseigenen Definition – die in- und ausländischen Nichtbanken, in dem oben aufgezeigten Umfang geschützt werden. Kapitalanlagegesellschaften und deren Depotbanken sowie öffentlich-rechtliche Kreditinstitute außerhalb der Sparkassen-Finanzgruppe werden abweichend zum Sicherungsstandard im Fall der Insolvenz eines Instituts nicht in den Schutzbereich miteinbezogen.[966] Zwar geht der Kreis der Berechtigten nach wie vor über den des EAG hinaus,[967] gleichwohl wäre ein einheitlicher Schutzstandard innerhalb der Satzung im Sinne eines transparenten Regelungsgehalts zu präferieren.

bb) Rechte und Pflichten des Instituts unter besonderer Berücksichtigung der Frage der Rückerstattung von Beitragszahlungen

Nach § 19 Abs. 3 S. 1 der Satzung der Sicherungsreserve bleiben die Rechte und Pflichten des ausscheidenden Instituts aus der Teilnahme an den Sicherungseinrichtungen der Sparkassen-Finanzgruppe bis zum Ablauf des

964) § 19 Abs. 1 S. 1 Satzung für die Sicherungsreserve der Landesbanken und Girozentralen.

965) § 19 Abs. 1 S. 2 Satzung für die Sicherungsreserve der Landesbanken und Girozentralen.

966) Siehe dazu 3. Teil B. I. b) aa) (2).

967) Siehe dazu 3. Teil B. I. b) aa) (3).

Kalenderjahres, in dem das Institut ausscheidet, bestehen. Für Verpflichtungen der Sicherungsreserve und aus dem Haftungsverbund, die bis zu diesem Zeitpunkt entstanden sind, haftet das Mitgliedsinstitut weiter fort.[968] Die Informations- und Sorgfaltspflichten des Instituts sowie die Kontrollrechte der Sicherungseinrichtungen bleiben bestehen, solange Verbindlichkeiten des ausgeschiedenen Instituts gesichert sind.[969]

Nicht geregelt wurde die Frage der Rückerstattung von erbrachten Beitragszahlungen. Dies stellt dann keine Regelungslücke dar, wenn die getroffene Regelung nach dem Willen der Parteien bewusst abschließend sein sollte.[970] Hierfür, d. h. für einen Ausschluss der Rückerstattung, spricht einerseits die ansonsten in diesem Zusammenhang gegebene Regelungsdichte. Andererseits wurden in Bezug auf Stützungsmaßnahmen Rechtsansprüche explizit verneint, insofern also auch das Nichtbestehen von Ansprüchen positiv geregelt. Damit ist ein Ausschluss von Ansprüchen bei Ausscheiden eines Instituts nicht zwingend.

Soweit in der den Gegenstand des Gesellschaftsvertrags bildenden Satzung Regelungslücken bestehen, ist zu prüfen, ob diese dispositivem Recht unterliegen und welche gesetzlichen Bestimmungen entsprechend heranzuziehen sind.[971] Dabei kann trotz der Einordnung der Sicherungsreserve als Gesellschaft bürgerlichen Rechts[972] der Rückgriff auf die einschlägigen gesetzlichen Vorschriften im Einzelfall fraglich sein. Durch den auf die Erfüllung der von der Mitgliederversammlung des DSGV beschlossenen Satzung gerichteten Gesellschaftszweck weist die Sicherungsreserve sowohl vereinsrechtliche als auch gesellschaftsrechtliche Strukturen auf. Bestehen im Bereich zwischen dem nichtrechtsfähigen Verein und der Gesellschaft bürgerlichen Rechts fließende Übergänge, kommt der Rechtsformbestimmung nur indizielle Wirkung zu.[973] Ausschlaggebend für die Heranziehung der gesetzlichen Regelung ist indes, welche Vorschriften den

968) § 19 Abs. 3 S. 2 Satzung für die Sicherungsreserve der Landesbanken und Girozentralen.

969) § 19 Abs. 3 S. 3 Satzung für die Sicherungsreserve der Landesbanken und Girozentralen.

970) BGH, Urt. v. 24.04.1985 – IV b ZR 17/84 –, NJW 1985, 1835 (1836); *Heinrichs,* in: Palandt, BGB, § 157 Rn. 3.

971) *Heinrichs,* in: Palandt, BGB, § 157 Rn. 4 ff.

972) Siehe dazu 3. Teil C. I. 2.

973) *Schmidt,* Gesellschaftsrecht, § 25 I 2 b).

Bedürfnissen der Organisation und den schützenswerten Interessen der Beteiligten am besten gerecht werden.[974]

Im Vereinsrecht gelten Abfindungsansprüche ausscheidender Mitglieder auch ohne ausdrückliche Regelung grundsätzlich als ausgeschlossen.[975] Nach dem Recht der Gesellschaft bürgerlichen Rechts findet bei Ausscheiden eines Gesellschafters aus einer Außengesellschaft eine Auseinandersetzung zwischen dem ausscheidenden Gesellschafter und den übrigen Gesellschaftern statt.[976] Gemäß § 738 Abs. 1 S. 2 BGB steht dem ausscheidenden Gesellschafter neben einem Anspruch auf Rückgabe überlassener Gegenstände und einer Befreiung von den Gesellschaftsschulden ein Abfindungsanspruch in Höhe seines tatsächlichen Anteilwerts zu, der durch Erstellung einer Auseinandersetzungsbilanz zu ermitteln ist.[977]

Im vorliegenden Fall ist zu beachten, dass der Bestand der Sicherungsreserve auf der Beitragspflicht der Mitgliedsinstitute und dem so geschaffenen Vermögen aufbaut. Als institutssichernde Einrichtung ist die Sicherungsreserve auf eine Mindestausstattung angewiesen, die ihrer Zweckbestimmung Rechnung trägt. Würden den einzelnen Mitgliedsinstituten bei Ausscheiden aus der Sicherungsreserve Abfindungsansprüche eingeräumt, wäre dieser Bestand in Frage gestellt. Die von den Mitgliedsinstituten direkt oder durch die Pflicht zur Auffüllung der Sicherungsreserve zu erbringenden Leistungen sowie die sich mit dem Ausscheiden eines Instituts erhöhenden Beitragspflichten könnten die finanzielle Leistungsfähigkeit der Sicherungsreserve bzw. ihrer Mitgliedsinstitute – insbesondere in zeitlich enger Abfolge mit einem Stützungsfall – gefährden.

Neben der offensichtlichen Bestandswahrung in Bezug auf das bestehende Vermögen bewirkt die Versagung von Ansprüchen auf anteilsmäßige Abfindung zudem, dass die Institute einen Austritt aus der Sicherungsreserve nur unter sorgfältiger Abwägung der Vor- und Nachteile vollziehen. Dadurch wird die Nachhaftung für ausscheidende und damit dem Einfluss der Sicherungsreserve entzogenen Institute begrenzt sowie die Anzahl der beitragszahlenden Institute weitestgehend konstant gehalten. Der Verbleib der erbrachten Beitragszahlungen in der Sicherungsreserve ist damit

974) *Schmidt,* Gesellschaftsrecht, § 25 I 2 b).

975) *Schmidt,* Gesellschaftsrecht, § 25 I 2 b); *Heinrichs,* in: Palandt, BGB, § 39 Rn. 4; *Lettl,* AcP 2003, S. 149 (154, 179 ff.).

976) *Schmidt,* Gesellschaftsrecht, § 59 II 2 b).

977) *Sprau,* in: Palandt, BGB, § 738 Rn. 4.

zusätzlich geeignet, die Mitglieder langfristig zu binden und die Finanzkraft des Zusammenschlusses zu stärken. Insofern entspricht es dem Interesse der Beteiligten, von einer Nichtregelung im Sinne des Vereinsrechts mit der Folge auszugehen, dass Abfindungsansprüche ausscheidender Mitgliedsinstitute ausgeschlossen sind.

cc) Wechsel der Sicherungseinrichtung

Der Ausschluss bzw. das freiwillige Ausscheiden aus einer institutssichernden Einrichtung im Sinne des § 12 Abs. 1 EAG setzt voraus, dass das Institut seiner gesetzlichen Mindestsicherungspflicht in Bezug auf Einlagen und Verbindlichkeiten aus Wertpapiergeschäften durch einen Wechsel in eine der gesetzlichen Entschädigungseinrichtungen nachkommt. In Bezug auf die Landesbanken/Girozentralen steht insbesondere ein Wechsel in die Entschädigungseinrichtung sowie den daneben bestehenden freiwilligen Einlagensicherungsfonds des Bundesverbandes Öffentlicher Banken zur Disposition. In diesem Rahmen kann eine anteilige Übertragung der vorhandenen Barmittel in Erwägung gezogen werden. Voraussetzung ist, dass die Sicherungsreserve der Landesbanken und Girozentralen vollständig von der Haftung freigestellt wird, die BaFin dem Wechsel der Sicherungseinrichtung und der Mittelübertragung zustimmt und der Sicherungseinrichtung hierdurch keine steuerlichen Nachteile entstehen. Dabei ist die Übertragung auf den Betrag zu begrenzen, der auf das ausscheidende Institut zum Zeitpunkt des Wirksamwerdens seines Austritts tatsächlich entfällt und der nicht für bereits beschlossene Sanierungsmaßnahmen belegt ist. Soweit keine vollständige Freistellung erfolgt, ist der Betrag entsprechend der übernommenen Nachhaftung zu reduzieren. Die in der Sicherungsreserve verbleibenden Mittel sowie eventuelle Nachschuss- und Wiederauffüllungspflichten haften in Stützungsfällen für solche Forderungen anteilig fort, die bereits zum Zeitpunkt des Ausscheidens bestanden.

Neben der für die Zuordnung zu einer Entschädigungseinrichtung zuständigen Bundesanstalt für Finanzdienstleistungsaufsicht hat ein aus der Sicherungsreserve der Landesbanken und Girozentralen ausscheidendes Institut nach § 23 a Abs. 2 KWG auch die Kunden, die nicht Institute sind, sowie die Deutsche Bundesbank unverzüglich schriftlich über die nunmehr zuständigen Sicherungseinrichtungen und den veränderten Schutzumfang zu unterrichten.[978] Dabei ist zu beachten, dass der Wechsel in die Einlagen-

978) *Fischer,* in: Boos/Fischer/Schulte-Mattler, KWG, § 23 a Rn. 66.

sicherungssysteme des Bundesverbandes Öffentlicher Banken ein außerordentliches Kündigungsrecht der Geschäftsbeziehungen begründen kann, da deren Schutzumfang hinter dem der institutssichernden Einrichtungen der Sparkassen-Finanzgruppe zurückbleibt.[979]

3. Überregionaler Ausgleich der Sparkassenstützungsfonds

In der Satzung für den Überregionalen Ausgleich der Sparkassenstützungsfonds ist das Ausscheiden eines Mitglieds nicht geregelt worden. Da jedoch sowohl aus Sicht der Gesellschaft als auch aus Sicht des einzelnen Mitglieds ein Ausschluss bzw. eine Kündigung unter bestimmten Umständen in Betracht gezogen werden könnte, ist zu prüfen, welches dispositive Recht im Einzelfall heranzuziehen ist. Da der Gesellschaftszweck wiederum in der Erfüllung der durch die Mitgliederversammlung des DSGV beschlossenen Satzung liegt, ist auch insoweit fraglich, ob im Einzelfall die Vorschriften des Vereinsrechts oder – gemäß der Rechtsform des Zusammenschlusses – das Recht der BGB-Gesellschaft anzuwenden ist.[980]

Hinsichtlich der Möglichkeit eines Austritts bestimmt § 39 Abs. 1 BGB für den Verein, dass die Mitglieder ihre Mitgliedschaft kurzfristig beenden und sich dadurch der Einwirkung der Vereinsmehrheit entziehen können.[981] Daneben gestattet § 39 Abs. 2 BGB dem Verein, Austritts- bzw. Kündigungsfristen von bis zu zwei Jahren festzulegen.[982] Der Ausschluss eines Mitglieds ist gesetzlich nicht ausdrücklich geregelt. Allerdings kann ein solcher gemäß den allgemeinen Grundsätzen eines Dauerrechtsverhältnisses bei Vorliegen eines wichtigen Grundes durch die Mitgliederversammlung beschlossen werden.[983]

Nach dem Recht der Gesellschaft bürgerlichen Rechts ist grundsätzlich zwischen der auflösenden Kündigung, der Austritts- und der Ausschließungskündigung zu unterscheiden.[984] Als gesetzlichen Regelfall sieht das Gesetz die auflösende Kündigung mit Liquidationsfolge vor. Ist die Gesellschaft auf unbestimmte Zeit eingegangen worden, kann jeder Gesellschafter

---

979) Siehe dazu 3. Teil B. III. 3.

980) Siehe dazu 3. Teil C. III. 2. b) bb).

981) *Heinrichs,* in: Palandt, BGB, § 39 Rn. 1.

982) *Reichert,* Vereins- und Verbandsrecht, Rn. 1022.

983) *Reichert,* Vereins- und Verbandsrecht, Rn. 2754; *Stöber,* Vereinsrecht, Rn. 197.

984) *Schmidt,* Gesellschaftsrecht, § 59 II 2 b); *Sprau,* in: Palandt, BGB, Vorb. vor § 723 Rn. 1.

sie jederzeit kündigen.[985] Allerdings ist die Auflösung der Gesellschaft dispositiv und kann noch während der Auseinandersetzung unter der Voraussetzung, dass alle Gesellschafter zustimmen, abweichend geregelt werden.[986] In diesem Fall liegt eine Austrittskündigung mit der Folge des Ausscheidens und der Abfindung des Kündigenden vor.[987] Ein Ausschluss aus der Gesellschaft bürgerlichen Rechts bedarf neben einem wichtigen, in der Person des Gesellschafters liegenden Kündigungsgrund ebenfalls einer Vereinbarung dahingehend, dass der Gesellschaftsvertrag die Fortsetzung der Gesellschaft unter den übrigen Gesellschaftern vorsieht.[988]

Sowohl nach dem Vereinsrecht als auch nach den gesetzlichen Vorschriften zur Gesellschaft bürgerlichen Rechts ist demnach eine Kündigung sowie ein Ausschluss aus wichtigem Grund jederzeit möglich. In einer Gesellschaft bürgerlichen Rechts bedarf es jedoch – soll die Gesellschaft aufrechterhalten bleiben – zusätzlich einer dahingehenden Vereinbarung. Einer solchen müssen alle Gesellschafter, einschließlich des ausscheidenden Gesellschafters, zustimmen. Diese Regelung ist im Rahmen des Überregionalen Ausgleichs als nicht interessengerecht zu erachten. Zwar ist der Überregionale Ausgleich grundsätzlich auf den Bestand seiner Mitglieder ausgerichtet. Nach der durch den Gesellschaftsvertrag in die Auslegung miteinzubeziehenden Satzung ist jedoch nicht davon auszugehen, dass das Ausscheiden eines Mitglieds zur Auflösung der Gesellschaft führen bzw. diese Entscheidung zur Disposition der einzelnen Mitglieder gestellt werden soll. Insofern sind hinsichtlich des Ausscheidens aus dem Überregionalen Ausgleich die gesetzlichen bzw. ungeschriebenen Regelungen zum Verein anzuwenden.

In Bezug auf die hieraus folgende jederzeitige Kündigungsmöglichkeit bleibt anzuraten, das Ausscheiden aus dem Überregionalen Ausgleich in den satzungsmäßigen Regelungsbestand aufzunehmen. Neben einer zweijährigen Kündigungsfrist sollte eine befristete Fortwirkung der satzungsmäßigen Rechte und Pflichten, wie im Rahmen der Sicherungsreserve der Landesbanken und Girozentralen geschehen, kodifiziert werden. Der Überregionale Ausgleich würde dadurch sowohl für seine Mitglieder als auch in seiner Bewertung durch Dritte an Beständigkeit gewinnen. Da im Rahmen des Überregionalen Ausgleichs im Übrigen kein Gesellschaftsvermögen begründet,

985) § 723 Abs. 1 S. 1 BGB.

986) *Sprau,* in: Palandt, BGB, Vorb. vor § 723 Rn. 1, § 736 Rn. 2.

987) *Schmidt,* Gesellschaftsrecht, § 59 II. 2 b) i. V. m. § 50 II 4 a).

988) § 737 S. 1 BGB; *Schmidt,* Gesellschaftsrecht, § 59 II 2 b); *Sprau,* in: Palandt, BGB, § 737 Rn. 2.

sondern bei dessen Inanspruchnahme auf die Mittel aller regionalen Sparkassenstützungsfonds zurückgegriffen wird, stellt sich die Frage der Rückerstattung erbrachter Beitragszahlungen nicht.

4. Haftungsverbund zwischen den Sparkassenstützungsfonds, der Sicherungsreserve der Landesbanken und Girozentralen sowie dem Sicherungsfonds der Landesbausparkassen

Auch im Rahmen des Haftungsverbundes zwischen den Sparkassenstützungsfonds, der Sicherungsreserve der Landesbanken und Girozentralen sowie dem Sicherungsfonds der Landesbausparkassen ist das Ausscheiden eines Mitglieds nicht normiert worden. In Bezug auf die Frage, welche gesetzlichen Regelungen insoweit heranzuziehen sind, kann auf die obigen Ausführungen zum Überregionalen Ausgleich verwiesen werden. Zwar besteht der Haftungsverbund nur aus drei Gesellschaftern, gleichwohl ist aber auch insoweit nicht davon auszugehen, dass dessen Fortbestand bei Ausscheiden eines Mitglieds von dessen Zustimmung abhängig sein soll. Dies gilt insbesondere für einen Austritt des Sicherungsfonds der Landesbausparkassen, da der wirtschaftliche Schwerpunkt des Verbundes auf dem Zusammenschluss der Sparkassenstützungsfonds mit der Sicherungsreserve der Landesbanken und Girozentralen liegt. Insofern findet das Vereinsrecht mit der Folge Anwendung, dass eine Kündigung sowie ein Ausschluss eines Gesellschafters möglich ist, ohne dass der Zusammenschluss der übrigen Gesellschafter berührt wird. Zu beachten ist allerdings, dass das Ausscheiden der im Überregionalen Ausgleich verbundenen Sparkassenstützungsfonds dazu führen würde, dass die Landesbanken/Girozentralen sowie die Landesbausparkassen aufgrund fehlender Anbindung an die Sicherungseinrichtungen der regionalen Sparkassen- und Giroverbände nicht mehr gemäß § 12 Abs. 1 EAG von der Pflichtzugehörigkeit zu einer Entschädigungseinrichtung im Sinne des § 2 EAG befreit wären.[989]

Da im Rahmen des Haftungsverbundes ebenfalls kein Gesellschaftsvermögen begründet wurde, erübrigt sich, wie beim Überregionalen Ausgleich, die Frage nach einer eventuellen Rückerstattung von Beitragszahlungen.

989) Siehe dazu 3. Teil B. IV. 1.

4. Teil: Zusammenfassung in Leitsätzen

1. Gegenstand dieser Arbeit ist die Untersuchung des als Haftungsverbund bezeichneten, aus untereinander verbundenen Sicherungseinrichtungen bestehenden Sicherungssystems der Sparkassen-Finanzgruppe nach Ersetzung bzw. Wegfall von Anstaltslast und Gewährträgerhaftung. (1. Teil A.)

2. Als Sicherungseinrichtungen werden sowohl Einrichtungen zum unmittelbaren Schutz der Einleger eines Kreditinstituts als auch Einrichtungen zum Schutz des Kreditinstituts selbst bezeichnet. Spezifizierend wird zwischen Einlagensicherung und Institutssicherung unterschieden. Zu letzterer, die mittelbar auch einen Schutz der Einlagen bedingt, zählt das Sicherungssystem der Sparkassen-Finanzgruppe. (1. Teil B. III.)

3. Unabhängig vom Sicherungssystem der Sparkassen-Finanzgruppe waren die Sparkassen und Landesbanken/Girozentralen bis zum 18.07.2005 durch die Institute der Anstaltslast und der Gewährträgerhaftung umfassend geschützt. (2. Teil A.)

4. Die Anstaltslast verpflichtete den Anstaltsträger – im Fall der Sparkassen und Landesbanken/Girozentralen die Gemeinden bzw. Länder und Sparkassenverbände – die Kreditanstalt zur Erfüllung der durch sie wahrgenommenen Aufgaben instand zu halten. Die Gewährträgerhaftung beinhaltete die Verpflichtung des Anstaltsträgers, für die Verbindlichkeiten der Sparkasse bzw. Landesbank/Girozentrale gegenüber außenstehenden Dritten subsidiär einzustehen. (2. Teil A. I. 1.)

5. Die Anstaltslast war überwiegend, die Gewährträgerhaftung durchweg bis zum 18.07.2005 in den Sparkassen- und Landesbankengesetzen der Länder normiert. Unabhängig davon war die Anstaltslast als eine sich aus allgemeinen Rechtsgrundsätzen ergebende Pflicht des Anstaltsträgers weitgehend anerkannt. (2. Teil A. I. 2.)

6. Aufgrund von Anstaltslast und Gewährträgerhaftung wurden den Landesbanken/Girozentralen bzw. den von ihnen ausgegebenen Finanzierungstiteln durch die Ratingagenturen erstklassige Ratings erteilt. Die in den staatlichen Haftungen liegenden Vorteile führten seitens der Europäischen Kommission zur Annahme einer bestehenden Beihilferegelung im Sinne des Art. 88 Abs. 1 EG-Vertrag. (2. Teil A. I. 3.)

7. Das bisherige Sicherungssystem der Sparkassen-Finanzgruppe bestand aus untereinander verbundenen regionalen Sparkassenstützungsfonds, der

Sicherungsreserve der Landesbanken und Girozentralen, dem Sicherungsfonds der Landesbausparkassen und dem Haftungsverbund zwischen diesen Sicherungseinrichtungen. (2. Teil A. II. 1.)

8. Die Sparkassenstützungsfonds wurden infolge des 1968 vorgelegten »Bericht[s] der Bundesregierung über die Untersuchung der Wettbewerbsverschiebungen im Kreditgewerbe und über eine Einlagensicherung« zur Vermeidung einer einseitigen Kostenbelastung der nicht durch Anstaltslast und Gewährträgerhaftung geschützten und insofern zur Unterhaltung von Sicherungseinrichtungen angehaltenen Privatbanken und Genossenschaftsbanken geschaffen. Die Einrichtung der Sicherungsreserve der Landesbanken und Girozentralen nebst Haftungsverbund mit den Sparkassenstützungsfonds war durch den Zusammenbruch des Bankhauses Herstatt im Jahr 1974 veranlasst. (2. Teil A. II. 2.)

9. Die Sicherungseinrichtungen der Sparkassen-Finanzgruppe übernahmen bereits bisher erhebliche Sanierungsanteile an Stützungsfällen unter den Sparkassen und Landesbanken/Girozentralen. Im Verhältnis zur vorrangigen staatlichen Haftung lag ihre besondere Bedeutung in der zeitnahen und flexiblen Durchführung von Stützungsmaßnahmen. (2. Teil A. II. 2., B.)

10. Zwischen Vertretern der Europäischen Kommission und der Bundesrepublik Deutschland wurden infolge einer Wettbewerbsbeschwerde der Bankenvereinigung der Europäischen Union gegen Anstaltslast und Gewährträgerhaftung bezogen auf die WestLB, die Stadtsparkasse Köln und die Westdeutsche Immobilienbank im Jahr 2001 insgesamt drei Vereinbarungen geschlossen. Der »Verständigung über Anstaltslast und Gewährträgerhaftung betreffend Landesbanken und Sparkassen« kam dabei grundlegende, den darauf Bezug nehmenden »Schlussfolgerungen« und der »Verständigung über deutsche Spezialkreditinstitute« konkretisierende bzw. ergänzende Wirkung zu. (2. Teil C. I.)

11. Wesentliches Ergebnis der »Verständigung über Anstaltslast und Gewährträgerhaftung betreffend Landesbanken und Sparkassen« vom 17.07.2001 war, zum 18.07.2005 die Anstaltslast durch eine normale wirtschaftliche Eigentümerbeziehung nach marktwirtschaftlichen Grundsätzen zu ersetzen und die Gewährträgerhaftung abzuschaffen. Verbindlichkeiten, die zum 18.07.2001 bereits bestanden, sowie bis zum 18.07.2005 vereinbarte Verbindlichkeiten mit einer maximalen Laufzeit bis zum 31.12.2015, bleiben bis zum Ende der Laufzeit von der Gewährträgerhaftung gedeckt. (2. Teil C. I. 1.)

12. Die »Schlussfolgerungen über Anstaltslast und Gewährträgerhaftung betreffend die Verständigung über Landesbanken und Sparkassen vom 17.07.2001« legten auf Grund von Unstimmigkeiten über den Wortlaut für die Ersetzung der Anstaltslast und den genauen Inhalt der Aufrechterhaltung der Gewährträgerhaftung die in die Gesetzestexte aufzunehmenden Regelungen detailliert fest. (2. Teil C. I. 2.)

13. Nach der »Verständigung über deutsche Spezialkreditinstitute« bleiben Anstaltslast und/oder Gewährträgerhaftung und/oder Refinanzierungsgarantien für Förderinstitute bestehen, soweit sie mit Aufgaben betraut sind, die den Beihilfevorschriften der Europäischen Gemeinschaft entsprechen. (2. Teil C. I. 3.)

14. Die Sparkassen- und Landesbankengesetze wurden gemäß der europäischen Vorgaben in den Bereichen Anstaltslast, Gewährträgerhaftung und Insolvenzfähigkeit der Kreditinstitute sowie in Bezug auf den Übergangszeitraum und den Zeitpunkt des In-Kraft-Tretens geändert. In einigen Bundesländern wurden über die gemeinschaftsrechtlichen Vorgaben hinaus sowohl für den Bereich der Sparkassen als auch für den der Landesbanken/Girozentralen weitergehende Änderungen beschlossen. (2. Teil C. II. 1.)

15. Zuwendungen der Gemeinden bzw. Bundesländer an die Sparkassen bzw. Landesbanken/Girozentralen unterliegen nach den Beihilfevorschriften des EG-Vertrags dem so genannten »Privat-Investor-Test«. Die Zulässigkeit einer danach bestehenden Beihilfe bemisst sich nach den »Leitlinien der Gemeinschaft für staatliche Beihilfen zur Rettung und Umstrukturierung von Unternehmen in Schwierigkeiten«. (2. Teil C. II. 2.)

16. Das in Umsetzung der EG-Einlagensicherungsrichtlinie und der EG-Anlegerentschädigungsrichtlinie ergangene Einlagensicherungs- und Anlegerentschädigungsgesetz (EAG) bestimmt für Einlagenkreditinstitute sowie sonstige Kredit- und Finanzdienstleistungsinstitute, die Zugehörigkeit zu einer gesetzlichen Entschädigungseinrichtung. Ausgenommen sind gemäß § 12 Abs. 1 EAG Institute, die den Sicherungseinrichtungen der regionalen Sparkassen- und Giroverbände oder der Sicherungseinrichtung des Bundesverbandes der Deutschen Volks- und Raiffeisenbanken angeschlossen sind, solange diese Sicherungseinrichtungen auf Grund ihrer Satzungen die angeschlossenen Institute selbst schützen und über die dazu erforderlichen Mittel verfügen. (2. Teil C. II. 3. a) bb))

17. § 12 Abs. 1 EAG ist in richtlinienkonformer Interpretation dahingehend auszulegen, dass die Institutssicherung entweder verpflichtend auszugestal-

ten oder den Ein- bzw. Anlegern für den Fall der Versagung einer Institutssicherung ein ersatzweiser Anspruch in Umfang und Höhe der gesetzlichen Entschädigungseinrichtungen zuzuerkennen ist. (2. Teil C. II. 3. a) cc) (1))

18. Die bisherigen Satzungen der Sicherungseinrichtungen sahen ein diskretionäres Institutssicherungssystem vor, ohne dass der Ermessensspielraum hinsichtlich der Stützung eines Instituts durch einen ersatzweisen Anspruch der Ein- bzw. Anleger gegen die Sicherungseinrichtungen kompensiert wurde. Auch der Ausnahmetatbestand in Bezug auf die Annahme eines Stützungsfalls konnte zu einer Versagung institutsstützender Maßnahmen führen, ohne dass den Ein- bzw. Anlegern ein unmittelbarer Anspruch gegen die jeweilige Sicherungseinrichtung zustand. (2. Teil C. II. 3. a) cc) (1), (2))

19. Das bisherige Gesamtvolumen der Sparkassenstützungsfonds sowie der Sicherungsreserve der Landesbanken und Girozentralen erfüllte nicht die gemäß § 12 Abs. 1 EAG an die institutssichernden Einrichtungen gestellten finanziellen Anforderungen. (2. Teil C. II. 3. a) cc) (3))

20. Der Ersetzung bzw. dem Wegfall von Anstaltslast und Gewährträgerhaftung ist durch ein Institutssicherungssystem zu begegnen, das eine höchstmögliche Annäherung an den durch Anstaltslast und Gewährträgerhaftung vermittelten Schutz bewirkt. Insofern sollten den Mitgliedsinstituten sowie ihren Ein- bzw. Anlegern rechtsverbindliche Ansprüche eingeräumt und die Mittel der Sicherungseinrichtungen aufgestockt werden. (2. Teil C. II. 3. b))

21. Das neue Sicherungssystem entspricht in seinem Aufbau dem bisherigen System. Die einzelnen Sicherungseinrichtungen nebst Überregionalem Ausgleich im Rahmen der Sparkassenstützungsfonds und dem Haftungsverbund zwischen den Sparkassenstützungsfonds, der Sicherungsreserve der Landesbanken und Girozentralen sowie dem Sicherungsfonds der Landesbausparkassen wurden aufrechterhalten. Neu eingeführt wurden Grundsätze für eine risikoorientierte Beitragsbemessung und Grundsätze für das Risikomonitoring. (3. Teil A.)

22. Die vorgenommenen Modifikationen beachten die Anforderungen der EG-Einlagensicherungsrichtlinie, nach welchen die Aufnahme neuer institutssichernder Einrichtungen in den Ausnahmetatbestand des § 12 Abs. 1 EAG ebenso ausgeschlossen ist, wie wesentliche, den grundsätzlichen Aufbau betreffende Veränderungen der gesetzlich anerkannten Institutssicherungssysteme. (3. Teil B. I. 1.)

23. Auch nach den neuen Satzungen der Sicherungseinrichtungen ist die Gewährung von Stützungsmaßnahmen in das Ermessen des jeweiligen Gremiums gestellt, und es besteht grundsätzlich weder ein subjektiver Anspruch noch eine objektive Pflicht auf bzw. zur Gewährung von Stützungsmaßnahmen. (3. Teil B. I. 2. a))

24. Neben den einzelnen Instituten werden nach Aufgabe und Schutzzweck der Satzungen ausdrücklich auch Einlagen und Schuldverschreibungen der Mitgliedsinstitute im Besitz von Kunden sowie bestimmte sonstige Verbindlichkeiten durch die Satzungen geschützt. Dem lässt sich im Wege der Auslegung ein unmittelbarer Anspruch der Ein- bzw. Anleger für den Fall der Insolvenz eines Instituts auf Grund der Versagung institutsstützender Maßnahmen entnehmen. Die satzungseigene Definition der Einlagen bleibt allerdings hinter dem Einlagenbegriff des EAG zurück, so dass auch nach den neuen Satzungen der durch das Sicherungssystem der Sparkassen-Finanzgruppe gewährte Schutz nicht vollends dem der gesetzlichen Entschädigungseinrichtungen entspricht. (3.Teil B. I. 2. b))

25. Das im Vergleich zum bisherigen um 50 % erhöhte Gesamtvolumen aller Sparkassenstützungsfonds und der Sicherungsreserve der Landesbanken und Girozentralen ist im Sinne des § 12 Abs. 1 EAG als zur Institutssicherung ausreichend zu erachten. (3.Teil B. 4.)

26. Der neu gefasste Haftungsverbund hat auf die Bonitätsbewertungen der Landesbanken/Girozentralen nach Ersetzung bzw. Wegfall von Anstaltslast und Gewährträgerhaftung nur bedingt Einfluss genommen. Der Umstand, dass die Ratings besser als erwartet ausgefallen sind, ist in erster Linie auf Umstrukturierungen innerhalb und zwischen den Landesbanken/Girozentralen sowie eine Intensivierung der Zusammenarbeit mit den Sparkassen zurückzuführen. Eine stärkere Berücksichtigung des Haftungsverbundes durch die Ratingagenturen wäre dadurch zu erreichen, dass die Sicherungseinrichtungen rechtlich verbindlich ausgestaltet würden. (3. Teil B. II.)

27. Neben den gesetzlichen Entschädigungseinrichtungen bestehen beim Bundesverband deutscher Banken e. V. (BdB) und beim Bundesverband Öffentlicher Banken e. V. (VÖB) freiwillige Einlagensicherungsfonds. Diese bleiben hinsichtlich Umfang, Höhe und Anspruchsgewährung hinter dem Schutz der ersatzweisen Einlagensicherung des Sicherungssystems der Sparkassen-Finanzgruppe zurück. Im Abgleich mit dem EAG sollte aus Gründen der Finanzierbarkeit jedoch auch im Rahmen der Sparkassen-Finanzgruppe die Einlagensicherung bzw. Sicherung der Verbindlichkeiten

aus Wertpapiergeschäften satzungsmäßig begrenzt werden. (3. Teil B. III. 1., 2.)

28. Die Sicherungseinrichtung des Bundesverbandes der Deutschen Volksbanken und Raiffeisenbanken e. V. (BVR) sieht wie die der Sparkassen-Finanzgruppe ein diskretionäres Institutssicherungssystem unter ersatzweiser unmittelbarer Sicherung der Einlagen bzw. Verbindlichkeiten aus Wertpapiergeschäften vor. Im Gegensatz zum Sicherungssystem der Sparkassen-Finanzgruppe werden auch »Verbriefte Verbindlichkeiten« im Besitz von Nicht-Kreditinstituten geschützt und damit der gesetzlichen Mindestsicherung im Sinne des EAG entsprochen. (3. Teil III. 3.)

29. Gegen eine Abkehr der Sparkassen-Finanzgruppe von der Institutssicherung spricht das nach außen durch einen einheitlichen Marktauftritt kommunizierte Verbundkonzept. Der hohe Bekanntheitsgrad der Marke Sparkasse bewirkt im Fall der Insolvenz eines Mitgliedsinstituts eine negative Öffentlichwirksamkeit auch für die übrigen Verbundpartner. (3. Teil B. IV. 1.)

30. Die Gewährung eines Rechtsanspruchs auf Stützungsmaßnahmen gegenüber den Mitgliedsinstituten stellt eine mögliche Alternative im Rahmen der Ausgestaltung des Sicherungssystems der Sparkassen-Finanzgruppe dar. Den in diesem Zusammenhang geltend gemachten ökonomischen und steuerrechtlichen Bedenken kann durch eine weitergehende Ausgestaltung des Sicherungssystems begegnet werden. (3. Teil B. IV. 2.)

31. Im Rahmen der Sparkassenstützungsfonds stellt die Entscheidung über die Gewährung von Stützungsmaßnahmen einen im Ermessen des Verbandsvorstands stehenden Verwaltungsakt dar. Im Einzelfall kann sich der Anspruch auf ermessensfehlerfreie Entscheidung gemäß den allgemeinen Grundsätzen des Rechtsstaatsgebots zu einem Anspruch auf Leistung verdichten. (3. Teil C. I. 1.)

32. Die Sicherungsreserve der Landesbanken/Girozentralen ist eine Gesellschaft bürgerlichen Rechts in Form einer Außengesellschaft. Maßstab für die Beurteilung der Gewährung von Stützungsmaßnahmen ist § 315 Abs. 1 BGB. Insoweit kann es billigem Ermessen entsprechen, bei satzungsgemäßer Pflichterfüllung sowie unter Beachtung des Gleichbehandlungsgrundsatzes, Leistungen zu gewähren. (3. Teil C. I. 2.)

33. Der Überregionale Ausgleich der Sparkassenstützungsfonds und der Haftungsverbund zwischen den Sparkassenstützungsfonds, der Sicherungsreserve der Landesbanken und Girozentralen sowie dem Sicherungsfonds

der Landesbausparkassen stellen Gesellschaften bürgerlichen Rechts in Form der Innengesellschaft dar. Im Fall ihrer Inanspruchnahme findet die gesetzliche Regelung zur einseitigen Leistungsbestimmung in § 315 Abs. 1 BGB mit der Folge Anwendung, dass Stützungsmaßnahmen auf Grund der Interessen der Parteien und des in vergleichbaren Fällen Üblichen geboten sein können. (3. Teil C. I. 3., 4.)

34. Die Gewährung von Stützungsmaßnahmen durch die Sparkassenstützungsfonds kann von der Erfüllung von Nebenbestimmungen, insbesondere von Auflagen und – entgegen dem Satzungswortlaut – auch von Bedingungen abhängig gemacht werden. Dabei sind die Vorschriften des EG-Wettbewerbsrechts und die formellen wie materiellen Anforderungen der Sparkassengesetze zu beachten. (3. Teil C. II. 1.)

35. Bei der Beschlussfassung der ordentlichen Mitgliedsinstitute der Sicherungsreserve der Landesbanken und Girozentralen führt eine Leistungsgewährung unter einer Auflage oder Bedingung, die gegen Art. 87 Abs. 1 bzw. Art. 88 Abs. 3 S. 3 EG-Vertrag verstößt, zur Nichtigkeit des Rechtsgeschäfts. Eine Zusammenführung von Instituten unterliegt bei gemeinschaftsweiter Bedeutung den Vorschriften der EG-Fusionskontrollverordnung. (3. Teil C. II. 2.)

36. Für die Sparkassen ist die Mitgliedschaft in den regionalen Sparkassenstützungsfonds ebenso wie die im jeweiligen Sparkassen- und Giroverband verpflichtend. (3. Teil C. III. 1.)

37. Das Ausscheiden eines Instituts aus der Sicherungsreserve der Landesbanken und Girozentralen ist einschließlich des Verfahrens und einzelner Folgen satzungsmäßig bestimmt. Ein Anspruch auf Rückerstattung von Beitragszahlungen ist unter Rückgriff auf das Vereinsrecht zu verneinen. (3. Teil C. III. 2.)

38. Im Rahmen des Überregionalen Ausgleichs der Sparkassenstützungsfonds sowie des Haftungsverbunds zwischen den Sparkassenstützungsfonds und der Sicherungsreserve der Landesbanken und Girozentralen sowie dem Sicherungsfonds der Bausparkassen ist ein Ausscheiden nach vereinsrechtlichen Grundsätzen jederzeit möglich. Mangels Gesellschaftsvermögen steht ein mit dem Ausscheiden verbundener Leistungsanspruch nicht zur Disposition. (3. Teil C. III. 3., 4.)

Literaturverzeichnis

Aicher, Josef / *Schumacher,* Florian, in: Eberhard Grabitz / Meinhard Hilf (Hrsg.), Kommentar zur Europäischen Union, Band II, Loseblatt, 28. Ergänzungslieferung (Stand: Oktober 2005), München.

Albacht, Dirk A. / *Gontermann,* Andreas: Mindestens »gut« gilt immer, Sparkasse 01/2005, S. 14.

Appel, Ivo / *Melchinger,* Hansjörg: Rechtsanwendung und feststellender Verwaltungsakt, VerwArchiv 1993, S. 349–382.

Armbrüster, Christian, in: Walter Erman, Bürgerliches Gesetzbuch, Handkommentar, Band 1, 11. Auflage, Münster, Köln 2004.

Bähre, Inge Lore: Einlegerschutz durch Bankenaufsicht und Sicherungseinrichtungen, ÖBA 1981, S. 183–201.

Becker, Florian: Die Vernetzung der Landesbanken – Eine Untersuchung über verfassungsrechtliche Bedingungen und Grenzen der Kapitalisierung und partiellen Übernahme von Landesbanken/Girozentralen sowie der Einrichtung länderübergreifender Institute, Berlin 1998, zugl. Diss. Köln 1997.

Berblinger, Jürgen: Marktakzeptanz des Ratings durch Qualität, in: Hans E. Büschgen / Oliver Everling (Hrsg.), Handbuch Rating, Wiesbaden 1996, S. 21–88.

Berndt, Holger: Weiterentwicklung des Haftungsverbunds, Sparkasse 2004, S. 74–77.

Beuthien, Volker: Öffentliche Kreditwirtschaft zwischen Marktanpassung und Strukturwandel, WM 2002, S. 1467–1475.

Bieg, Hartmut: Die externe Rechnungslegung der Kreditinstitute und Finanzdienstleistungsinstitute, München 1998.

Birck, Heinrich / *Meyer,* Heinrich: Die Bankbilanz, Handkommentar, 2. Teillieferung, 3. Auflage, Wiesbaden 1976.

Boehringer, Simone: A-Rating für viele Landesbanken, SZ v. 25.06.2004 (Nr. 144), S. 27.

Boehringer, Simone / *Einecke,* Helga: Landesbanken überraschend gut benotet, SZ v. 02.07.2004 (Nr. 150), S. 21.

Bosse, Burkhard Roderich: Rechtsprobleme des Zusammenschlusses von Sparkassen, Berlin 1982.

Brechmann, Winfried: Die richtlinienkonforme Auslegung, München 1994, zugl. Diss. München 1993.

Breunig, Bernfried: Nichtablehnbarkeit von Giralgeld und Einlagensicherung, Diss. Würzburg 1986.

ten Brink, Manfred: Ratingverfahren aus Sicht der beurteilten Bank, in: Hans E. Büschgen / Oliver Everling (Hrsg.), Handbuch Rating, Wiesbaden 1996, S. 273–287.

Brox, Hans / *Walker,* Wolf-D.: Zwangsvollstreckungsrecht, 7. Auflage, Köln u. a. 2003.

Brümmerhoff, Dieter / *Lehmann,* Erik: Öffentlich-rechtliche Sparkassen oder wie gemeinnützig ist der öffentliche Auftrag?, ZögU 2000, S. 131–148.

Buchholz, Angelika: Die Geschäftsmodelle der Landesbanken, Sparkasse 10/2004, S. 8–10.

Buchholz, Angelika: Geschäftsmodell Vielfalt, Sparkasse 11/2004, S. 12–13.

Bundesverband deutscher Banken (Hrsg.): Einlagensicherung der privaten Banken, Kurzinformationen und Verzeichnis der mitwirkenden Institute, Berlin Januar 2005 (http://www.bankenverband.de/pic/artikelpic/012005/0501_statut_kurz_dt.pdf (Stand: 01.01.2006)).

Bunte, Hermann-Josef, in: Herbert Schimanowsky / Hermann-Josef Bunte / Hans-Jürgen Lwowski (Hrsg.), Bankrechts-Handbuch, Band 1, 2. Auflage, München 2001.

Bunte, Hermann-Josef: Kartellrecht, München 2003.

Burghof, Hans-Peter / *Rudolf,* Bernd: Bankenaufsicht, Theorie und Praxis der Regulierung, Wiesbaden 1996.

Canaris, Claus-Wilhelm, in: Hermann Staub / Dieter Brüggemann / Claus-Wilhelm Canaris, Handelsgesetzbuch, Großkommentar, Band III, 3. Teil, Bankvertragsrecht, 3. Auflage (2. Bearbeitung), Berlin 1981.

Claussen, Carsten P.: Anmerkung zu OLG Köln, Urt. v. 29.10.1992 – 18 U 35/92 –, ZIP 1992, S. 201–204.

Cluse, Michael: Der Standardansatz für die Kreditrisikounterlegung, in: Deloitte (Hrsg.), Basel II, Handbuch zur praktischen Umsetzung des neuen Bankenaufsichtsrechts, Berlin 2005, S. 143–166.

Cluse, Michael / *Dernbach,* Alexander / *Engels,* Jörg / *Lellmann,* Peter: Einführung in Basel II, in: Deloitte (Hrsg.), Basel II, Handbuch zur praktischen Umsetzung des neuen Bankenaufsichtsrechts, Berlin 2005, S. 19–44.

Cluse, Michael / *de Harde,* Ingo: Abgrenzung der Segmente/Risikoaktivaklassen, in: Deloitte (Hrsg.), Basel II, Handbuch zur praktischen Umsetzung des neuen Bankenaufsichtsrechts, Berlin 2005, S. 209–222.

Cluse, Michael / *Stellmacher,* Tobias: Die IRB-Ansätze, in: Deloitte (Hrsg.), Basel II, Handbuch zur praktischen Umsetzung des neuen Bankenaufsichtsrechts, Berlin 2005, S. 167–208.

Dawson-Kropf, Michael / *Theodore,* Samuel S.: Aktualisierte Analysegrundlagen für die künftigen Ratings der deutschen Landesbanken ohne Berücksichtigung von Unterstützungsmechanismen, Moody's Special Comment Februar 2005.

Deckstein, Dagmar / *Gries,* Lothar: Landesbanken fusionieren, SZ. v. 26.06.04 (Nr. 145), S. 23.

Deutscher Sparkassen- und Giroverband (Hrsg.): Strategie der Sparkassen-Finanzgruppe, Strategische Leitlinien und konkrete Handlungsfelder, Berlin 2002, (www.dsgv.de/owx_medien/media3/374.pdf (Stand: 01.01.2006)).

Deutscher Sparkassen- und Giroverband (Hrsg.): Hoppenstedt: Kunden sind umfassend geschützt, Pressemitteilung 127/2003 v. 28.12.2003, S. 1.

Deutscher Sparkassen-Verlag GmbH (Hrsg.): DSVreport: Markenpotenzial aktivieren für Verkauf mit Kettenwirkung, Ausgabe 01, März 2004, Stuttgart, S. 1–2 (http://www.dsv-gruppe.de/presse/dsvreport/archiv_dsvreport/2004_03.pdf (Stand: 01.01.2006)).

Di Fabio, Udo: Richtlinienkonformität als ranghöchstes Normauslegungsprinzip?, NJW 1990, S. 947–953.

Di Fabio, Udo: Die Ermessensreduzierung – Fallgruppen, Systemüberlegungen und Prüfprogramm, VerwArchiv 1995, S. 214–234.

Dohmen, Casper: WestLB-Chef setzt auf eine »Koalition der Wollenden«, HB v. 01.09.2005 (Nr. 175), S. 28.

Dohmen, Casper: Gegenseitige Sicherung soll bessere Ratingeinstufungen bringen, HB v. 22.07.2004 (Nr. 140), S. 19.

Dohmen, Casper: S&P reagiert auf neue Haftungsfonds, HB v. 23.07.2004 (Nr. 141), S. 21.

Dohmen, Casper: WestLB verkleinert ihren Vorstand, HB v. 25.08.2005 (Nr. 164), S. 17.

Dohmen, Casper / *Knipper,* Hermann-Josef / *Köhler,* Peter: Ratingagentur S&P verärgert Landesbanken mit neuer Einstufung, HB v. 14.11.2003 (Nr. 220), S. 1.

Dohmen, Casper / *Knipper,* Hermann-Josef / *Köhler,* Peter: Landesbanken droht Rating-Schock, HB v. 14.11.2003 (Nr. 220), S. 21.

Dohmen, Casper / *Knipper,* Hermann-Josef / *Köhler,* Peter: Landesbanken laufen Sturm gegen S&P, HB v. 17.11.2003 (Nr. 221), S. 25.

Dreher, Meinrad: Die Versicherung als Rechtsprodukt, Tübingen 1991, zugl. Habil. Freiburg i. Br. 1990.

Dreher, Meinrad: Sicherungseinrichtungen im Kreditsektor zwischen Instituts-, Einlagen- und Herrschaftssicherung, ZIP 1992, S. 1597–1612.

Dreymann, Jürgen / *Schnattmeyer,* Susanne: Das Einlagensicherungs- und Anlegerentschädigungsgesetz, Köln 2000.

Dries, Folker: Die Macht der Ratingagenturen, FAZ v. 13.04.2003 (Nr. 61), S. 11.

Drost, Frank Matthias: Ratingagentur nennt Noten für die öffentlich-rechtlichen Institute – LBBW belegt Spitzenplatz, HB v. 27.04.05 (Nr. 81), S. 26.

Drost, Frank Matthias: Eine Landesbank auf Partnersuche, HB v. 28.06.05 (Nr. 122), S. 24.

Drost, Frank Matthias: Vom Pleitekandidaten zur begehrten Braut, HB v. 01.07.05 (Nr. 125), S. 22.

Dürig, Günter, in: Theodor Maunz / Günter Dürig / Peter Badura u. a. (Hrsg.), Grundgesetz, Kommentar, Band III, Art. 17–27, Loseblatt, 45. Ergänzungslieferung (Stand: August 2005), München.

Dziallas-Laur, Irene: Die Einlagensicherung der privaten Kreditinstitute, Diss. Tübingen 1983.

Einecke, Helga: Willkommen im Wettbewerb, SZ v. 15.07.2004 (Nr. 161), S. 23.

Einecke, Helga: Gute Zahlungsfähigkeit bescheinigt, SZ v. 14.12.2004 (Nr. 290), S. 32.

Einecke, Helga: Nur mit ihren Sparkassen, SZ v. 18.08.2005 (Nr. 189), S. 26.

Engelsing, Felix: Zahlungsunfähigkeit von Kommunen und anderen juristischen Personen des öffentlichen Rechts – Vollstreckung und finanzielle Einstandspflicht, Stuttgart u. a. 1999, zugl. Diss. Bonn 1998.

Everling, Oliver: Nutzungsaspekte des Ratings für Emittenten, Der langfristige Kredit 1991, S. 272–275.

Everling, Ulrich: Einlagensicherung der Banken im Europäischen Binnenmarkt, ZHR 162 (1998), S. 403–426.

Everling, Ulrich / *Gareis,* Stephanie, in: *Gabler-Wirtschafts-Lexikon,* Taschenbuchausgabe in 8 Bd., Bd. 2, Bf-E, 16. Auflage, Wiesbaden 2005.

Fischer, Reinfrid, in: Herbert Schimansky / Hermann-Josef Bunte / Hans-Jürgen Lwowski (Hrsg.), Bankrechts-Handbuch, Band 3, 2. Auflage, München 2001.

Fischer, Reinfrid, in: Karl-Heinz Boos / Reinfrid Fischer / Hermann Schulte-Mattler (Hrsg.), Kreditwesengesetz, Kommentar, 2. Auflage, München 2004.

FitchRatings (Hrsg.), Landesbanks: Yesterday, Today, Tomorrow, Special Report, 24. June 2004.

von Friesen, Alexander: Umgestaltung des öffentlichen Bankensektors angesichts des Europäischen Beihilferechts, EuZW 1999, S. 581–587.

Fülbier, Andreas, in: Karl-Heinz Boos / Reinfrid Fischer / Hermann Schulte-Mattler (Hrsg.), Kreditwesengesetz, Kommentar, 2. Auflage, München 2004.

Füßer, Klaus: Umfang der fortlaufenden Gewährträgerhaftung zugunsten der öffentlichen Kreditinstitute nach der Verständigung mit der EU-Kommission, ZBB 2002, S. 300–309.

Gebel, Volkram: Die Grundrechtssubjektivität selbständiger Anstalten unter besonderer Berücksichtigung von Rundfunkanstalten und kommunalen Kreditinstituten, Diss. Kiel 1974.

Geiger, Rudolf: EUV/EGV, Vertrag über die Europäische Union und Vertrag zur Gründung der Europäischen Gemeinschaft, 4. Auflage, München 2004.

Gerlach, Rolf: Die kommunale Haftung für Sparkassen, in: Janbernd Oebbecke / Joachim Bauer / Hermann Pünder, Perspektiven der kommunalen Sparkassen, Köln 2000, S. 55–65.

Gerlach, Rolf: »Wie beurteilen Sie die Vorgaben von Fitch und Moody's für ein Verbundrating?«, ZKredW 2003, S. 1076–1077.

Gerlach, Rolf: Moderne Finanzierungsstrategie für einen Sparkassenverband, ZKredW 2005, S. 125–128.

ter Glane, Axel: Bericht über das »Neue Verbundkonzept« der S-Finanzgruppe Hessen-Thüringen, ThürVBl. 2004, S. 269–274.

Gottwald, Peter, in: Kurt Rebman, Franz Jürgen Säcker, Roland Rixecker (Hrsg.), Münchener Kommentar zum Bürgerlichen Gesetzbuch, Band 2 a, Schuldrecht Allgemeiner Teil, §§ 241–432, 4. Auflage, München 2003.

Gries, Lothar: Erstes Verbund-Rating für die Helaba, SZ v. 13.10.04 (Nr. 238), S. 24.

Grimm, Martin: Organisationsrecht der Landesbanken im Spannungsfeld zwischen öffentlichem Organisationsrecht und Aktienrecht – Eine Untersuchung zur Übertragbarkeit aktienrechtlicher Bestimmungen auf das Organisationsrecht der Landesbanken, Diss. Bochum 1989.

Grundmann, Wolfgang: Die Einlagensicherungssysteme, ZKredW 1992, S. 1134–1138.

Grunewald, Barbara: Die Auslegung von Gesellschaftsverträgen und Satzungen, ZGR 1995, S. 68–92.

Gruson, Michael: Zum Fortbestehen von Anstaltslast und Gewährträgerhaftung zur Sicherung der Anleihen von Landesbanken, EuZW 1997, 357–363.

Habersack, Mathias: Staatsbürgschaften und EG-vertragliches Beihilfeverbot, ZHR 159 (1995), S. 663–685.

Habscheid, Edgar: Sicherung von Bankeneinlagen trotz fehlenden Rechtsanspruchs und ausgeschlossener Amtshaftung, BB 1988, S. 2328–2334.

Hadding, Walther, in: Theodor Soergel, Bürgerliches Gesetzbuch mit Einführungsgesetz und Nebengesetzen, Band 1, Allgemeiner Teil 1, §§ 1–103, 13. Auflage, Stuttgart 2000.

Hadding, Walther: Die Bürgschaft der öffentlichen Hand bei einem Verstoß gegen das Durchführungsverbot gem. Art. 88 Abs. 3 S. 3 EG-Vertrag, S. 65–77, in: Hans Haarmeyer, Heribert Hirte, Hans-Peter Kirchhof u. a. (Hrsg.), Verschuldung, Haftung, Vollstreckung, Insolvenz, Festschrift für Gerhard Kreft zum 65. Geburtstag, Recklinghausen 2004.

Hager, Johannes, in: Walter Erman, Bürgerliches Gesetzbuch, Handkommentar, Band 1, 11. Auflage, Münster, Köln 2004.

Hasselmann, Anja: Die Ausschlußtatbestände für den Beihilfebegriff des Art. 87 EGV am Beispiel von Anstaltslast und Gewährträgerhaftung im öffentlichrechtlichen Bankensystem der Bundesrepublik Deutschland, Frankfurt am Main u. a. 2001, zugl. Diss. Bonn 2000.

Häuser, Franz / *van Look,* Frank: Zur Änderung des Zwecks beim eingetragenen Verein, ZIP 1986, S. 749–756.

Hefermehl, Wolfgang, in: Theodor Soergel, Bürgerliches Gesetzbuch mit Einführungsgesetz und Nebengesetzen, Band 2, Allgemeiner Teil 2, §§ 104–240, 13. Auflage, Stuttgart 1999.

Heinevetter, Klaus: Sparkassengesetz Nordrhein-Westfalen, 2. Auflage, Loseblatt, 13. Lieferung (Stand: August 1992), Köln u. a.

Heinrichs, Helmut, in: Otto Palandt, Bürgerliches Gesetzbuch, 65. Auflage, München 2006.

Henneke, Hans-Günther: Entwicklungsperspektiven kommunaler Sparkassen in Deutschland, in: Ferdinand Kirchhof / Hans-Günther Henneke, Entwicklungsperspektiven kommunaler Sparkassen in Deutschland, Stuttgart u. a. 2000, S. 81–138.

Henneke, Hans-Günther: Verantwortung der Kreise für ihre Sparkassen, Der Landkreis 2002, S. 554–559.

Henneke, Hans-Günther: Kreditversorgung als kommunale Selbstverwaltungsaufgabe – Die Zukunft des Regionalprinzips, in: Jörn Ipsen (Hrsg.), Zukunft der Sparkassen – Sparkassen der Zukunft, Osnabrück 2004, S. 11–35.

Henneke, Hans-Günther, in: Hans Joachim Knack, Verwaltungsverfahrensgesetz, Kommentar, 8. Auflage, Köln u. a. 2004.

Hense-Ferch, Sabine: Sparkasse Mannheim – Teure Sanierung nach dem Desaster, HB v. 22.04.1998 (Nr. 77), S. 17.

Herlt, Rudolf: Eine Lawine kommt ins Rollen – Kann die Hessische Landesbank selbständig bleiben?, Die Zeit v. 24.12.1976 (Nr. 53/1), S. 23.

Hesse, Martin: Regeln für die Richter, SZ v. 28.07.2004 (Nr. 172), S. 21.

Hicks, Wolfgang: Versicherungsverhältnisse i. S. des § 2 Versicherungssteuergesetz, DB 1987, S. 1389–1391.

Hoeren, Thomas: Einlagensicherung in Europa, EuZW 1994, S. 750–753.

Hoeren, Thomas: Selbstregulierung im Banken- und Versicherungsrecht, Karlsruhe 1995, zugl. Habil. Münster 1994.

Hoppenstedt, Dietrich H.: Strategische Fragen der Sparkassen-Finanzgruppe, Betriebswirtschaftliche Blätter 2003, S. 418–420.

Hopt, Klaus J. / *Mestmäcker,* Ernst-Joachim: Die Rückforderung staatlicher Beihilfen nach europäischem und deutschem Recht – am Beispiel staatlich verbürgter Kredite – Teil I, WM 1996, S. 753–800.

Huber, Peter M.: Die Landesbanken in der Rechtspolitik, in: Stiftung Gesellschaft für Rechtspolitik, Trier / Institut für Rechtspolitik an der Universität Trier (Hrsg.), Bitburger Gespräche Jahrbuch 2002/I, München 2003, S. 199–219.

Immenga, Ulrich / Rudo, Joachim: Die Beurteilung von Gewährträgerhaftung und Anstaltslast der Sparkassen und Landesbanken nach dem EU-Beihilferecht, Baden-Baden 1997.

Jarass, Hans D.: Richtlinienkonforme bzw. EG-rechtskonforme Auslegung nationalen Rechts, EuR 1991, S. 211–223.

Jungmichel, Tim: Basel II und die möglichen Folgen, WM 2003, S. 1201–1248.

Karl-Bräuer-Institut des Bundes der Steuerzahler e. V. (Hrsg.): Privatisierung von Sparkassen und Landesbanken, Wiesbaden 1994.

Kaulbach, Detlef, in: Ulrich Fahr / Detlef Kaulbach / Gunne W. Bähr, Versicherungsaufsichtsgesetz, Kommentar, 3. Auflage, München 2003.

Keller, Christian-Andreas: Strategische Grundlagen zur Einlagensicherung durch den Garantieverbund der deutschen Kreditbanken, Göttingen 1991, zugl. Diss Göttingen 1990.

Kemmler, Iris: Die Anstaltslast, Berlin 2001, zugl. Diss. Tübingen 2000.

Kemmler, Iris: Keine Anstalt ohne Anstaltslast – Zur Abschaffung der Anstaltslast für Landesbanken und Sparkassen, DVBl. 2003, S. 100–107.

Kessel, Wolfgang: EU-Richtlinie über die Entschädigung der Anleger, AG 1997, S. 313–318.

Kinzl, Ulrich-Peter: Anstaltslast und Gewährträgerhaftung – Unbegrenzte staatliche Einstandspflicht für öffentliche Banken unter dem Beihilfe- und Durchführungsverbot des EG-Vertrages, Baden-Baden 2000, zugl. Diss. Bayreuth 2000.

Kirchhof, Ferdinand: Entwicklungsperspektiven kommunaler Sparkassen in Deutschland, in: Ferdinand Kirchhof / Hans-Günther Henneke, Entwicklungsperspektiven kommunaler Sparkassen in Deutschland, Stuttgart u. a. 2000, S. 11–80.

Kirchhof, Ferdinand: Schuldübergang und Haftung bei der Privatisierung der Postunternehmen, NVwZ 1994, S. 1041–1048.

Kirchhof, Paul, in: Josef Isensee / Paul Kirchhof, Handbuch des Staatsrechts, Band V, Allgemeine Grundrechtslehren, 2. Auflage, Heidelberg 2000.

Kirchhoff, Wolfgang: Europäische Fusionskontrolle, BB 1990, S. 10–15.

Kleinert, Jens: Einlagensicherungssysteme nach deutschem und U.S.-amerikanischem Recht, Baden-Baden 1999, zugl. Diss. Osnabrück 1999.

Kluth, Winfried: Funktionale Selbstverwaltung, Verfassungsrechtlicher Status – Verfassungsrechtlicher Schutz, Tübingen 1997, zugl. Habil. Köln 1996.

Kluth, Winfried: Anstaltslast und Gewährträgerhaftung öffentlicher Finanzinstitute angesichts des gemeinschaftsrechtlichen Beihilfeverbots, in: Stiftung Gesellschaft für Rechtspolitik, Trier / Institut für Rechtspolitik an der Universität Trier (Hrsg.), Bitburger Gespräche Jahrbuch 2002/I, München 2003, S. 111–155.

Knemeyer, Franz-Ludwig: Die Autonomie der Sparkassen- und Giroverbände, in: Albrecht Weber (Hrsg.), Festschrift für Prof. Dr. Hugo J. Hahn, Baden-Baden 1997, S. 645–657.

Koenig, Christian: Begründen Anstaltslast und Gewährträgerhaftung unabhängig von ihrer Kodifizierung tragfähige Kreditmerkmale öffentlicher Kreditinstitute?, WM 1995, S. 821–828.

Koenig, Christian: Öffentlich-rechtliche Anstaltslast und Gewährträgerhaftung als staatliche Beihilfen gem. Art. 92 EGV?, EuZW 1995, S. 595–602.

Koenig, Christian / *Haratsch,* Andreas: Staatliche und kommunale Bürgschaften auf dem Prüfstand des EG-Beihilferechts, ZHR 169 (2005), S. 77–93.

Köhler, Peter: Hessen bereitet neue Bankfusionen vor, HB v. 07.11.2003 (Nr. 215), S. 21.

Köhler, Peter: WestLB schaltet auf Wachstum um, HB v. 20.05.2005 (Nr. 96), S. 25.

Köhler, Peter: Konsolidierungsdruck bei Landesbanken wächst, HB v. 22.06.2005 (Nr. 118), S. 21.

Köhler, Peter: Helaba erkauft sich teuren Etappensieg, HB v. 29.06.2005 (Nr. 123), S. 22.

Köhler, Peter: Helaba schickt Fraspa Verbindungsmann, HB v. 22.07.2005 (Nr. 170), S. 21.

Kokott, Juliane / *Schick,* Kai-Guido: Reformen und neue Wege für das Angebot von Finanzdienstleistungen durch Staat und Kommunen, in: Stiftung Gesellschaft für Rechtspolitik, Trier / Institut für Rechtspolitik an der Universität Trier (Hrsg.), Bitburger Gespräche Jahrbuch 2002/I, München 2003, S. 53–71.

Kopp, Ferdinand / *Ramsauer,* Ulrich: Verwaltungsverfahrensgesetz, Kommentar, 9. Auflage, München 2005.

Kronester, Hans: Einlagensicherung bei deutschen Kreditinstituten, Diss. München 1983.

Krumnow, Jürgen / *Sprißler,* Wolfgang / *Bellavite-Hövermann,* Yvette u. a. (Hrsg.): Rechnungslegung der Kreditinstitute, Kommentar zum deutschen Bilanzrecht unter Berücksichtigung von IAS/IFRS, 2. Auflage, Stuttgart 2004.

Kümpel, Siegfried: Bank- und Kapitalmarktrecht, 3. Auflage, Köln 2004.

Larenz, Karl: Lehrbuch des Schuldrechts, Band 1, Allgemeiner Teil, 14. Auflage, München 1987.

Larenz, Karl / *Wolf,* Manfred: Allgemeiner Teil des Bürgerlichen Rechts, 9. Auflage, München 2004.

Lettl, Tobias: Der vermögensrechtliche Zuweisungsgehalt der Mitgliedschaft beim Ideal-Verein, AcP 2003, S. 149–209.

Löhr, Christian: Anstaltslast und Gewährträgerhaftung bei Sparkassen und Landesbanken als gemeinschaftswidrige Beihilfe im Sinne des Artikels 87 Absatz 1 EG?, Diss. Bochum 2000.

Lüthje, Bernd / *Deckert,* Mathias: Das Rating der öffentlichen Banken, in: Hans E. Büschgen / Oliver Everling, (Hrsg.), Handbuch Rating, Wiesbaden 1996, S. 455–466.

Lutter, Marcus: Die Auslegung angeglichenen Rechts, JZ 1992, S. 593–607.

Lutter, Marcus: Europäisches Unternehmensrecht, 4. Auflage, Berlin u. a. 1996.

Martin-Ehlers, Andrés: Anstaltslast und Gewährträgerhaftung – Much ado about nothing?, EWS 2001, S. 263–270.

Masloff, Malte: Konstruktion einer Ausfallhaftung des Staates für zahlungsunfähige juristische Personen des öffentlichen Rechts – Eine Untersuchung von Anstaltslast und Gewährträgerhaftung im System der Staatshaftung i. w. S. und des Konzernrechts, Aachen 2000, zugl. Diss. Hannover 2000.

Maurer, Hartmut: Allgemeines Verwaltungsrecht, 15. Auflage, München 2004.

Mayer, Helmut / *Maiß,* Peter (Hrsg.): EG-Bankbilanzrichtlinie, Synoptische Darstellung der Entstehung der Richtlinie des Rates über den Jahresabschluß und den konsolidierten Abschluß von Banken und anderen Kreditinstituten mit weiteren Materialien, Düsseldorf 1987.

Mayer-Maly, Theo / *Armbrüster,* Christian, in: Kurt Rebman, Franz Jürgen Säcker, Roland Rixecker (Hrsg.), Münchener Kommentar zum Bürgerlichen Gesetzbuch, Band 1, Allgemeiner Teil, §§ 1–240, AGB-Gesetz, 4. Auflage, München 2001.

Monroe-Davies, Robin: Die Bonitätsbewertung von Banken, in: Hans E. Büschgen / Oliver Everling (Hrsg.), Handbuch Rating, Wiesbaden 1996, S. 175–218.

Moody's Investors Service: Ratings für Sparkassen, Landesbanken und Landesbausparkassen dürften auch nach Juli 2005 nicht schlechter als A1 ausfallen, Pressemitteilung v. 13.12.2004, S. 1.

Möschel, Wernhard: Die Privatisierung der öffentlich-rechtlichen Kreditinstitute im Streit der Meinungen, in: Bernhard Großfeld, Rolf Sack, Thomas M. J. Möllers (Hrsg.), Festschrift für Wolfgang Fikentscher, Tübingen 1998, S. 574–585.

Moser, Stefan: Gewährträgerhaftung und Anstaltslast als Beihilfen?, Der »Brüssler Sparkassenkompromiss« aus der Sicht der Kommission, in: Jörn Ipsen (Hrsg.), Zukunft der Sparkassen – Sparkassen der Zukunft, Osnabrück 2004, S. 36–52.

Müller, Horst: Funktionen des Ratings für Banken, in: Hans E. Büschgen / Oliver Everling (Hrsg.), Handbuch Rating, Wiesbaden 1996, S. 327–344.

Mussler, Werner / *Mußler,* Hanno: Basel II könnte sich verzögern, FAZ v. 14.07.2005 (Nr. 101), S. 9.

Mußler, Hanno: Sparkassen ohne einheitliches Rating, FAZ v. 07.07.2004 (Nr. 155), S. 14.

Mußler, Hanno: Der kleinsten Sparkasse winkt eine bessere Bewertung als der HVB, FAZ v. 14.12.2004 (Nr. 292), S. 9.

Mußler, Hanno: Für den Stützungsfall stehen 4 Milliarden Euro bereit, FAZ v. 18.07.2005 (Nr. 164), S. 16.

Mußler, Hanno: Ratings werden um bis zu fünf Stufen schlechter, FAZ v. 18.07.2005 (Nr. 164), S. 16.

von Mutius, Albert in: Rudolf Dolzer / Klaus Vogel / Karin Graßhof, Bonner Kommentar zum Grundgesetz, Loseblatt, 120. Ergänzungslieferung (Stand: Dezember 2005), Heidelberg.

Neeff, Hans: Einlagensicherung bei Bankinsolvenzen, Diss. Köln 1980.

Nettesheim, Martin in: Eberhard Grabitz / Meinhard Hilf (Hrsg.), Kommentar zur Europäischen Union, Band II, Loseblatt, 28. Ergänzungslieferung (Stand: Oktober 2005), München.

Newinger, Nicolaus: Die Umsetzung der EG-Einlagensicherungs- und Anlegerentschädigungsrichtlinie, Sparkasse 1998, S. 349–357.

Nicklisch, Fritz: Rechtsfragen der Einlagensicherung im Kreditgewerbe, Frankfurt a. M. 1979.

Niggemeyer, Jörg: Zulässigkeit und Grenzen von Sparkassenfusionen, Stuttgart 2005, zugl. Diss. Münster 2005.

Oebbecke, Janbernd: Rechtsfragen der Eigenkapitalausstattung der kommunalen Sparkassen, Siegburg 1980, zugl. Diss. Münster 1979.

Oebbecke, Janbernd: Die Anstaltslast – Rechtspflicht oder politische Maxime?, DVBl. 1981, S. 960–965.

Oebbecke, Janbernd: Sparkassen und Sparkassenrecht nach der Einigung im Beihilfestreit, in: Jörn Ipsen (Hrsg.), Zukunft der Sparkassen – Sparkassen der Zukunft, Osnabrück 2004, S. 109–132.

O. V.: 470 Millionen für Sanierung der Mannheimer Sparkasse, HB v. 31.10.2000 (Nr. 210), S. 28.

O. V.: Förderung hat einen Namen – NRW.BANK stellt ihr Konzept im Ausschuss vor, Landtag intern 05/2004, S. 14.

O. V.: Schmidt: »Der Turnaround ist geschafft«, Die Sparkassenzeitung v. 06.05.2005 (Nr. 18), S. 6

Palm, Heinz, in: Walter Erman, Bürgerliches Gesetzbuch, Handkommentar, Band 1, 11. Auflage, Münster, Köln 2004.

Papon, Kerstin: Konsolidierung bei Sparkassen nimmt zu, FAZ v. 27.08.2001 (Nr. 198), S. 13.

Peine, Franz-Joseph: Allgemeines Verwaltungsrecht, 7. Auflage, Heidelberg 2004.

Perdelwitz, Johannes / *Paulus,* Fabricius, / *Kleiner,* Ernst Eberhard: Das preußische Sparkassenrecht, 2. Auflage, Berlin und Köln 1937, unveränderter Nachdruck 1955.

Perney Guillot, Olivia / *von Lüpke,* Thomas: Unterstützung als wesentlicher Faktor bei Landesbanken, ZKredW 2004, S. 1050–1051.

von Randow, Philipp: Rating und Wettbewerb, ZBB 1996, S. 85–97.

Reher, Tim / *Schöner,* Markus: Gesetzgebungskompetenzen der Gemeinschaft nach dem Urteil des EuGH zur Einlagensicherungsrichtlinie, EWS 1997, S. 366–373.

Reichert, Bernhard: Handbuch des Vereins- und Verbandsrechts, 10. Auflage, München, Neuwied 2005.

Reichold, Klaus, in: Heinz Thomas / Hans Putzo / Klaus Reichold u. a., Zivilprozeßordnung, 27. Auflage, München 2005.

Reifner, Udo: Bankentransparenz und Bankengeheimnis, JZ 1993, S. 273–324.

Reuter, Dieter, in: Kurt Rebman, Franz Jürgen Säcker, Roland Rixecker (Hrsg.), Münchener Kommentar zum Bürgerlichen Gesetzbuch, Band 1, Allgemeiner Teil, §§ 1–240, AGB-Gesetz, 4. Auflage, München 2001.

Rieble, Volker, in: Julius von Staudinger, Kommentar zum Bürgerlichen Gesetzbuch mit Einführungsgesetz und Nebengesetzen, Buch 2, Recht der Schuldverhältnisse, §§ 315–327 (Leistungsstörungsrecht II), Neubearbeitung 2004, Berlin.

Ruge, Kay: Neues Sparkassenrecht nach Beilegung der Auseinandersetzung mit der Europäischen Kommission, ZG 2004, S. 12–31.

Rümker, Dietrich: Probleme der Anstaltslast und der Gewährträgerhaftung bei öffentlich-rechtlichen Kreditinstituten, in: Marcus Lutter, Walter Oppenhoff, Otto Sandrock (Hrsg.), Festschrift für Ernst Stiefel, München 1987, S. 607–623.

Pütz, Markus: EG-Beihilferecht und § 134 BGB, NJW 2002, S. 2199–2201.

Sachs, Michael, in: Paul Stelkens / Heinz Joachim Bonk / Michael Sachs, Verwaltungsverfahrensgesetz, Kommentar, 6. Auflage, München 2001.

Sachs, Michael: Grundgesetz, Kommentar, 3. Auflage, München 2003.

von Savigny, Friedrich Carl: System des heutigen römischen Rechts, Dritter Band, Berlin 1840.

Schackmann-Fallis, Karl-Peter: Gewogen und für gut befunden, Sparkasse 01/2005, S. 8–9.

Scharpf, Paul: Handbuch Bankbilanz, 2. Auflage, Düsseldorf 2004.

Scherer, Peter, in: Josef Brinkhaus / Peter Scherer, Gesetz über Kapitalanlagegesellschaften, Auslandsinvestmentgesetz, Kommentar, München 2003.

Schlierbach, Helmut: Anstaltslast und Gewährträgerhaftung, Kommunalwirtschaft 1975, S. 447–454.

Schlierbach, Helmut / *Püttner,* Günter: Das Sparkassenrecht in der Bundesrepublik Deutschland, 5. Auflage, Stuttgart 2003.

Schmidt, Dirk: Die Reform der Einlagensicherung, Sparkasse 1976, S. 47–51.

Schmidt, Dirk: Die Sicherungsfonds der Sparkassenorganisation, Sparkasse 1976, S. 86–89.

Schmidt, Dirk: Der Einlagensicherungsfonds des privaten Bankgewerbes, Sparkasse 1976, S. 132–136.

Schmidt, Dirk: Die Anstaltslast als Aufgabenlast, ZKredW 1981, S. 762–769.

Schmidt, Dirk: Sparkassen-Wissen für Verwaltungsräte, 8. Auflage, Stuttgart 2002.

Schmidt, Dirk: Die Verständigung von Brüssel als Beginn einer Reformphase, ZKredW 2002, S. 726–729.

Schmidt, Karsten: Europäische Fusionskontrolle im System des Rechts gegen Wettbewerbsbeschränkungen, BB 1990, S. 719–725.

Schmidt, Karsten: Gesellschaftsrecht, 4. Auflage, Köln u. a. 2002.

Schmidt, Kathrin / *Vollmeyer,* Thomas: Öffentlich-rechtliche Kreditinstitute und EU-Beihilferecht, NJW 1998, S. 716–721.

Schmidt-Bürgel, Jens / *Bayer,* Sebastian: Verbund-Rating für deutsche Sparkassen-Finanzgruppen, ZKredW 2003, S. 1005–1008.

Schneider, Hannes / *Busch,* Torsten: Anstaltslast und Gewährträgerhaftung als Beihilfen im Sinne von Art. 92 EGV?, EuZW 1995, S. 602–608.

Schneider, Uwe H.: Das Finanzierungsrecht der öffentlichen Kreditinstitute, in: Erik Jayme, Gerhard Kegel, Marcus Lutter (Hrsg.), Ius Inter Nationes, Festschrift für Stefan Riesenfeld, Heidelberg 1983, S. 237–255.

Scholl, Claus: Einlagensicherung bei Kreditinstituten, JuS 1981, S. 88–96.

Schöner, Markus: Einlagensicherung und Wettbewerb, Baden-Baden 1997, zugl. Diss. Konstanz 1997.

Schroeder, Werner: Vernünftige Investition oder Beihilfe?, ZHR 161 (1997), S. 805–845.

Schütterle, Peter: EG-Beihilfekontrolle und kommunale Grundstücksverkäufe, EuZW 1993, S. 625–628.

Schwark, Eberhard: Einlagensicherung bei Banken, NJW 1974, S. 1849–1854.

Serfling, Klaus / *Badack,* Elke / *Jeiter,* Vera: Möglichkeiten und Grenzen des Credit Rating, in: Hans E. Büschgen / Oliver Everling (Hrsg.), Handbuch Rating, Wiesbaden 1996, S. 629–655.

Sethe, Rolf: Einlagensicherung und Anlegerentschädigung nach europäischem und deutschem Recht, ZBB 1998, S. 305–329.

Siekmann, Helmut: Die verwaltungsrechtliche Anstalt – eine Kapitalgesellschaft des öffentlichen Rechts?, NWVBl. 1993, S. 361–370.

Sprau, Hartwig, in: Otto Palandt, Bürgerliches Gesetzbuch, 65. Auflage, München 2006.

Standard & Poor's (Hrsg.), Credit FAQ: German Landesbanks' Unguaranteed Obligations; The Bottom-Up Approach, Publication date 03-May-05.

Steindorff, Ernst: Nichtigkeitsrisiken bei Staatsbürgschaften, EuZW 1997, S. 7–13.

Stelkens, Paul / *Stelkens,* Ulrich, in: Paul Stelkens / Heinz Joachim Bonk / Michael Sachs, Verwaltungsverfahrensgesetz, Kommentar, 6. Auflage, München 2001.

Stern, Klaus: Die kommunalen Sparkassen im Visier der Europäischen Kommission, in: Seiler, Gerhard (Hrsg.), Gelebte Demokratie, Festschrift für Manfred Rommel, Stuttgart u. a. 1997, S. 211–231.

Stern, Klaus: Die institutionellen Grundlagen der Sparkassenorganisation, AfK 2000, S. 1–14.

Stern, Klaus / *Burmeister,* Joachim: Die kommunalen Sparkassen – Verfassungs- und verwaltungsrechtliche Probleme, Stuttgart u. a. 1972.

Stern, Klaus / *Nierhaus,* Michael: Rechtsfragen der Neuordnung des Sparkassenwesens als Folge kommunaler Neugliederung – dargestellt am Raum Köln, München 1976.

Steuer, Helmut / *Drost,* Frank Matthias: NordLB findet Partner im Norden, HB v. 22.06.2005 (Nr. 118), S. 21.

Steuer, Stephan: Das Gesetz zur Umsetzung der EG-Einlagensicherungs- und Anlegerentschädigungsrichtlinie, WM 1998, S. 2449–2488.

Stöber, Kurt: Handbuch zum Vereinsrecht, 9. Auflage, Köln 2004.

Stockenhuber, Peter in: Eberhard Grabitz / Meinhard Hilf (Hrsg.), Kommentar zur Europäischen Union, Band II, Loseblatt, 28. Ergänzungslieferung (Stand: Oktober 2005), München.

Streinz, Rudolf: Europarecht, 7. Auflage, Heidelberg 2005.

Stuhlmann, Alexander / *Fischer,* Oliver: »Man spürt einen Ruck«, Sparkasse 04/2005, S. 10–13.

Stumpf, Friedrich: Sanierung voraussichtlich Ende 1995 abgeschlossen – 320 Mill. DM Schaden, HB v. 18.07.1995 (Nr. 136), S. 17.

Thode, Bernd: Zur Gewährträgerhaftung und Anstaltslast bei Sparkassen und Landesbanken, Sparkasse 1994, S. 134–136.

Thode, Bernd: Künftige Struktur des öffentlichen Kreditwesens im Freistaat Sachsen, ZKF 2003, S. 329–336.

Thode, Bernd / *Peres,* Holger: Anstalten des öffentlichen Rechts im Spannungsfeld zwischen deutschem und europäischem Recht, VerwArch 89 (1998), S. 439–466.

Ulmer, Peter, in: Kurt Rebman, Franz Jürgen Säcker, Roland Rixecker (Hrsg.), Münchener Kommentar zum Bürgerlichen Gesetzbuch, Band 5, Schuldrecht Besonderer Teil III, §§ 705–853, 4. Auflage, München 2004.

Vogelsang, Harald: Der Einlagensicherungsfonds des Bundesverbandes deutscher Banken im Lichte des Versicherungsrechts, Karlsruhe 1990, zugl. Diss. Hamburg 1990.

Vollkommer, Max in: Richard Zöller / Reinhold Geimer / Hans-Joachim Heßler u. a., Zivilprozessordnung, Kommentar, 25. Auflage, Köln 2005.

Volmer, Michael: Das EuGH-Urteil zur Einlagensicherungsrichtlinie vom 13.05.1997 – Rs. C-233/94, EWS 1998, S. 54–56.

Wagner, Magnus: Die Einlagensicherung bei Banken und Sparkassen nach dem Einlagensicherungs- und Anlegerentschädigungsgesetz, München 2004, zugl. Diss. Köln 2003.

von Wallenberg, Gabriela in: Eberhard Grabitz / Meinhard Hilf (Hrsg.), Kommentar zur Europäischen Union, Band II, Loseblatt, 28. Ergänzungslieferung (Stand: Oktober 2005), München.

Wank, Rolf: Die Auslegung von Gesetzen, 3. Auflage, München 2005.

Weber, Ahrend, in: Wolfgang Gößmann / Klaus Wagner-Wieduwilt / Ahrend Weber, Allgemeine Geschäftbedingungen der Banken, Sonderdruck aus dem Loseblattwerk »Bankrecht und Bankpraxis«, Köln 1993.

Weber, Ahrend: Das neue Einlagensicherungs- und Anlegerentschädigungsgesetz, Die Bank 1998, S. 470–475.

Weber, Martin: Die »banküblichen Geschäfte« im Sinne des Geschäftsrechts der Sparkassen – Eine Untersuchung auf der Grundlage der verfassungs- und verwaltungsrechtlichen Vorgaben sowie des Europarechts, Frankfurt 2003, zugl. Diss. Köln 2002.

Weber, Stefan: WestLB erhält Kapitalspritze, SZ v. 28.05.2004 (Nr. 122), S. 26.

Wernicke, Stephan: Anmerkung zu EuGH, Urt. v. 13.05.1997 – Rs. C-233/94, EuZW 1997, S. 442–443.

Westermann, Harm Peter, in: Kurt Rebman, Franz Jürgen Säcker, Roland Rixecker (Hrsg.), Münchener Kommentar zum Bürgerlichen Gesetzbuch, Band 1, Allgemeiner Teil, §§ 1–240, AGB-Gesetz, 4. Auflage, München 2001.

Wiedemann, Herbert: Gesellschaftsrecht, Band I, Grundlagen, München 1980.

Wittmann, Antje: Der Sparkassenverbund, Stuttgart 2004, zugl. Diss. Münster 2004.

Wolf, Manfred, in: Theodor Soergel, Bürgerliches Gesetzbuch mit Einführungsgesetz und Nebengesetzen, Band 2, Allgemeiner Teil 2, §§ 104–240, 13. Auflage, Stuttgart 1999.

Wolff, Hans J. / *Bachof,* Otto: Verwaltungsrecht II, 4. Auflage, München 1976.

Wolff, Hans J. / *Bachof,* Otto / *Stober,* Rolf: Verwaltungsrecht Band 1, 11. Auflage, München 1999.

Wolff, Hans J. / *Bachof,* Otto / *Stober,* Rolf: Verwaltungsrecht Band 2, 6. Auflage, München 2000.

Wolff, Hans J. / *Bachof,* Otto / *Stober,* Rolf: Verwaltungsrecht Band 3, 5. Auflage, München 2004.

Zimmer, Klaus: Der EG-Richtlinienentwurf über Einlagensicherungssysteme: Chancen zur Verbesserung der deutschen Einlagensicherung?, ZBB 1992, S. 286–298.

Zimmermann, Heinz / *Barbrock,* Vera: Einlagensicherung – aus ökonomischer Sicht, in: Bruno Gehrig / Ivo Schwander (Hrsg.), Banken und Bankrecht im Wandel, Festschrift für Beat Kleiner, Zürich 1993.

Zuleeg, Manfred: Deutsches und Europäisches Verwaltungsrecht – wechselseitige Einwirkungen, VVDStRL 53 (1994), S. 154–195.

Sachverzeichnis

Schriftenreihe des Freiherr-vom-Stein-Instituts im Deutschen Gemeindeverlag, Verlag W. Kohlhammer

Band 1 Janbernd *Oebbecke,* Zweckverbandsbildung und Selbstverwaltungsgarantie, 1982, 104 Seiten, kartoniert, € 10,50.
ISBN 3-555-00530-8

Band 2 Edzard *Schmidt-Jortzig* und Alexander *Schink,* Subsidiaritätsprinzip und Kommunalordnung, 1982, 168 Seiten, kartoniert, € 14,50.
ISBN 3-555-00535-9

Band 3 Ingolf *Deubel,* Der kommunale Finanzausgleich in Nordrhein-Westfalen, 1984, 264 Seiten, kartoniert, € 17,90.
ISBN 3-555-00592-8

Band 4 Alexander *Schink,* Rechtsnachfolge bei Zuständigkeitsveränderungen in der öffentlichen Verwaltung, 1984, 340 Seiten, kartoniert, € 18,40.
ISBN 3-555-00593-6

Band 5 Janbernd *Oebbecke,* Gemeindeverbandsrecht Nordrhein-Westfalen, Eine systematische Darstellung, 1984, 168 Seiten, kartoniert, € 15,50.
ISBN 3-555-00623-1

Band 6 Hans-Jürgen *Fischedick,* Die Wahl der Benutzungsform kommunaler Einrichtungen, 1986, 121 Seiten, kartoniert, € 15,50.
ISBN 3-555-00689-4

Band 7 Janbernd *Oebbecke,* Weisungs- und unterrichtungsfreie Räume in der Verwaltung, 1986, 324 Seiten, kartoniert, € 19,50.
ISBN 3-555-00693-2

Band 8 Werner *Hauser,* Die Wahl der Organisationsform kommunaler Einrichtungen, Kriterien für die Entscheidung zwischen möglichen Organisationsformen, 1987, 300 Seiten, kartoniert (vergriffen).

Band 9 Elke *Bartels,* Abfallrecht – Eine systematische Darstellung, 1987, 224 Seiten, kartoniert (vergriffen).

Band 10 Ansgar *Müller,* Schulorganisationsrecht Nordrhein-Westfalen – Eine systematische Darstellung, 1988, 174 Seiten, kartoniert, € 23,00.
ISBN 3-555-00766-1

Band 11 Hans-Uwe *Erichsen,* Werner *Hoppe* und Adalbert *Leidinger* (Hrsg.), Kommunalverfassungen in Europa, 1988, 182 Seiten, kartoniert, € 25,50.
ISBN 3-555-00780-7

Band 12 Alexander *Schink,* Naturschutz- und Landschaftspflegerecht Nordrhein-Westfalen, 1989, 563 Seiten, kartoniert (vergriffen).

Band 13 H. Jürgen *Wolff,* Bedarfsgerechte Struktur der Kreiseinnahmen, 1990, 388 Seiten, kartoniert, € 20,35.
ISBN 3-555-00799-8

Band 14 Hans-Uwe *Erichsen,* Die Vertretung der Kommunen in den Mitgliederorganen von juristischen Personen des Privatrechts, 1990, 184 Seiten, kartoniert, € 20,35.
ISBN 3-555-00832-3

Band 15 Paul-Peter *Humpert,* Genehmigungsvorbehalte im Kommunalverfassungsrecht, 1990, 276 Seiten, kartoniert, € 22,90.
ISBN 3-555-00833-1

Band 16 Werner *Hoppe* und Alexander *Schink* (Hrsg.), Kommunale Selbstverwaltung und europäische Integration, 1990, 145 Seiten, kartoniert, € 20,35.
ISBN 3-555-00857-9

Band 17 Werner *Hoppe* / Hans-Uwe *Erichsen* / Adalbert *Leidinger* (Hrsg.), Aktuelle Probleme der kommunalen Selbstverwaltung – 10 Jahre Freiherr-vom-Stein-Institut –, 1991, 210 Seiten, kartoniert, € 20,35.
ISBN 3-555-00910-9

Band 18 Hans *Vietmeier,* Die staatlichen Aufgaben der Kommunen und ihrer Organe – Auftragsverwaltung und Organleihe in Nordrhein-Westfalen – 1992, 378 Seiten, kartoniert, € 25,50.
ISBN 3-555-00913-3

Band 19 Angela *Faber,* Europarechtliche Grenzen kommunaler Wirtschaftsförderung – Die Bedeutung der Art. 92 - 94 EWGV für die kommunale Selbstverwaltung – 1992, 260 Seiten, kartoniert (vergriffen)

Band 20 Werner *Hoppe* und Martin *Schulte,* Rechtsschutz der Länder in Planfeststellungsverfahren des Bundes – Dargestellt am Beispiel des Denkmalschutzes in Nordrhein-Westfalen – 1993, 101 Seiten, kartoniert, € 12,70.
ISBN 3-555-00994-X

Band 21 Jan *Bodanowitz,* Organisationsformen für die kommunale Abwasserbeseitigung, 1993, 196 Seiten, kartoniert, € 20,35.
ISBN 3-555-00995-8

Band 22 Jürgen *Brügge,* Bodendenkmalrecht unter besonderer Berücksichtigung der Paläontologie, 1993, 222 Seiten, kartoniert, € 22,50.
ISBN 3-555-01015-8

Band 23 Ute *Adam,* Veterinärrecht – Eine systematische Darstellung unter besonderer Berücksichtigung der Rechtslage in Nordrhein-Westfalen, 1993, 284 Seiten, kartoniert, € 23,00.
ISBN 3-555-01024-7

Band 24 Werner *Hoppe* / Joachim *Bauer* / Angela *Faber* / Alexander *Schink* (Hrsg.), Rechts- und Anwendungsprobleme der neuen Bauordnung NW, 1996, 170 Seiten, kartoniert, € 15,30.
ISBN 3-555-01095-6

Band 25 Andrea *Krebs,* Rechtliche Grundlagen und Grenzen kommunaler Elektrizitätsversorgung, 1996, 370 Seiten, kartoniert, € 25,50.
ISBN 3-555-01102-2

Band 26 Margit *Twehues,* Rechtsfragen kommunaler Stiftungen, 1996, 366 Seiten, kartoniert, € 23,60.
ISBN 3-555-01107-3

Band 27 Werner *Hoppe* / Joachim *Bauer* / Angela *Faber* / Alexander *Schink* (Hrsg.), Auswirkungen des Kreislaufwirtschafts- und Abfallgesetzes auf die öffentlich-rechtlichen Entsorgungsträger, 1996, 220 Seiten, kartoniert, € 18,00.
ISBN 3-555-01120-0

Band 28 Olaf *Otting,* Neues Steuerungsmodell und rechtliche Betätigungsspielräume der Kommunen, 1997, 333 Seiten, kartoniert, € 22,50.
ISBN 3-555-01134-0

Band 29 Heidrun *Schnell,* Freie Meinungsäußerung und Rederecht der kommunalen Mandatsträger unter verfassungsrechtlichen, kommunalrechtlichen und haftungsrechtlichen Aspekten, 1997, 250 Seiten, kartoniert, € 20,35.
ISBN 3-555-01159-6

Band 30 Janbernd *Oebbecke* / Joachim *Bauer* / Angela *Faber* (Hrsg.), Umweltrecht und Kommunalrecht – Kolloquium aus Anlaß des Ausscheidens von Werner Hoppe als Geschäftsführender Direktor des Freiherr-vom-Stein-Instituts, 1998, 161 Seiten, kartoniert, € 10,20.
ISBN 3-555-01166-9

Band 31 Anke *Freisburger,* Public Private Partnership in der kommunalen Museumsarbeit, 2000, 296 Seiten, kartoniert, € 20,35.
ISBN 3-555-01210-X

Band 32 Janbernd *Oebbecke* / Joachim *Bauer* / Hermann *Pünder* (Hrsg.), Perspektiven der kommunalen Sparkassen – Symposium des Freiherr-vom-Stein-Instituts und des Westfälisch-Lippischen Sparkassen- und Giroverbandes am 24. Februar 2000, 2000, 121 Seiten, kartoniert, € 10,20.
ISBN 3-555-01228-2

Band 33 Holger *Obermann,* Die kommunale Bindung der Sparkassen – Verfassungsrechtliche Möglichkeiten und Grenzen ihrer Ausgestaltung, 2000, 224 Seiten, kartoniert, € 19,40.
ISBN 3-555-01229-0

Band 34 Raphael *Lohmiller,* Kapitalbeteiligungsgesellschaften der Sparkassen – Eine Untersuchung über die Rechtsgrundlagen der Beteiligungsfinanzierung durch kommunale Sparkassen, 2000, 318 Seiten, kartoniert, € 20,20.
ISBN 3-555-01231-2

Band 35 Olaf *Schefzyk,* Der kommunale Beteiligungsbericht - Ein Instrument zur verbesserten Berichterstattung über die Unternehmenstätigkeit der Kommunen, 2000, 391 Seiten, kartoniert, € 21,45.
ISBN 3-555-01234-7

Band 36 Angela *Faber,* Gesellschaftliche Selbstregulierungssysteme im Umweltrecht – unter besonderer Berücksichtigung der Selbstverpflichtungen, 2001, 501 Seiten, kartoniert, € 29,65.
ISBN 3-555-01240-1

Band 37 Klaus *Schulenburg,* Die Kommunalpolitik in den Kreisen Nordrhein-Westfalens: Eine empirische Bestandsaufnahme, 2001, 484 S., kartoniert, € 25,10.
ISBN 3-555-01250-9

Band 38 Janbernd *Oebbecke* / Dirk *Ehlers* / Alexander *Schink* / Hermann *Pünder* (Hrsg.), Kommunalfinanzen, Symposium aus Anlaß des 75. Geburtstages von Adalbert Leidinger am 8. März 2001 in Münster, 2001, 155 S., kartoniert, € 13,75.
ISBN 3-555-01251-7

Band 39 Janbernd *Oebbecke* / Dirk *Ehlers* / Alexander *Schink* / Hermann *Pünder* (Hrsg.), Die nordrhein-westfälische Gemeindeprüfung in der Diskussion / Kolloquium des Freiherr-vom-Stein-Instituts und des Innenministeriums Nordrhein-Westfalen am 2. Februar 2001, 2001, 79 S., kartoniert, € 11,22.
ISBN 3-555-01252-5

Band 40 Peter *Lüttmann,* Aufgaben und Zusammensetzung der Verwaltungsräte der kommunalen Sparkassen, 2002, 407 S., kartoniert, € 24,85.
ISBN 3-555-01274-6

Band 41 Janbernd *Oebbecke* / Dirk *Ehlers* / Alexander *Schink* / Hermann *Pünder* (Hrsg.), Aktuelle Fragen der Sparkassenpolitik / Wissenschaftliches Kolloquium des Freiherr-vom-Stein-Instituts am 8. März 2002 zu Ehren von Herrn Dr. Kuhr anlässlich seines Ausscheidens als Vorsitzender des Kuratoriums des Freiherr-vom-Stein-Instituts, 2002, 70 S., kartoniert, € 7,85.
ISBN 3-555-01278-9

Band 42 Ansgar *Hörster,* Die Wahrnehmung der Sozialhilfeaufgaben im kreisangehörigen Raum in Nordrhein-Westfalen, 2002, 342 S., kartoniert, € 23,85.
ISBN 3-555-01279-7

Band 43 Hermann *Pünder,* Haushaltsrecht im Umbruch – eine Untersuchung der Erfordernisse einer sowohl demokratisch legitimierten als auch effektiven und effizienten Haushaltswirtschaft am Beispiel der Kommunalverwaltung, 2003, 665 S., kartoniert, € 29,85.
ISBN 3-555-01289-4

Band 44 Thomas *Harks*, Kommunale Arbeitsmarktpolitik – Rechtliche Vorgaben und Grenzen, 2003, 295 S., kartoniert, € 19,80.
ISBN 3-555-01302-5

Band 45 Volker *Schepers,* Internet-Banking und sparkassenrechtliches Regionalprinzip, 2003, 275 S., kartoniert, € 19,80.
ISBN 3-555-01308-4

Band 46 Marco *Kulosa,* Die Steuerung wirtschaftlicher Aktivitäten von Kommunen – eine betriebswirtschaftliche Analyse, 2003, 290 S., kartoniert, € 20,20.
ISBN 3-555-01316-5

Band 47 Frank *Placke,* Interkommunale Produktvergleiche als Basis für den kommunalen Finanzausgleich, 2003, 433 S., kartoniert, € 24,60.
ISBN 3-555-01321-1

Band 48 Antje *Wittmann,* Der Sparkassenverbund, 2004, 294 S., kartoniert, € 22,00.
ISBN 3-555-01328-9

Band 49 Barbara *Lübbecke,* Das Kommunalunternehmen – neue Organisationsform im kommunalen Wirtschaftsrecht von Nordrhein-Westfalen, 2004, 343 S., kartoniert, € 24,80.
ISBN 3-555-01329-7

Band 50 Sven Oliver *Hoffmann,* Gewässerschutzrecht Nordrhein-Westfalen – eine systematische Darstellung unter besonderer Berücksichtigung der europarechtlichen und bundesrechtlichen Vorgaben, 2004, 500 S., kartoniert, € 26,80.
ISBN 3-555-01330-0

Band 51 Janbernd *Oebbecke* / Dirk *Ehlers* / Alexander *Schink* / Dörte *Diemert* (Hrsg.), Kommunalverwaltung in der Reform / Wissenschaftliche Fachtagung des Freiherr-vom-Stein-Instituts am 2. Juli 2004 in Münster, 2004, 165 S., kartoniert, € 14,20.
ISBN 3-555-01339-4

Band 52 Hans *Lühmann,* Die Zusammenführung von Arbeitslosen- und Sozialhilfe im Sozialgesetzbuch II (SGB II) – Sozial- und organisationsrechtliche Aspekte des Hartz IV-Gesetzes für die kommunale Sozialpolitik, 2005, 223 S., kartoniert, € 17,80.
ISBN 3-555-01349-1

Band 53 Jörg *Niggemeyer,* Zulässigkeit und Grenzen von Sparkassenfusionen – eine Untersuchung am Beispiel von Zusammenschlüssen nordrhein-westfälischer Sparkassen, 2005, 476 S., kartoniert, € 26,80.
ISBN 3-555-01350-5

Band 54 Dörte *Diemert,* Das Haushaltssicherungskonzept – Verfassungs- und haushaltsrechtliche Grundlagen in NRW unter Berücksichtigung des Neuen Kommunalen Finanzmanagements, 2005, 555 S., kartoniert, € 28,80.
ISBN 3-555-01370-X

Band 55 Andrea *Becker,* Die Entwicklung des Personalvertretungsrechts in Nordrhein-Westfalen – eine Untersuchung der wesentlichen Einflussfaktoren auf die Gesetzgebung am Beispiel des LPVG NRW, 2006, 495 S., kartoniert, € 29,00.
ISBN 3-555-01371-8

Band 56 Janbernd *Oebbecke* / Dirk *Ehlers* / Martin *Klein* / Theresia *Theurl* / Dörte *Diemert* (Hrsg.), Perspektiven für Sparkassen und Genossenschaftsbanken – Wissenschaftliche Fachtagung des Freiherr-vom-Stein-Instituts und des Instituts für Genossenschaftswesen der Universität Münster am 17. Oktober 2005 in Münster, 2006, 128 S., kartoniert, € 10,20.
ISBN 3-555-01385-5

Band 57 Inken *Pehla,* Der Haftungsverbund der Sparkassen-Finanzgruppe – eine Untersuchung der Institutssicherung der Sparkassen und Landesbanken unter besonderer Berücksichtigung des Einlagensicherungs- und Anlegerentschädigungsgesetzes, 2006, 240 S., kartoniert, € 20,80.
ISBN 3-555-01372-6